Quelle tenue adopter pour la danse classique ?
p. 34

Remerciements
Merci à Béatrice Massin, Brigitte Seth et Roser Montlló-Guberna, chorégraphes, pour leurs conseils et leur aide, ainsi qu'à Martine Jaques-Dalcroze, directrice de l'Institut Jaques-Dalcroze, et Nicole Chirpaz, directrice de l'Académie internationale de danse, Paris.

À mon père qui aime écrire, à Christophe,
à Liouba, ma fille, Vladimir et Ida.
A.I.

Éditions Milan
300, rue Léon-Joulin
31101 Toulouse Cedex 9 – France.

Loi 49-956 du 16 juillet 1949 sur les publications destinées à la jeunesse
ISBN : 978-2-7459-6504-2

Création graphique de l'intérieur : Bruno Douin
Création graphique de la couverture : Jean-François Saada
Mise en pages : Sandrine David
Relecture et correction : Hélène Duffau et Karine Forest
Photogravure : Graphocop 47 Agen

Dépôt légal : 4e trimestre 2016
Imprimé en Roumanie par Canale

COPAIN de la DANSE

Agnès Izrine

Illustrations de Sophie Lebot,
Jérome Brasseur et Claude Cachin

MILAN

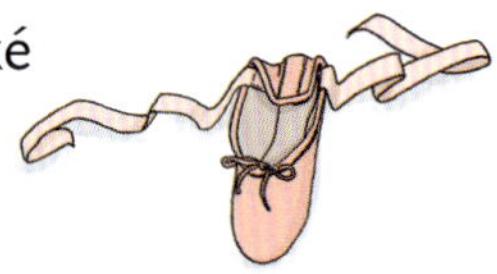

Sommaire

Musiciennes et danseuses égyptiennes dessinées sur des papyrus provenant de Saqqarah et datant de 1425 av J.-C.

Un tour

d'histoire

La danse est née avec l'homme. Elle est le reflet des sociétés et des époques, des civilisations et des modes. Bien avant la photo ou le cinéma, elle a mis le monde en images. Son histoire nous permet de comprendre les émotions et les sentiments de ceux qui nous ont précédés.

Un acte sacré

L'histoire de la danse est aussi ancienne que celle de l'humanité. Dès la préhistoire, l'homme dansait. À l'origine, c'était un rite sacré destiné à incarner des dieux mi-hommes, mi-animaux.

L'homme-cerf de la grotte des Trois-Frères est un danseur magdalénien.

L'ancêtre des danseurs

De très anciennes peintures rupestres représentent des danseurs, comme celle de l'homme-cerf retrouvée dans la grotte des Trois-Frères, en Ariège, qui a été exécutée il y a 10 000 ans. D'autres représentations de la danse au Paléolithique portent toutes les mêmes caractéristiques : la tête et le corps couverts d'une dépouille animale, le danseur saute ou piétine sur place. L'inclinaison du buste, l'élan du pied droit et l'appui du pied gauche semblent indiquer qu'il tourne sur lui-même.

La première danse collective

Découverts dans la grotte de l'Addaura, en Sicile, sept danseurs portent un masque animal identique, indiquant leur appartenance à un même groupe. Ils font une ronde, forme spontanée de la danse sociale, qui correspond sans doute à un rite ancien.

Le masque d'animal

Pendant la préhistoire, l'homme doit sa survie à l'animal, grâce à la chasse. C'est pourquoi ce dernier est invoqué lors des représentations sacrées que constitue la danse. L'usage du masque se maintiendra longtemps dans la danse. Objet rituel dans l'Antiquité, il devient accessoire jusqu'au milieu du XVIIIe siècle, puis il est relayé par le maquillage.

Dans toutes les régions du monde où la danse est restée liée au sacré (Inde, Asie, Afrique, Océanie...), le masque ou le maquillage complet, tels que les arbore ce danseur d'une tribu congolaise, sont encore de règle.

Et pourtant, ils tournent...

La ronde paléolithique se déplace de la droite vers la gauche tandis que les danseurs tournent sur place. Faut-il y voir une imitation de la ronde cosmique, puisque c'est le sens de rotation des grands astres comme le Soleil et la Lune ? Peut-être. Mais c'est aussi le sens de toutes les rondes spontanées. Tu peux le vérifier par toi-même : forme une ronde avec quelques amis. Laisse-les commencer sans leur donner de consigne. Dans quel sens tournez-vous ?

Aujourd'hui encore les enfants font spontanément la ronde primitive datant du Mésolithique, (8 000 ans avant notre ère).

Tourner pour être ailleurs

Partout dans le monde et à toutes les époques, quand les hommes veulent se mettre dans un état second pour communiquer avec les esprits, ils dansent en tournant : chamans, derviches, exorcistes musulmans, sorciers africains provoquent ainsi une sorte de vertige ou de transe. C'est la médecine spatiale qui, pour comprendre le mal des astronautes, a démonté le mécanisme : l'homme se repérant dans l'espace selon un axe vertical et des directions fixes, le tournoiement lui fait perdre le sens de cette orientation et perturbe ses sensations.

La danse en armes

Au Néolithique, on ne personnifie plus les dieux, on danse pour eux. Les mouvements se diversifient et se perfectionnent. Les danses guerrières ou en armes apparaissent. Elles s'appelleront danses pyrrhiques dans l'Antiquité et, de nos jours, on en retrouve une forme au Brésil sous le nom de *capoeira*.

Découvert à Sandawe, en Tanzanie, ce dessin rupestre datant du Paléolithique représente probablement une ronde chamanique.

Rendre hommage aux dieux

Peu à peu, la danse s'élève au rang d'art sacré. En Égypte et en Grèce, elle garde son caractère religieux tout en s'intégrant à la vie quotidienne. Chez les Romains, par contre, sa dimension spirituelle ne subsiste qu'un temps, notamment dans des rites guerriers assez violents.

En Égypte

Tournoyer avec les bras en arceau est une innovation qui apparaît en Égypte dès 4000 av. J.-C. Si les rondes et les tournoiements restent une base, d'autres mouvements plus complexes se développent. Le système des hiéroglyphes révèle qu'un danseur en extase est représenté les bras levés.

Les Égyptiens utilisent beaucoup la danse dans leurs rites religieux ou funèbres, mais aussi pour célébrer les moissons.

Une technique solide

Les Grecs utilisent la demi-pointe très relevée. Parmi les 200 noms de pas qui nous sont parvenus, citons : *alétès* (la course), *deinos* (le tourbillon), *themmaustris* (les tenailles : un saut effectué en frappant les talons l'un contre l'autre, comme dans certaines danses folkloriques encore pratiquées de nos jours).

La gestuelle acrobatique est très prisée des Égyptiens. Les danseurs exécutent des culbutes, des roues, des lancers de jambes et des ponts.

L'oklasma traverse le temps

Les Égyptiens inventent également une gestuelle angulaire à genoux pliés souvent alliée à un grand cambré en arrière. Cette danse, l'oklasma, se diffuse autour de la Méditerranée et devient presque universelle. On en trouve encore des traces dans la danse asiatique, ainsi qu'en Inde et en Afrique où la danse reste un art sacré, mais aussi dans les grands ballets classiques.

Cette fresque antique met en scène une danseuse et un danseur romains.

En Grèce

Dans la Grèce antique, on pense que la danse est un bon exercice du corps et de l'esprit, principalement pour les guerriers. Les Grecs affirment que ce sont les dieux qui ont enseigné la danse aux mortels, afin qu'ils les honorent et se réjouissent – en réalité, elle naît en Crête, sous l'influence de l'Égypte.
C'est pourquoi, ils font intervenir la danse à tous les moments de leur vie, qu'il s'agisse de la pratique de la religion ou pour célébrer des événements du quotidien (noces, naissances, funérailles).

À Rome

Chez les Romains, la danse se transforme peu à peu en spectacle, devenant même un divertissement. La pyrrhique, danse guerrière, et la pantomime dansée, parfois grotesque et indécente, en sont les formes les plus en vogue. Deux danseurs, Bathylle et Pylade, ont tant de succès que Pylade dit un jour à l'empereur Auguste : « Pendant que Rome s'occupe de Bathylle et de moi, elle ne pense pas à toi. Laisse-nous faire, c'est ton intérêt. »

Mot à mot

- *Choros*, la danse, viendrait de *chora*, la joie. Le chœur est l'ensemble des danseurs, l'orchestre, l'endroit où l'on danse.
- Sais-tu que l'étrange maladie nommée « chorée », n'est autre que la danse de Saint-Guy parce qu'elle se manifeste par des mouvements convulsifs. Ces derniers rappellent les transes sacrées des ménades – les danses dionysiaques –, prêtresses vouées au culte de Dionysos, le dieu de la fertilité, de la vigne et du vin.
- Les Grecs honoraient Terpsichore, une demi-déesse dont le nom désigne encore la danse.

La danse pyrrhique se pratiquait « en armes », c'est-à-dire que l'on dansait avec des lances ou des épées et des boucliers. C'était une danse d'hommes.

Des danses très ardentes

Une danse champêtre en 1480.

Les fléaux que sont la peste, la misère et la guerre poussent les hommes à rechercher dans les réjouissances un remède au malheur. La danse profane se développe alors à tous les niveaux de la société.

Danser à l'église

Face à l'effondrement de la civilisation romaine, la religion chrétienne étend son emprise sur l'Occident. Dans les premiers temps, les danses guerrières et les danses religieuses héritées de l'Antiquité sont encore tolérées. Mais, peu à peu, l'Église catholique les condamne, au point que nos connaissances actuelles proviennent des interdictions édictées par les papes successifs. Malgré cela, archevêque en tête, les fidèles continuent à danser, même dans les églises !

La danse populaire

Tous les événements de la vie quotidienne sont prétexte à danser : mariage, naissance, cycle des saisons ou travaux des champs. Partout, sur les places, dans les champs, dans les châteaux, paysans, artisans, nobles ou bourgeois forment des rondes, des danses en file, des pas glissés ou courus, ainsi que des sauts de toute nature dont l'inspiration est laissée à l'appréciation du danseur.

La mauresque

Au XIIIe siècle, un genre nouveau apparaît : la mômerie (de « mômer », se déguiser). Sorte de carole (ronde) burlesque à l'origine, elle devient une danse de cour nommée « morisque », ou mauresque, car elle aurait été introduite par les Arabes. Elle s'exécute sur deux temps en frappant le sol avec les pieds et les talons l'un contre l'autre. Elle est attestée dès 1150 à Lérida, en Espagne, et elle est mentionnée dans la pièce de Lope de Vega *Le Maître de danse*, en 1594. Elle connaît son âge d'or pendant la Renaissance. Danse difficile, d'origine guerrière, elle se dansait en effet avec des épées ou des bâtons.

La danse macabre proclame le triomphe de la mort.

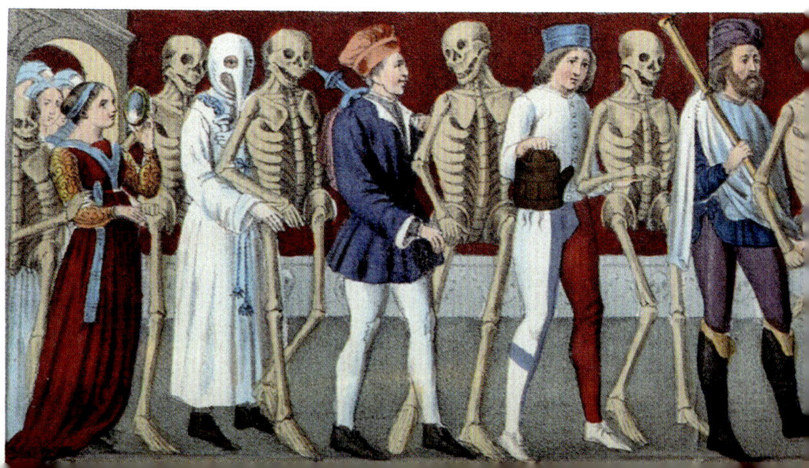

Cette miniature de 1460 montre une danse dans un verger.

Le Bal des Ardents

À la fin du XIVe siècle, lors d'un bal à la cour, le roi Charles VI et quatre compagnons se déguisent en « hommes sauvages » pour exécuter une mômerie. Tandis qu'ils dansent, vêtus de cottes de lin enduites de poix et de poils, les flammèches d'une torche approchée par le duc d'Orléans leur sont fatales : ils s'enflamment. Seul le roi est sauvé, grâce à l'intervention de la duchesse de Berry qui étouffe le feu avec sa robe. Cette tragédie inspira un ballet burlesque, *Le Bal des Ardents*, représenté jusqu'au XVIIe siècle.

Les règles de l'art

À partir du XIIe siècle, la noblesse invente une danse « mesurée », par opposition à celle des paysans, dite « désordonnée ». C'est le début de la danse savante. Elle est élaborée et composée d'exercices où l'on recherche la beauté des formes et la maîtrise des gestes. Conclusion : c'est une danse qu'il faut apprendre ! De ce fait, elle sera réservée aux classes dominantes.

Des messes dansantes

Pendant la messe, on danse sur des passages des saintes Écritures, ce qui rend la cérémonie plus attractive. Des rondes (choréa ou carole) ainsi que le tripudium, une danse à 3 temps assez simple, sont exécutés dans le chœur surélevé des églises et des cathédrales.

Pour défier la mort

Avec la guerre de Cent Ans (1337), la peste noire (1346) et les famines consécutives, la mort devient très présente. Pour la conjurer et montrer qu'on ne la craint pas, la coutume de danser dans les cimetières se répand, donnant naissance aux danses macabres. Dans les rondes et les farandoles, des danseurs costumés en squelettes caricaturent la mort et se mêlent aux vivants qu'ils font mine d'entraîner. Au-delà du grotesque et de la dérision, ces simulacres rappellent que, riche ou pauvre, personne n'échappe à la mort.

À la cour et aux champs

Au XVIe siècle, la danse mesurée donne naissance à la basse-danse qui deviendra la danse de cour par excellence. Celle-ci se développe dans toute l'Europe, principalement en Italie. C'est François Ier qui l'introduit en France où elle engendrera le ballet.

Danse de cour, vers 1500, à Augsburg. Les couples dansent en file et en ronde.

« Basse » mais pas sans hauteur

Comme son nom l'indique, la basse-danse est plutôt terre-à-terre : tous les pas proviennent de la marche et restent ancrés au sol. Mais, par son rythme lent, elle est empreinte de majesté.

Danses d'ailleurs

Au cours du XVe siècle, on cherche à exprimer des sentiments ou des situations, à raconter des histoires avec le corps. La danse se fait alors langage. On ne cesse de l'enrichir et certaines danses sont importées d'Espagne (chaconne, passacaille), d'autres d'Italie (pavane, volte). Mais la danse alors la plus en vogue est le bransle.

Un bon danseur

« D'abord la mesure, puis la mémoire, le sens de l'occupation de l'espace, avec une belle légèreté, une douce manière et un bon comportement. » Six siècles plus tard, cette définition de la danse de Guglielmo Ebreo (1420-1484) est toujours valable !

Danse flamande exécutée en couple lors d'une noce villageoise, au XVe siècle.

Le bransle

Il en existe tant de variantes que l'on ne sait s'il s'agit d'une danse précise ou si le mot désigne un genre assez vague. Il se danse en chaîne ou en ronde. Le pas consiste à effectuer trois pas en avant et deux en arrière. On peut l'enrichir de tours, de sauts, de mimiques, de jeux (par exemple changer de partenaire en lui donnant un objet, comme dans le bransle du chandelier). On danse le bransle à la cour, de façon compassée, et à la campagne, de manière gaillarde, en sautant en cadence, en groupe ou en couple.

Des traités italiens

Au XVe siècle, des maîtres à danser codifient pas et mouvements et, pour les décrire, ils rédigent les premiers ouvrages d'enseignement de la danse. Le plus ancien est celui de Domenico da Ferrara : *L'Art de danser et de mener des danses* (1416). Il sera suivi par ses élèves, Guglielmo Ebreo et Antonio Cornazzano. Au siècle suivant, paraîtra *L'Orchésographie*, de Thoinot Arbeau, maître de chapelle d'Henri III.

Un faste inouï

Les cours royales raffolent de la danse qui se pratique lors de grandes fêtes comme les mariages. Les mises en scène sont somptueuses : on invente des machineries (dont certaines seront dues à Léonard de Vinci) destinées à faire voler nymphes et dryades ; les décors et les costumes luxueux sont superbes.

Prépare un bal Renaissance

Invite tes amis et apprends-leur la basse-danse et l'allemande. Les deux se dansent en couple et en cortège. La basse-danse est noble et majestueuse. L'allemande, sans doute plus populaire, est un peu plus vive et légère. On peut même faire des « mines » à son partenaire entre les séquences de danse.

1. Dans **la basse danse**, après s'être salué d'une révérence, on se tient par la main.
Le pas simple : fais un pas en avant du pied droit, arrive talons joints et lève le talon gauche.
Recommence du pied gauche.

2. Le pas double prend 2 fois plus de temps. Il faut donc faire 3 pas : droite, gauche, droite, terminer avec un petit élevé (à gauche) et reprendre de l'autre pied.

3. On alterne le pas simple et le pas double.
Tu peux ainsi évoluer vers l'avant et vers l'arrière, en tournant sur toi-même pour repartir en sens inverse.

4. L'allemande est sur 4 temps. On part du pied droit, puis on fait 3 pas en avant et on lève le pied gauche. On repart du gauche. On fait 3 pas en avant et on lève le pied droit, puis 1 pas sur le côté droit et on lève le pied gauche. Puis l'inverse et on reprend. Ensuite, on ajoute un petit saut au lieu de lever la jambe. Quand on lève le pied au bout de trois pas marchés, ça s'appelle une « grue », du nom de l'oiseau qui se tient sur une patte !

Un message politique

Au cours de la seconde moitié du XVIe siècle, les guerres de Religion déchirent la France. L'unité du pays est menacée. La régente, Catherine de Médicis, a l'idée d'utiliser la danse à des fins politiques et d'affirmer son pouvoir au moyen de la « tournée royale ».

Une fine stratège

Catherine se pique de chorégraphie et confie ses enfants, les futurs François II, Charles IX et Henri III, à des maîtres à danser italiens. En 1564, elle entreprend avec Charles IX, propulsé sur le trône à l'âge de 10 ans, un « tour de France » avec ballets à l'étape, pour impressionner ses vassaux et plaire à la population.

Bal donné au Louvre pour le mariage du duc Anne de Joyeuse, en 1581.

Des ballets très peu innocents

À Bar-le-Duc, près du fief du duc de Guise, principal opposant au pouvoir royal, on représente *Les Désordres des planètes sont apaisés par Jupiter*. L'allusion est transparente. À l'occasion du mariage d'Henri IV et de Marguerite de Valois, censé ramener la paix entre protestants et catholiques, c'est le ballet *Le Paradis* qui est donné : des chevaliers errants (interprétés par Henri de Navarre et des nobles huguenots) veulent s'emparer du paradis. Le roi et ses frères (les vrais !) les emprisonnent en enfer, mais l'amour intervient pour les délivrer. Malgré la fin optimiste du ballet, le massacre de la Saint-Barthélemy, bien réel lui, a lieu 3 jours plus tard !

Un spectacle « total »

En 1581, près de 10 000 personnes assistent au *Ballet comique de la Reine*, de Balthazar de Beaujoyeux, donné lors du mariage du duc de Joyeuse et de Margaret de Vaudémont. Dans un décor splendide, la reine Louise de Lorraine exécute quarante figures géométriques inspirées par le mouvement des astres. Précurseur de la comédie musicale, le spectacle alliait le chant, la musique, la danse et la poésie.

De « grands » chorégraphes

Passionné de danse, Louis XIII n'hésite pas à monter sur scène pour incarner divers personnages : le héros, dans *Alcine* et *La Délivrance de Renaud*, ou même des rôles de femmes, comme dans *Le Ballet de la Merlaison* dont il invente la chorégraphie, compose la musique et crée les costumes. Richelieu ne sera pas en reste. Son *Ballet de la prospérité des armes de France* exalte sa politique et les victoires de la France. Quant au philosophe René Descartes, il compose *La Naissance de la paix* pour la reine Christine de Suède.

Ballet ou propagande ?

Les ballets à thème politique seront nombreux. Plus de 800 entre 1589 et 1610 ! Marie de Médicis (1573-1642) et Anne d'Autriche (1601-1666) y auront recours pendant leur régence pour maintenir au pouvoir leurs fils respectifs, Louis XIII et Louis XIV. Louis XIII, maintenu un temps à l'écart du gouvernement, utilisera à son tour le ballet *La Délivrance de Renaud* pour signifier sa détermination à prendre le pouvoir : le roi, démon du feu, veut purger ses sujets de toute désobéissance. On ne saurait être plus clair.

Figures de géomètre

Le ballet de Cour était au départ un bal organisé autour d'une action dramatique, assurée par les vers et le chant. Il était composé de figures géométriques au sol ; cercle, carré, losange, rectangle… Un peu à la manière des spectacles équestres que l'on peut encore voir. Ces figures étaient très lisibles pour les spectateurs car les ballets étaient conçus pour être vus de haut. Les danseurs évoluaient dans une partie de la salle de plain-pied, le public étant disposé sur des gradins montés pour l'occasion.

Mémorise tes figures géométriques

À ton tour d'imaginer un ballet de Cour ! Tu peux noter sur une feuille le dessin du parcours que tu veux faire et sur une autre les pas que tu veux exécuter. Apprends bien le graphique que tu as créé. Prends tes repères pour savoir quand tu dois tourner ou pour maintenir tes lignes droites. Ce n'est pas facile !
Tu peux aussi utiliser l'astuce suivante :

1. Pose sur le sol de grandes feuilles de papier blanc que tu scotches. Écrase une craie de couleur dans un bac ou un récipient plat que tu poses au bord du papier.

2. Trempe tes pieds dans la craie et reproduis le parcours que tu as inventé. Le dessin s'imprime sur le papier et tu peux vérifier ta trajectoire et la corriger.

3. Entraîne-toi ensuite à bien mémoriser ton parcours et tes pas afin de pouvoir les refaire de tête, sans avoir ta feuille sous la main ou sous les pieds !

Le baroque pas toc !

À la fin du XVIe siècle, on l'appelait « belle danse ». Ce sont nos contemporains qui l'ont qualifiée de « baroque », en référence à la musique de la même époque.

Béatrice Massin crée, avec sa compagnie, *Fêtes galantes*, des ballets de notre époque à partir du vocabulaire baroque, comme ici dans *Que ma joie demeure*.

Vous avez dit baroque ?

« Baroque » vient du portugais *barocco* qui signifie « perle irrégulière ». Il désigne le bizarre, l'extravagant. En peinture ou en architecture, ce style s'oppose au classicisme, alors que la danse baroque repose sur les notions classiques d'ordre et d'harmonie. Par contre, les ballets de cette époque restent fantaisistes.

Une danse difficile

La danse baroque demande de l'endurance. La coordination des bras, des pas, de la tête et du regard est codifiée et compliquée. Il y a un pas par mesure, ce qui signifie que le lien avec la musique est d'une extrême précision. Tout s'enchaîne très vite, sans arrêt, et presque toujours sur la demi-pointe, avec des sauts pris presque sans élan. Quand on danse un menuet, on a du mal à croire que de simples courtisans étaient capables de répéter cette danse pendant deux heures, tant on est essoufflé.

Apprends le demi-coupé

C'est le pas de base de la danse baroque. Fais un pas par mesure ; en fonction de la musique, on peut le faire sur 2 ou 3 temps.

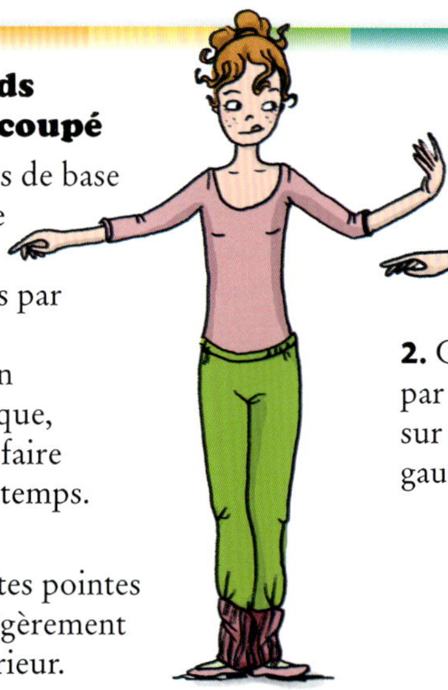

1. Tourne tes pointes de pieds légèrement vers l'extérieur.

2. Commence par un plié sur la jambe gauche.

3. Monte sur la demi-pointe en avançant d'un pas…

Du baroque au classique

La « belle danse » est une charnière entre la danse de cour et la danse classique.
Tout est déjà là : l'en-dehors, l'élévation, les sauts, la demi-pointe, mais elle n'a pas encore atteint l'amplitude que lui donnera le classique, qui libérera les jambes du danseur pour plus de performance.

La Douairière de Billebahaut

Dans ce ballet, qui dure 3 heures, défilent le roi Atabalipa et ses Indiens, le Grand Turc à cheval et son harem, les docteurs persans, les porteurs d'Alcoran précédant Mahomet, le cacique d'Afrique sur son éléphant, le Grand Khan sur son chameau, les amazones et les danseurs d'Europe. Enfin paraît la douairière : « Celle dont les yeux charment ceux qui n'y voient goutte ! »

Découvre le fleuret

C'est l'ancêtre du pas de bourrée. Le début est le même que pour le demi-coupé.
On commence toujours par le pied droit, c'est une convention.

1. Plie sur la jambe gauche.

2. Monte sur la demi-pointe en avançant la jambe droite, plus 1 pas sur demi-pointe de la jambe gauche.

3. Ramène la jambe droite et pose le talon droit en levant le pied gauche au niveau de la cheville.

4. Recommence de l'autre côté.

Dans le fleuret, on change la position des bras pour arriver toujours bras opposé à la jambe de devant.

4. … et pose le talon de la jambe droite.
Le talon gauche reste au niveau de la cheville droite (élevé), donc tu finis sur un pied et tu peux recommencer à gauche.

5. Le bras est en opposition : on plie le coude du bras gauche !

Une danse très contemporaine

Francine Lancelot (1929-2003), danseuse et chorégraphe, découvre des partitions et des traités chorégraphiques du XVIIe siècle. C'est le coup de foudre ! En 1980, elle fonde la première compagnie baroque, *Ris et danceries*, et crée de nombreux ballets à partir de cette technique, y compris pour l'Opéra de Paris et Rudolf Noureev. Aujourd'hui, d'autres chorégraphes créent des œuvres « baroques ». Si certaines gardent un caractère historique, ce style permet aussi d'inventer une danse résolument actuelle.

Le Foyer de la danse à l'Opéra, peint par Edgar Degas, en 1872.

Du Soleil aux

En travaillant sur les pas de la danse de cour, le maître de ballet Pierre Beauchamp en fixe les règles : la danse classique est née. Grâce à Louis XIV, elle est enseignée dans le monde entier en français et devient une affaire de professionnels.

Étoiles

Louis XIV (1638-1715), roi de France, costumé en Soleil. Projet de costume pour *Le Ballet royal de la nuit*, donné devant la cour le 23 février 1653.

Louis XIV, étoile absolue

Dès l'âge de 7 ans, le futur monarque pratique quotidiennement la danse. Il donne son nom à l'entrechat royal, crée au moins vingt-sept ballets et devient le premier danseur du royaume.

Une vraie passion

On prétend que Louis XIV acquiert son sens de la grandeur, sa majesté, en pratiquant la danse. Il le fait avec une telle ardeur qu'il en inquiète ses médecins. Mais n'est-il pas danseur avant d'être roi ?

Acte royal

Pendant que Louis danse, Mazarin dirige le pays. En 1661, surprise ! Le roi décide de gouverner. Son premier acte royal ? Fonder l'Académie royale de danse, qui deviendra l'Opéra. Il déclare désirer « rétablir ledit art dans sa perfection et l'augmenter autant que faire se pourra ».

Inspiré par un rôle !

Le monarque n'aurait peut-être jamais eu l'idée de se décerner le titre de « Roi-Soleil », s'il n'avait pas tenu le rôle du Soleil levant dans *Le Ballet royal de la nuit*, dont il restera l'unique titulaire jusqu'à sa mort. Dans ce ballet en 45 « entrées », aux côtés de Lully et de Beauchamp, Louis, âgé de 15 ans, danse 6 personnages : une Heure de la nuit, un Curieux, un Ardent, un Furieux, l'Étoile du Point du jour et, enfin, dans un costume rayonnant d'or, le Soleil.

Apprends la révérence du roi

1. Départ jambe droite. Fais 3 pas en avançant jambes tendues. Tu dois imaginer que le sommet de ton crâne s'accroche au ciel. Ton bras droit s'ouvre sur le côté pendant que tu marches. Ta jambe avant, tendue, est toujours pointée.

Sur cet éventail du XVIIIe siècle, le peintre a représenté une scène de bal à la cour sous Louis XIV (1638-1715).

Un sacré personnage

Le roi prend de nobles attitudes quand il doit danser un personnage mythologique, mais il n'hésite pas à rivaliser avec les « pros » quand il joue les filous, les mendiants ou les sauvages. Il est alors habillé de nippes et de souliers plats, mais en aucun cas il ne supporte d'être moins bon que le meilleur de ses danseurs !

L'État c'est moi !

Depuis la Fronde, qu'il subit à 10 ans, Louis XIV rêve de soumettre la noblesse à son pouvoir. Il y parviendra en partie grâce à la danse qui résume à la fois sa ligne politique et sa conception de la monarchie absolue : les nobles sont confinés à la cour et soumis au bon vouloir du pouvoir royal pour éviter d'autres révoltes ; il instaure l'étiquette : chacun tient son rôle et son rang sauf si le roi veut « remarquer » ou « élever » une personnalité ; et il dicte l'organisation du ballet classique : une étoile danse devant une troupe indifférenciée.

2. Arrête-toi avec la jambe gauche tendue en arrière. Le bras droit monte en arrondi pour attraper le chapeau.

3. Attrape le chapeau tout en pliant la jambe gauche. Pointe la jambe droite en inclinant légèrement la tête. Le bras continue son trajet pour se retrouver sur le côté.

4. Reviens à la position 2 en basculant le poids de ton corps sur ta jambe droite et en ouvrant le bras droit sur le côté avec noblesse.

Concurrence et jeux de pouvoirs

Si le nom de Molière est passé à la postérité, tout comme celui de Lully, on ignore généralement celui de Beauchamp. Au cours de la seconde moitié du XVIIe siècle pourtant, la figure dominante dans le domaine du spectacle et de la danse, c'est lui.

Rivalités

Dans *Le Ballet royal de la nuit*, Louis XIV, âgé de 15 ans, fait débuter un jeune italien agile à l'esprit vif, et fait danser son maître, Pierre Beauchamp (1631-1705), premier violon du roi. Ils deviendront les intervenants indispensables à tous les spectacles à venir. Le premier, qui n'est autre que Jean-Baptiste Lully, est dévoré d'ambition. Il rafle les lauriers que d'autres méritent, se débrouille pour évincer ses concurrents, dont l'autre Jean-Baptiste : Molière. Cela lui vaudra le surnom de « coquin ».

Représentation d'*Alceste* de Jean Baptiste Lully pour les fêtes données en 1674, dans la cour du chateau de Versailles.

Le triomphe des femmes

En 1681, on voit apparaître les premières danseuses professionnelles dans *Le Triomphe de l'amour*. Auparavant, les rôles féminins étaient tenus par des hommes ou des dames de la noblesse. Au début elles sont 4 : mesdemoiselles de Lafontaine (la première à avoir été admise à l'Opéra de Paris), Roland, Lepeintre et Fernon.

Comédie ou ballet ?

Nicolas Fouquet, surintendant du roi, invite Louis XIV dans son château et fait jouer *Les Fâcheux*, de Molière, mis en musique et chorégraphié par Beauchamp. Disposant de peu de danseurs, Molière a l'idée de les faire alterner avec les comédiens. La comédie-ballet est née. L'histoire sera « fâcheuse » pour Fouquet : devant le faste étalé, le roi en colère l'emprisonne pour détournement de fonds. Mais il sera enchanté par la pièce. Lully, malin, reprend l'idée et compose, avec Molière, une dizaine de comédies-ballets, dont le fameux *Bourgeois gentilhomme*, en 1670.

Adieu aux planches

La dernière apparition de Louis XIV date du 18 juillet 1669 dans *Le Ballet de Flore*. L'« étoile » royale fait ses adieux à la scène, à 31 ans. Le roi se préoccupe pourtant de l'avenir de cet art et fonde, en 1713, le Conservatoire qui, depuis, a formé des danseurs sans interruption et gratuitement. Il deviendra l'école de danse de l'Opéra de Paris.

Bal masqué dans la galerie des glaces, à Versailles, en 1745.

Au vol !

Beauchamp élabore sur ordre du roi, un système d'écriture de la danse. Mais, trop absorbé par son travail, Beauchamp néglige d'obtenir le privilège de son système d'écriture de la danse. Il se voit devancé par son disciple, Raoul Auger Feuillet (1660-1710), qui publie *Chorégraphie ou Art de décrire la danse*, en 1700.

Danse le menuet

C'est une danse à tempo vif qui se pratique en couple. Le menuet se compose d'un demi-coupé plus 1 fleuret (voir pages 20-21). On commence du pied droit.

1. Emmène ta partenaire au milieu de la salle de danse et fais une révérence.

2. Enchaîne un demi-coupé, puis un fleuret. Tu peux ajouter ensuite 1 balancé : 1 pas à droite + 1 élevé (pied arrière au niveau de la cheville avant) ; 1 pas à gauche + 1 élevé.

3. Reprendre en avant ou en arrière. Il faut y ajouter des figures obligées. En carré, en S ou en Z pour changer de place dans le couple, en moulin : on tourne en cercle en se tenant par une main, à droite, ou à gauche.

4. Reconduis la dame à sa place de départ et termine par une révérence.

L'en-dehors permet de lever les jambes très haut.

Un grand classique

La danse classique se fonde sur l'en-dehors, l'étirement du corps et le port de tête. La dissimulation de l'effort et de la difficulté des pas font partie de l'apprentissage.

Qu'est-ce que le classique ?

La danse classique édicte des règles qui vont évoluer pendant trois siècles. Contrairement au baroque, elle cherche à développer un mouvement extrême, le plus ample possible. Mais ce que l'on appelle danse classique aujourd'hui comprend aussi bien la danse romantique, académique, voire moderne. Celle-ci utilise toujours le vocabulaire de base, inventé et codifié par Beauchamp, mais revu et corrigé par toutes les générations suivantes.

Les pieds « en-dehors » de Charlot sont célèbres dans le monde entier.

Obtiens un bon en-dehors

Si tu ne sais pas ce qu'est l'en-dehors, regarde Charlot ! Il a les pieds à 10 h 10. En réalité, c'est une position qui n'est pas naturelle et qui part de la hanche et du bassin. Son secret : la tête du fémur tourne dans son articulation, entraînant la jambe et le pied qui, du coup, montrent leur face interne au spectateur.

Pour obtenir un bon en-dehors, serre les fesses, rentre le ventre, et, surtout, tiens ton dos bien droit, sinon tu risques de te faire mal. Il vaut donc mieux moins ouvrir les pieds et bien te redresser !

Pour t'entraîner, garde les talons collés et tourne le bout de tes pieds le plus possible vers l'extérieur, à gauche pour le pied gauche et à droite pour le pied droit...

Invention de circonstance

L'en-dehors voit le jour en même temps que le théâtre à l'italienne : il donne une meilleure lisibilité du mouvement au spectateur qui a l'impression de toujours voir le danseur de face dans un espace en perspective. On dit aussi qu'il a été inventé pour mettre en valeur les boucles et rubans des chaussures, et c'est peut-être vrai ! Il permet surtout de nouvelles possibilités pour les mouvements des jambes qui peuvent être levées plus haut.

Entraîne-toi aux cinq positions

Pour avoir une allure de danseur(se), tiens-toi le plus droit possible : étire ton corps, baisse tes épaules, garde tes bras souples, regarde loin devant toi et n'oublie pas de tendre la jambe et le pied ! Et maintenant, essaye de reproduire les 5 positions des pieds, qui sont la base de la danse classique.

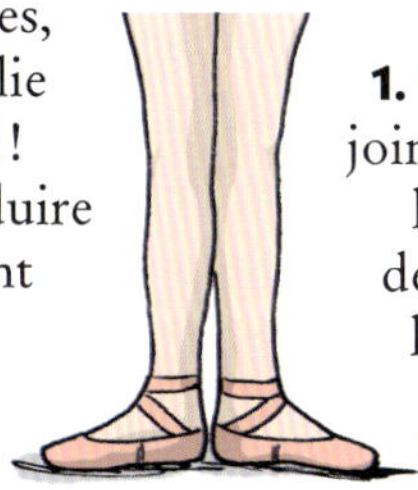

1. Les talons joints, tourne les pointes de pied vers l'extérieur.

Première

Seconde

2. Écarte tes pieds de la valeur d'un pied entre les 2.

Troisième

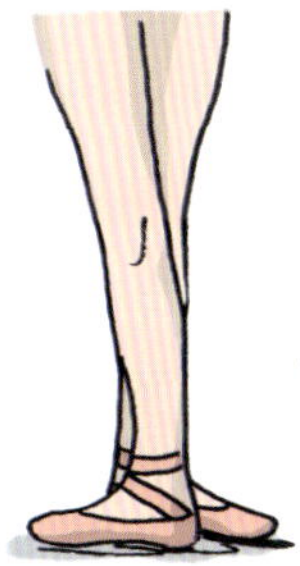

3. Ton talon arrive au milieu de l'autre pied. Cette position est intermédiaire entre la 1re et la 5e.

Quatrième

4. Écarte tes pieds de la valeur d'un pied mais en avant. Très stable, la quatrième sert pour la préparation des tours.

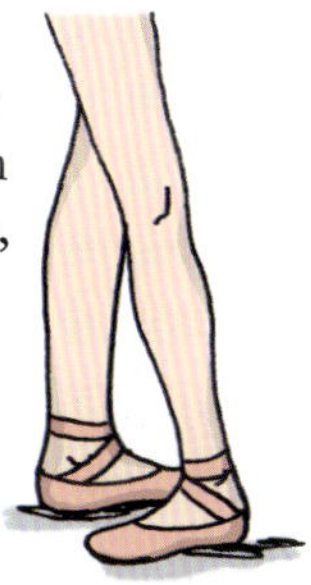

Cinquième

5. Ton pied passe devant l'autre. La pointe du pied de devant est contre le talon du pied de derrière.

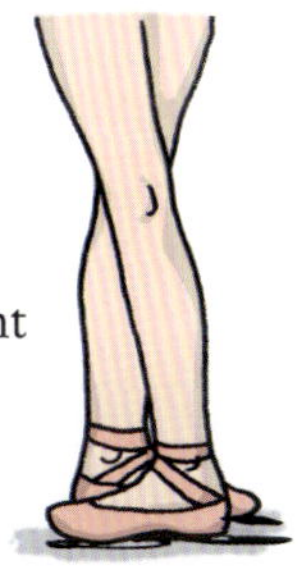

Un corps en extension accentue l'impression générale d'élévation.

L'élévation

C'est tout ce qui allonge les lignes du corps et donne une impression de légèreté. Plus le temps passe et plus la danse classique développe les sauts, puis les pointes, jusqu'à ce que les danseurs et les ballerines semblent prendre leur envol.

La couronne interdite

La 5e position des bras s'appelle aussi bras en couronne. Inventé sous Louis XIV, ce terme fut interdit sous la Révolution française, tout comme l'entrechat « royal » (entrechat 3). Ils pouvaient même coûter leur tête à ceux qui les employaient !

Les cinq positions

Elles déterminent l'alphabet de base de la danse classique. À l'origine, Beauchamp codifie cinq positions en-dehors et leur équivalent naturel (en-dedans) pour la danse de caractère. Celles-ci ont disparu avant d'être réintroduites par Serge Lifar (1905-1986) dans le ballet, et par la danse moderne et contemporaine.

L'art de la barre

La barre est l'outil indispensable pour apprendre la danse classique. Cependant, son usage obligatoire n'existe que depuis le XIXe siècle. Avant, elle servait juste d'appui pour améliorer certains pas.

La plupart des exercices à la barre se font « en croix ».

La jambe sur la barre est un exercice d'assouplissement.

La leçon

De Billy Elliot à Noureev, la règle est la même. Les danseurs prennent au moins un cours par jour. Ils font les mêmes exercices, pour échauffer, assouplir et fortifier les muscles, maîtriser le mouvement dans l'espace. La leçon se découpe en deux phases : la barre et le milieu.

Les exercices

Ils sont destinés à chauffer les muscles et à obtenir un bon placement du corps. Une barre est toujours progressive : on travaille d'abord les articulations, le pied, la cheville, avec des exercices où la jambe reste basse, avant d'entamer des exercices d'échauffement musculaires.

Dans tous les pays du monde, une barre est toujours composée de la même façon et comprend les mêmes pas.

Un coup de barre !

Pour bien se tenir à la barre, il ne faut pas s'y accrocher. La main est juste posée. Le bras doit être souple, ni tendu ni plié. Le pouce est posé à l'avant et parallèle à la barre. La jambe immobile s'appelle la jambe d'appui.

Une barre type

Le travail dure 1/2 heure à 3/4 d'heure et comprend : les pliés, les dégagés, les battements tendus, les ronds de jambe à terre, les battements frappés, les ronds de jambe en l'air, les fondus, les battements sur le cou-de-pied, les grands battements et, pour les plus avancés, l'adage et la jambe sur la barre. À l'intérieur de ce modèle, il existe mille et une possibilités pour varier les exercices. Toutefois, il est préférable de répéter des exercices similaires quand on est débutant, pour bien maîtriser le schéma du mouvement et le travail des muscles.

Enchaîne les pliés et les dégagés

Les pliés aident à s'assouplir et à maîtriser l'en-dehors. On fait toujours un 1/2 plié suivi d'un grand plié.

Ici, plié en 1re position.

Le dégagé est un mouvement qui chauffe les chevilles et les jambes. Il faut amener le pied en le glissant au sol, en dehors. Le talon se soulève le plus tard possible, la pointe se tend sans s'écraser au sol. Il s'enchaîne en croix : devant, côté, derrière, côté.

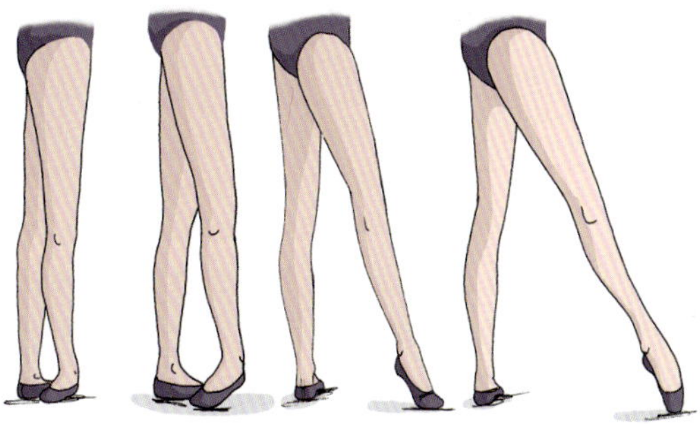

Détends-toi avec les grands battements

On les fait à la fin de la barre pour apprendre à monter les jambes. Mais aussi pour les détendre après tous ces exercices !

La barre comprend aussi des exercices d'équilibre et d'assouplissement, comme le grand écart, que l'on exécute à la fin.

Au « milieu », les danseuses travaillent aussi les mouvements des bras.

Bien au milieu

La barre finie, on passe au « milieu ». C'est une suite d'exercices et d'enchaînements exécutés au milieu du studio de danse, qui permettent de travailler l'équilibre et l'harmonie des mouvements, mais aussi la musicalité, la mémoire, le sens de l'espace.

Le milieu

C'est là que les débutants apprennent, en le décomposant, le vocabulaire de la danse classique. Au « milieu », la difficulté des exercices est toujours progressive. Au niveau professionnel, ils servent de préparation à la scène. On y travaille des enchaînements complexes ou des performances techniques pour cultiver l'endurance et la virtuosité.

Tourner sans perdre l'équilibre

Si tu tournes sur toi-même, tu es étourdi. Or, dans la danse classique, il existe beaucoup de « tours ». Ils sont la preuve de la virtuosité du danseur. Pour les exécuter sans être étourdi, il existe une méthode : le regard doit fixer un point, ne le quitter qu'au dernier moment, quand la tête pivote, et y revenir immédiatement, indépendamment du mouvement du reste du corps.

Des scènes en pente

On effectue les pas au milieu en descendant ou en remontant, selon que l'on se dirige vers l'avant ou l'arrière de la scène. Ces termes viennent du fait que les scènes de théâtre étaient en pente vers le public (environ 4 %). En descendant, c'est le pied de derrière qui commence, alors qu'en remontant, c'est le pied de devant.

Les pas

Le milieu se compose de plusieurs sortes d'exercices : les pas sans parcourir (les mêmes que ceux de la barre) ; les pas avec parcours (pas de bourrée, glissades, chassés) ; les tours (sur deux pieds ou sur un pied) ; les sauts. Ce sont surtout les tours et les sauts qui constituent la partie virtuose de la danse.
À la fin du « milieu », tandis que les danseuses ont chaussé les pointes, les danseurs se lancent dans de grands sauts acrobatiques que les filles ne font pas.

Enchaîne !

Le milieu est aussi l'occasion de travailler sa mémoire en apprenant à retenir un enchaînement. Pour cela, il faut non seulement connaître les pas et la façon dont ils s'assemblent, mais aussi quelle direction prendre, ce qui implique d'avoir le sens de l'espace. C'est un peu compliqué au début, mais indispensable ! Sans cela, les danseurs d'un corps de ballet risqueraient de se heurter ou de ne pas sortir par la bonne coulisse.

Laëtitia Pujol dans une variation de *La Belle au bois dormant* : les enchaînements des variations se travaillent au « milieu ».

Une richesse incalculable

En partant des 5 positions de base combinées avec celles du corps, de la tête et des bras, on obtient 47 positions qui peuvent se combiner de 13 284 façons différentes. Comme chacune peut être faite à plat, sur demi-pointe ou sur pointe, cela donne 39 852 possibilités. À raison de 2 secondes par position (ce qui est très court), un danseur mettrait 22 h 8 min 24 s pour les enchaîner. Et ce ne sont que des poses ! Avec le mouvement, on atteint plus d'un milliard et demi de pas différents. Un danseur mettrait 250 ans à les exécuter en moins de 5 secondes par pas.

Apprends le pas de bourrée

Il vient du fleuret que tu as appris à la page 27 et s'effectue, comme lui, en 3 temps. C'est un dérivé de la marche. C'est comme si tu faisais 3 pas, mais sur le côté ! Il en existe un grand nombre de variantes dans la danse classique, mais le plus simple et le plus utilisé est celui-ci.

1

1. Tu pars en 5e position, pied droit devant, genoux pliés.

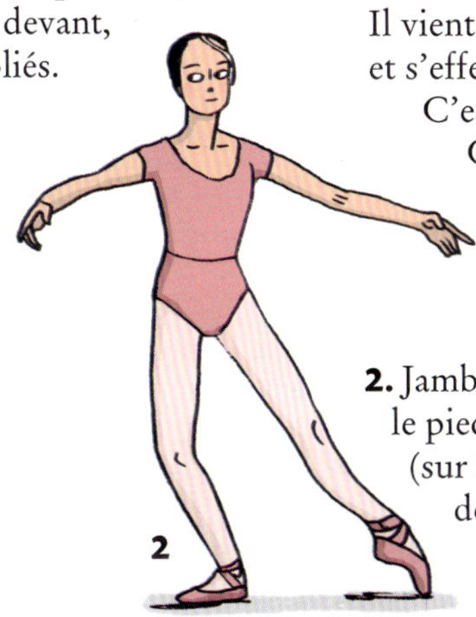

2

2. Jambe droite pliée, tu dégages le pied gauche à la seconde (sur le côté), légèrement décollé du sol.

3

3. Tu le mets derrière le pied droit et tu montes sur demi-pointe.

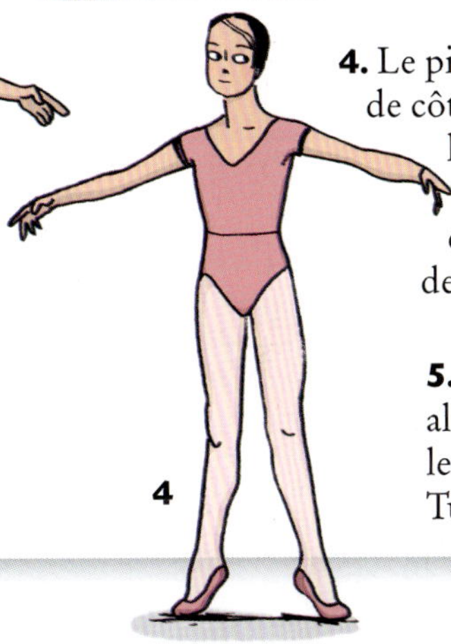

4

4. Le pied droit fait un pas de côté, tu te retrouves les deux jambes légèrement écartées sur demi-pointes.

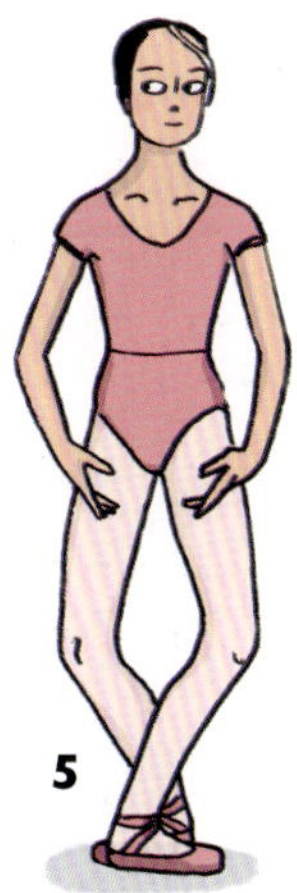

5

5. Le pied gauche vient alors se refermer en 5e devant le pied droit qui redescend à plat. Tu es prêt(e) à repartir de l'autre côté.

La tenue idéale

La bonne tenue pour la danse classique est aussi la plus simple. Elle doit permettre d'être à l'aise dans ses gestes et de dégager au maximum la ligne du corps, afin que le professeur puisse voir et corriger les défauts.

Demi-pointes

Pour les débutants, une semelle en une seule partie oblige à forcer le pied, ce qui est une bonne chose. Plus tard, une semelle en deux parties, plus confortable, donnera davantage de souplesse au niveau de la cambrure du pied.

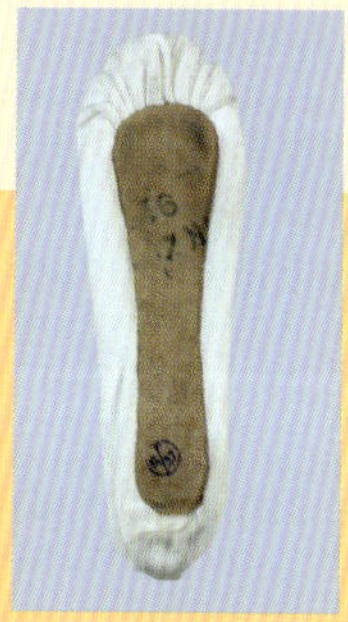

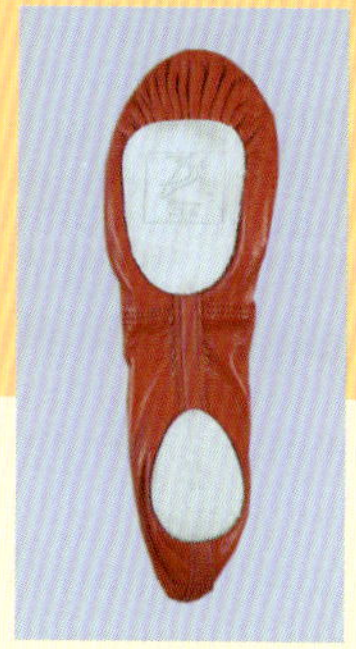

Coiffe-toi en deux temps et trois mouvements

1. Fais une queue de cheval. Sa hauteur détermine celle du chignon.

Attention : les chignons bas sont réservés aux longs cous.

2. Fais une torsade avec tes cheveux en attrapant le bout et en le tournant sur lui-même.

3. Enroule cette torsade autour de l'élastique. Pose les épingles à cheveux tout autour du chignon.

4. Un filet t'aidera à avoir une coiffure parfaitement nette.

Les demi-pointes

Un chausson en cuir permet un travail plus puissant de la voûte plantaire, protège mieux le pied, dure plus longtemps, surtout sur du plancher. Par contre, il peut être dangereux sur du lino car il accroche, surtout si le cuir est très souple. Il existe aussi des chaussons en toile mais ils ne doivent pas être trop légers, car sentir le sol à travers ses chaussons peut blesser les orteils.

Demi-pointes en cuir.

Demi-pointes en toile.

Précautions pour petits pieds

Évite de laver tes chaussons de toile (ils peuvent rétrécir !) et ne cire jamais tes chaussons de cuir : dérapage incontrôlé assuré. Il est également possible de travailler pieds nus ou en chaussettes (attention à la glisse), ce qui permet un meilleur contrôle des orteils et de la voûte plantaire, mais les débutants doivent aussi apprendre à se caler avec des chaussons.

La bonne taille

Pointe le pied : si on peut pincer le chausson au niveau du talon ou s'il baille, il est trop grand.
Glisse ton petit doigt à l'arrière du pied. Il passe à peine mais le tour du chausson ne rentre pas dans le talon : la taille est bonne.
Fais un plié : les doigts de pied se recroquevillent ou se chevauchent, le tour du chausson te fait mal au talon : il est trop petit.

Le « ballon »

Ce terme de danse classique signifie « bien sauter ». Il ne fait pas allusion, comme on pourrait s'y attendre, au rebond d'un ballon, mais à Claude Balon – ou Ballon – un danseur réputé, au XVIIIe siècle, pour la virtuosité de ses sauts !

Le danseur prodige Auguste Vestris (1760-1842) et la ballerine Angiolini.

Les premiers « dieux de la danse »

Au XVIIIe siècle, on admire Balon, Blondy, Pécour, puis le « grand » Dupré (1697-1774) surnommé le dieu de la danse, et les Vestris, Gaëtan et surtout Auguste, son fils, qualifié par le renommé théoricien de la danse, Jean-Georges Noverre (1727-1810), de « danseur le plus étonnant de l'Europe ».

Et les femmes ?

En 1704, le corps de ballet de l'Opéra comprend douze hommes et dix femmes. Françoise Prévost se fait remarquer par sa technique, mais celles qui défraieront la chronique, dans les années 1730, s'appellent Marie Sallé et Marie-Anne Cupis de Camargo. Rivales, elles seront, chacune dans son style, des novatrices.

La Camargo, représentée par Nicolas Lancret, en 1730.

La Camargo

Parce qu'elle saute haut et bat l'entrechat quatre avec brio, on dit de La Camargo qu'elle danse comme un homme. À l'affût d'un grand coup, elle remporte un triomphe lorsque le célèbre Dumoulin manque son entrée et qu'elle le remplace au « pied levé ». Cette ballerine (1710-1770) qui bouscule les règles a l'audace de raccourcir sa jupe pour exécuter avec plus d'aisance des pas difficiles. Originale jusqu'au bout, elle finira son existence entourée d'une foule de chiens, de perroquets, de serins et de pigeons.

Chaussure à son pied

Les Vestris sont les premiers à porter des chaussures sans ornements (boucles, rubans) puis sans talons. Ils inventent, en somme, la demi-pointe. C'est pour cela aussi qu'ils ont pu battre des entrechats 5, 6, voire plus !

Un saut « royal »

Cet entrechat est aussi appelé « entrechat trois » ou « changement battu ». On saute sur deux pieds, on « bat », c'est-à-dire que l'on décolle et que l'on croise les deux bas de jambe l'un devant l'autre pendant la suspension et l'on fait passer le pied de devant, derrière.

Federico Bonelli effectuant un entrechat trois dans *Symphonic Variations*, en 2005, à Londres.

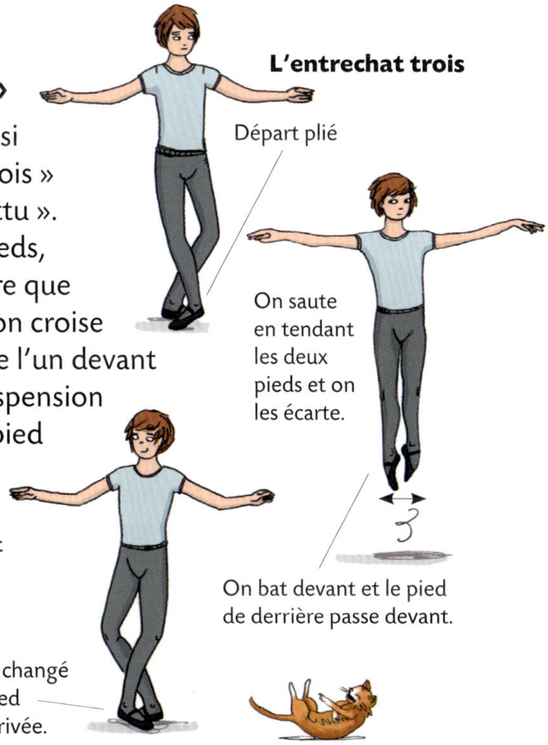

« Chat alors » !

Si l'entrechat n'a rien à voir avec ton animal préféré – il vient du mot italien *intrecciata* qui signifie entrelacé, le terme « saut de chat » fait bien allusion, quant à lui, aux bonds du félin.

Rebondis comme un ballon

Entraîne-toi à sauter sur 2 pieds, sur 1 pied, sur place, en te déplaçant, en tournant, en « battant ».

1. Quand tu sautes, pense à bien plier les genoux puis à pousser sur tes pieds. Pendant le saut, il faut tendre tes pieds et tes genoux. C'est ça qui te donnera ce que l'on appelle « la détente » et te permettra de sauter haut.

2. Attention : pour ne pas se faire mal en se réceptionnant, il faut poser d'abord le bout du pied, puis le talon, et plier les genoux.

Fais un saut de chat

Le saut de chat est d'autant plus réussi que les jambes se lèvent vite et marquent un temps en l'air.

1. On part de la 5e position demi-pliée.

2. La jambe de derrière se lève pliée.

3. Elle donne l'appel du saut pour l'autre jambe qui la suit.

4. Elle ferme en 5e devant.

À l'école de danse de l'Opéra de Paris

L'école de danse est à Nanterre, près de Paris. La journée des élèves se déroule dans un bâtiment unique où tout est réuni : l'école, les salles pour les cours de danse, et même les chambres pour les internes.

Les élèves de l'école de l'Opéra en cours.

Matinales

Les élèves se lèvent tôt, vers 6 h 45.
Les cours, divisés en séquences de quarante-cinq minutes, commencent à 8 h et finissent à midi. Les professeurs enseignent leur matière sur place. La scolarité va du CE2 à la terminale et suit le même programme que dans les établissements ordinaires.

Miam miam !

Le déjeuner a lieu à 12 h. Un nutritionniste surveille les menus de la cantine, qui sont équilibrés pour correspondre à un travail physique important demandant de l'endurance. L'ambiance est détendue, mais sans doute un peu plus concentrée que dans les autres cantines : il s'agit de prendre des forces pour être en forme, afin de danser tout l'après-midi.

À l'école de l'Opéra, l'heure du déjeuner est toujours un moment de détente bien méritée.

L'ensemble des divisions dans le grand escalier central qui dessert tous les studios de danse.

Eh bien, dansez maintenant !

Les classes de danse sont réparties en « divisions » qui vont de la 6e (pour les petits) à la 1re (la dernière classe). Toutes les divisions ont un cours principal de danse classique, de 13 h 30 à 15 h 30, chacune dans son studio. Ensuite, viennent les cours supplémentaires : mime ou folklore pour les petits, musique pour tout le monde, jazz ou caractère pour les plus grands, contemporain, adage et répertoire pour les 2e et 1re divisions. À partir de 16 h 30, ont lieu les cours théoriques : histoire de la danse, anatomie, culture musicale...

Matériel à l'appui

Pendant les pauses, les élèves peuvent regarder des vidéos. Les internes bénéficient d'un partenariat avec la cinémathèque de la danse qui leur prête des films rares commentés par des spécialistes.

Le rêve

Être à l'école de danse, c'est surtout pouvoir danser sur scène, aux démonstrations annuelles, mais aussi pour le spectacle de l'école où les chorégraphes les plus connus montent, pour les élèves, des pièces présentées sur le plateau du palais Garnier (l'Opéra de Paris). En plus, ils participent aux ballets avec les grands pour *La Bayadère* ou *Paquita*, par exemple, et au célèbre défilé de l'Opéra. Ils font même des tournées comme les pros !

À l'école de l'Opéra, les élèves s'entraînent plusieurs heures par jour.

Le célèbre ballet du théâtre du Bolchoï de Moscou, interprétant *La Bayadère*, à Paris, en janvier 2008.

Le ballet

Appelé « ballet blanc », le ballet romantique est caractérisé par ses gracieuses ballerines, tout de blanc vêtues et évoluant sur les pointes. Toujours plus légère et aérienne, la danse se peuple d'êtres immatériels, sylphides, wilis, ombres et fantômes, incarnés par des femmes.

romantique

L'invention des pointes

Les pointes font rêver. Mais sous des apparences douces et satinées, elles sont un outil performant qui doit être solide et robuste, car pendant les « tours », tout le poids du corps, multiplié par la vitesse du mouvement, repose sur le bout d'un seul chausson.

Qui a inventé les pointes ?

La première à avoir chaussé des pointes est la Française Geneviève Gosselin, en 1813, suivie par Fanny Bias. L'Italienne Amélia Brugnoli les chausse en 1820, mais c'est Marie Taglioni qui les fera triompher. Le point commun de ces danseuses : leur professeur, Jean-François Coulon, qui serait donc l'inventeur des pointes !

Ces chaussons au bout rembourré portés par Marie Taglioni peuvent être considérés comme les premières pointes.

Dur, dur !

Au début de leur histoire, les chaussons ont la semelle molle. Il faut bourrer son chausson de coton et en renforcer le bout avec des galons et des broderies. Les premières vraies pointes ont le bout gainé de cuir, pour corseter les doigts de pied à l'intérieur. Inutile de dire qu'il faut une sacrée force dans le pied et que les orteils passent un sale quart d'heure ! Mais à l'époque, ce ne sont que de brefs passages, on ne danse pas réellement sur pointes.

Couds tes rubans

- **chaussons de danse**
- **rubans, fil et aiguille**

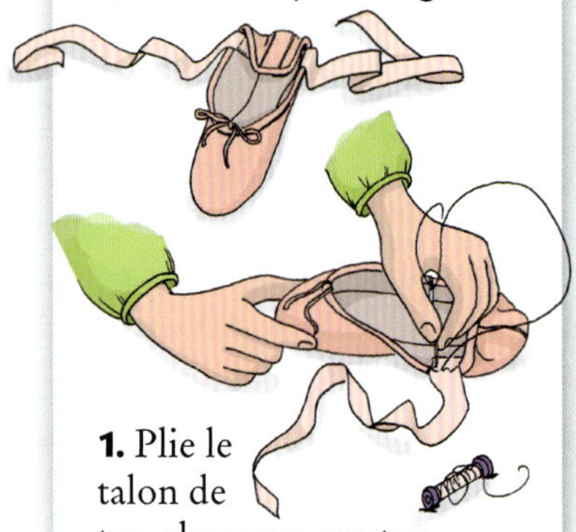

1. Plie le talon de ton chausson contre la semelle et marque l'endroit de la pliure.

2. Après avoir replié en 2 le bout du ruban, couds-le en carré à l'intérieur du chausson. Attention, le nœud du fil doit être à l'intérieur. Ne couds jamais les rubans à la machine : ça les coupe !

3. Le ruban ne suffit pas à bien tenir le chausson. Par sécurité, il vaut donc mieux ajouter un élastique. Il faut le coudre de chaque côté de la couture du talon, en carré, comme les rubans.

Jeune ballerine chaussant ses pointes.

Agnès Letestu dans *Don Quichotte*.

Une évolution fulgurante

Dès la fin du XIXe siècle, des artisans s'attellent au problème de la fabrication des pointes. Les premiers sont exclusivement italiens et se nomment Porselli ou Nicolini. Les pointes sont alors très longues et fines, leur semelle très dure : elles doivent pouvoir être utilisées sur des scènes faites de lames de parquet disjointes et les danseuses, plus lourdes, ont besoin d'un solide soutien. Aujourd'hui, grâce à l'évolution de la technique et de la morphologie des danseuses, grâce aux tapis de sol adaptés, les pointes sont plus légères et les semelles bien plus souples.

La fabrication d'un chausson de danse

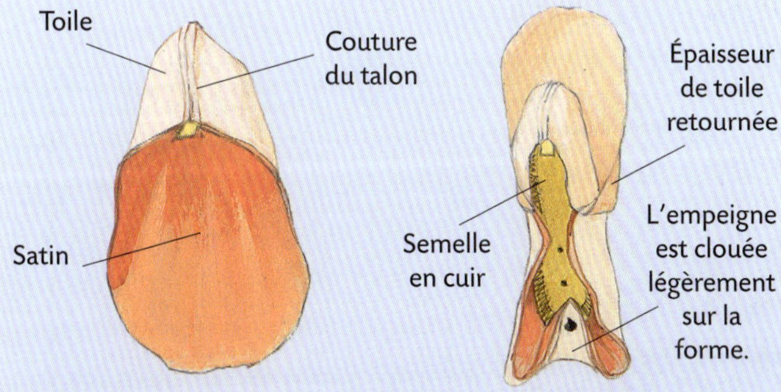

1. Plusieurs épaisseurs de toile sont cousues sur le satin, c'est ce qui constituera l'empeigne.

2. On cloue une semelle en cuir sur une forme de pied en bois. Puis on retourne l'empeigne de tissu sur cette forme et on la cloue à la semelle, mais on laisse une épaisseur de tissu retroussée.

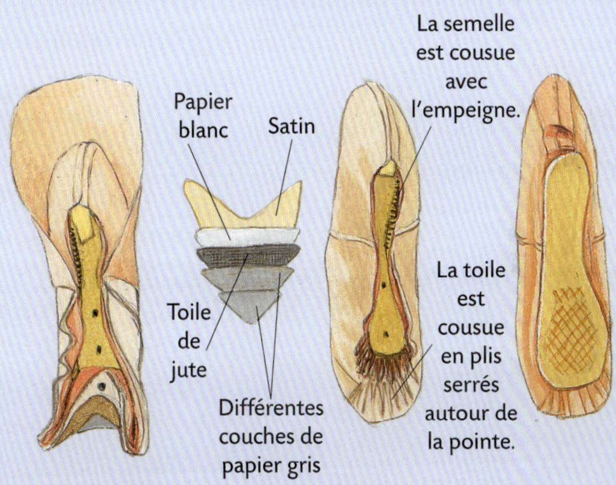

3. On fixe sur le bout plusieurs épaisseurs de toile de jute, de papier, de carton, avec une colle à base de farine et d'eau. On laisse sécher 2 à 3 heures, c'est ce qui fera la dureté du bout.

4. On rabat le tissu qui restait et on le plisse au bout. On coud l'empeigne à la semelle, on ôte le chausson de la forme, on glisse une 2e semelle de cuir dans le chausson.

5. On remet le chausson sur la forme et on le façonne avec un petit marteau. Enfin, on le met au four pendant 12 à 15 heures pour le durcir.

Cambrure, empeigne, boîte, fuselage, et même « décolleté » en rond ou en V : tout compte dans le choix d'un chausson !

À bon choix, bon rat !

Les pointes doivent aller comme un gant, être parfaitement ajustées à ton pied, sans le comprimer. On peut tout choisir de la dureté de la semelle à la forme du chausson en passant par la hauteur du talon.

Cassées !

Pour assouplir leurs pointes neuves, les danseuses leur font subir toute une série de mauvais traitements : les coincer dans une porte, plier la semelle dans tous les sens, enlever une partie de la semelle intérieure. Ça s'appelle les « casser ».

La plate-forme est bien carrée pour permettre une bonne assise. Les plates-formes « fuyantes » ou trop minces sont à éviter.

La semelle n'est pas trop dure pour pouvoir « monter dessus », mais suffisamment rigide pour faire travailler les muscles des pieds.

La hauteur de l'empeigne dépend du cou-de-pied : plus il est fort, plus elle doit être haute. Les débutantes prennent une empeigne moyenne.

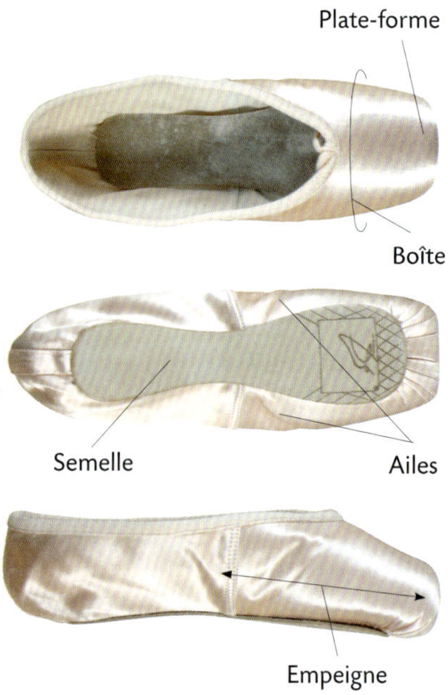

Noue tes rubans

Mets-toi dans la position suvante :

1. Croise les 2 rubans en les superposant (d'abord le droit, puis le gauche) sur le devant, au-dessus de la cheville. Passe-les derrière.

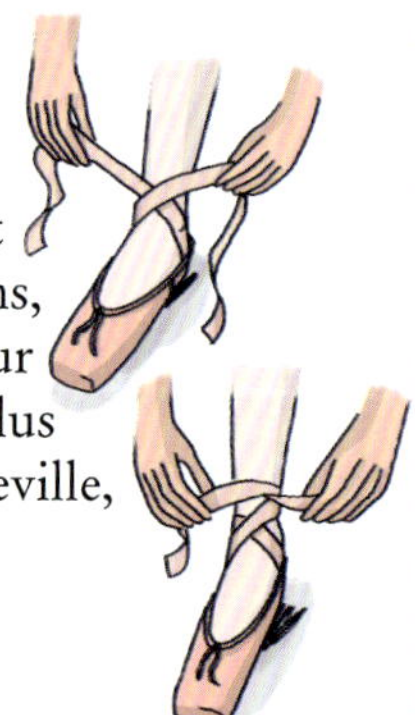

2. Ramène sur le devant un des rubans, bien à plat sur la partie la plus fine de la cheville, et superpose le deuxième.

3. Fais le nœud sur le côté, à l'extérieur de la cheville et au-dessus de la malléole, pour ne pas gêner le tendon d'Achille. Rentre les extrémités des rubans.

Avoir plusieurs paires de chaussons permet de prolonger leur vie.

À quel âge commencer ?

Généralement, pas avant 11 ou 12 ans. Il faut que le pied et la cheville soient suffisamment musclés pour contrôler et maintenir la position du pied.

Les pointes ont la vie courte

Une professionnelle en use environ douze paires par mois. Parfois, il faut deux paires pour un seul spectacle ! Pour qu'elles durent plus longtemps, il faut les faire sécher avant de les remettre. On peut aussi mettre du vernis à alcool (on en trouve dans les drogueries) à l'intérieur, pour redurcir le bout ou encore les mettre au frigo !

Trouver la bonne taille, en longueur...

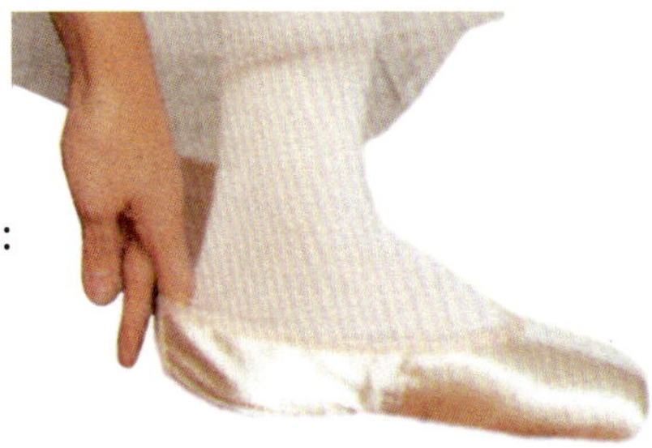

Pour savoir si la longueur de ton chausson est bonne, fais un demi-plié en première position : ton chausson doit coulisser le long du pied. Si l'arrière maintient ton pied sans te gêner au niveau du talon, et si tes orteils sont bien à plat jusqu'au bout, la longueur convient.

Se protéger

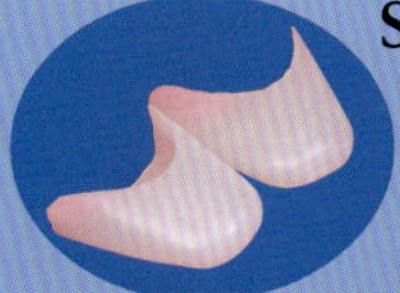

Il existe des protège-pointes. Les seuls valables sont en silicone (à gauche). Il faut essayer tes pointes avec cet accessoire qui nécessite souvent 1/2 pointure de plus. Mais si tu débutes, mieux vaut apprendre à t'en passer pour mieux sentir tes orteils. Tu peux aussi plier un demi-mouchoir en papier autour de ceux-ci, ça protège (un peu) des ampoules. Il faut mettre le bout du pied dans la pliure centrale du mouchoir, puis rabattre les deux bouts qui dépassent sous le bout du pied. Ne mets jamais de coton : il se tasse et fait encore plus mal aux pieds !

... et en largeur

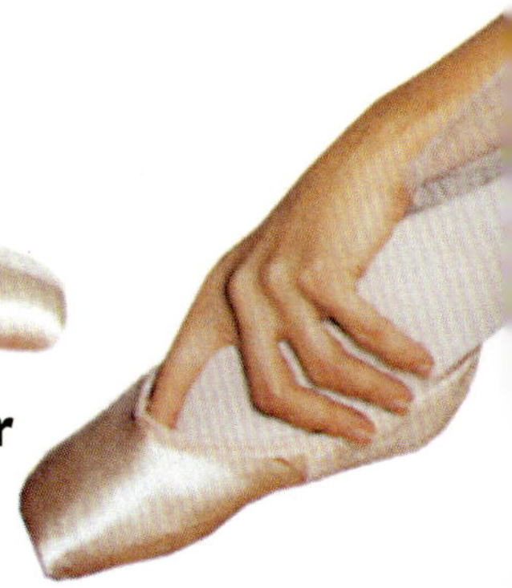

Pour la largeur, tends le pied : le cœur du chausson doit être légèrement dégagé. Si le chausson (la boîte) est trop large, le pied ne sera pas assez tenu et les orteils se déformeront. S'il est trop étroit, les doigts de pied se chevaucheront ou se recroquevilleront. Dans les deux cas, la position du pied est dangereuse.

Marie et la Sylphide

Marie Taglioni incarne pour toujours le personnage immatériel de *La Sylphide*. Avec ce ballet, qui relate les amours d'un homme et d'une fée, la danse classique épouse le romantisme et le surnaturel. Pour évoquer cet univers merveilleux, léger et aérien, les pointes s'imposent sur le plan technique, comme l'accessoire obligé de toute ballerine.

Formée par son père , Marie Taglioni connaît le succès dès sa première apparition sur scène, mais c'est avec *La Sylphide* qu'elle devient une véritable « star ».

Une histoire de famille

Dans la famille italienne des Taglioni, on naît danseur. Marie (1804-1884) dansera, comme ses parents, son frère et sa tante. De même que Filippo (1777-1871), son père, maître de ballet et chorégraphe, elle débutera à l'école de l'Opéra de Paris, avant qu'il ne la fasse travailler lui-même, la forçant à s'exercer six heures par jour. Au bout de quelques mois, Marie surpasse tout le monde.

Une mode

Être comparée à une sylphide devient le plus grand des compliments : les femmes entreprennent donc des régimes à base de vinaigre et de citron pour acquérir l'apparence fragile de Marie Taglioni. Elles veulent toutes se vêtir de mousseline blanche comme l'héroïne. Il y aura une pivoine « Sylphide », un chapeau « Sylphide », et même un journal de mode du même nom. Jules Perrot, le partenaire de Taglioni sera appelé « le Sylphe mâle ».

Monique Loudières dans le rôle de *La Sylphide*, dans une version de Pierre Lacotte.

La naissance du ballet romantique

En 1832, Taglioni crée *La Sylphide*, un ballet taillé sur mesure pour sa fille. Il met en valeur ses qualités – notamment son aisance sur les pointes –, mais aussi ce qui passe à l'époque pour des défauts : de longs bras et de longues jambes, de grandes mains, un corps menu, un peu maigre. Les orteils mal formés de Marie, tous de la même longueur, semble-t-il, lui auraient permis de tenir d'exceptionnels équilibres.

Concurrence !

Très vite, Marie a des rivales... et des rivaux. Elle supporte mal la concurrence de Jules Perrot qui se fait applaudir à ses côtés, et lutte toute sa vie contre Fanny Elssler, une danseuse aussi fougueuse que Marie est évaporée. Les ballerines qui suivront, telles Carlotta Grisi, Fanny Cerrito ou Lucile Grahn, seront capables d'avoir à la fois le côté éthéré de Taglioni et la vivacité d'Elssler.

Portrait de Fanny Elssler

Un triomphe

Dès la première (le jour où le ballet est montré pour la première fois au public), *La Sylphide* est un événement. Marie est portée aux nues. Victor Hugo lui envoie même un livre dédicacé : « À vos pieds, à vos ailes. » Et le poète Théophile Gautier, auteur du livret de *Giselle* : « Elle nous montre des ronds de jambes et des ports de bras qui valent de longs poèmes. »

Les sylphides dansent sur une musique de Jean Schneitzhoeffer.

La Sylphide

La Sylphide est un esprit des bois qui charme James, un jeune Écossais, la veille de ses noces avec Effie. James la suit dans la forêt, mais elle ne cesse de lui échapper. La sorcière Madge lui propose alors une écharpe magique pour la retenir. Hélas, l'écharpe est maléfique et la Sylphide meurt, au moment où James la pose sur ses épaules.

Quatre rivales en scène

Malgré leurs rivalités, Grisi, Cerrito, Grahn et Taglioni dansent ensemble *Le Pas de quatre*. Ce ballet très célèbre, réglé en 1845 par Jules Perrot, permet d'admirer les 4 plus grandes « stars » de l'époque sur la même scène.

James et la sorcière sont interprétés ici par Manuel Legris et Jean-Marie Didière.

Le tutu romantique

Le costume de la Sylphide est la première ébauche du tutu : une robe de mousseline qui fait bouffer la jupe de crêpe blanc.

Des nuées de tulle

Les tutus sont composés de trois parties : la trousse (culotte), le jupon (ou tutu proprement dit), et le bustier. On monte les jupons sur la trousse. Un tulle fort est utilisé pour les jupons du dessous et un tulle léger ou de soie pour le dessus. La beauté du tutu est due au nombre, aux dimensions et au fronçage des jupons. Ils sont montés sur les hanches et non sur la taille pour ne pas alourdir la silhouette. Le bustier est en satin ou en faille. Il épouse le corps de la danseuse avec un système de pinces et de baleines.

Des étoffes des Mille et Une Nuits

Légères et transparentes, de soie ou de coton, la plupart des étoffes composant le tutu sont d'origine orientale. La gaze vient de Gaza, au Proche-Orient, et a été importée en France à l'époque des croisades. La mousseline vient de Mossoul, en Irak. L'organdi et l'organza semblent provenir d'Ourguentch, en Ouzbékistan, ville de négoce entre les Arabes et les Chinois dès le xe siècle. Seul le tulle est fabriqué en France, à Tulle, en Corrèze.

Question de galons

Autrefois, il existait une hiérarchie dans les tissus. Les étoiles avaient droit au tulle de soie, tandis que le corps de ballet portait du tulle de coton. Aujourd'hui, cette différence existe toujours : aux étoiles la mousseline, aux autres, l'organza.

De plus en plus léger, le tutu long est devenu l'emblème du ballet romantique et la tenue incontournable des ballerines.

Confectionne ton tutu long

Tu peux réaliser toi-même l'essentiel des étapes de la confection d'un véritable tutu long, mais tu devras demander l'aide d'un adulte pour coudre à la machine les différentes pièces entre elles.

- **3 m de voile de mariée en tulle souple**
- **1 m de gros grain en fil assorti**
- **des agrafes pour la ceinture**
- **une grosse aiguille**
- **de la cordelette**

1. Prends tes mesures.
Mesure ton tour de taille, puis la hauteur de ta taille à la longueur voulue (mi-mollet environ).
Ex : taille = 65 cm, hauteur = 70 cm.
Calcule le métrage du tissu : il faut prendre 4 fois la longueur + 20 cm de sécurité.
Ex : 4 x 70 cm + 20 cm = 3 m de tissu.

2. Coupe le tissu.
Le tulle est toujours plié en 4 dans la largeur. Ne le déplie pas. Il sera plus facile à couper. Étale-le sur une grande table. À l'aide d'une règle et d'une équerre trace un trait à angle droit et coupe sur ce trait. Mesure la longueur voulue, trace un trait et coupe. Tu obtiens un rectangle égal au quart du tutu. Répète la même opération 3 fois pour terminer la coupe.

3. Passe à la couture.
Demande à un adulte de coudre ensemble à la machine au point droit les 4 rectangles, en laissant à la dernière couture une ouverture de 20 cm pour pouvoir l'enfiler. Prépare une aiguillée de fil solide (lin ou cordonnet) d'une longueur égale au tour de taille + 10 cm. Fais un gros nœud au fil, fronce à l'aiguille le haut du tulle. Fais un nœud. Coupe le fil. Vérifie que c'est à ta taille.

4. Place le gros grain.
Coupe le gros grain (tour de taille + 6 cm). Marque le milieu. Plie 3 cm de chaque côté. Épingle le tulle sur l'intérieur du gros grain et fais correspondre la couture du milieu du jupon au trait marqué. Répartis les fronces. Demande à un adulte de piquer à la machine la ceinture et le tulle.

5. Essaie ton tutu et place l'agrafe.

Une fois le tutu enfilé, ce n'est pas tout : il faut le fermer ! Comme il a soit un laçage, soit des agrafes dans le dos, une habilleuse est nécessaire.

Du geste à la parole

Constituée de gestes simples et codifiés, la pantomime aide à comprendre l'histoire représentée dans le ballet. Elle supplée à la chorégraphie pour permettre au public de suivre les passages les plus complexes de l'intrigue.

Ce geste, effectué par l'héroïne dans *Giselle*, signifie « entendre ».

Chut, on danse !

La pantomime, ou mimique, est liée à l'histoire du ballet classique. Jusqu'à ce que le ballet se détache de l'opéra-ballet, au XIXe siècle, la parole servait à exprimer les idées et les sentiments. La pantomime est inventée pour la remplacer. À l'époque de *Giselle*, elle s'emploie couramment. Elle est justifiée par les péripéties de l'histoire, comme une dispute entre Giselle, Hilarion et Albrecht, par exemple. Peu à peu, on en abuse et certaines scènes finissent par ressembler à un dialogue de sourds-muets. On va même jusqu'à l'utiliser dans des ballets où il n'y a rien à exprimer.

Découvre un langage codé

La mimique n'utilise pas les gestes réels, elle les stylise ou les symbolise selon un code précis. Ainsi, pour signifier entendre ou parler, les danseurs utiliseront toujours le même geste, quel que soit le ballet. En voici certains exemples que tu peux t'entraîner à reproduire.

Folie

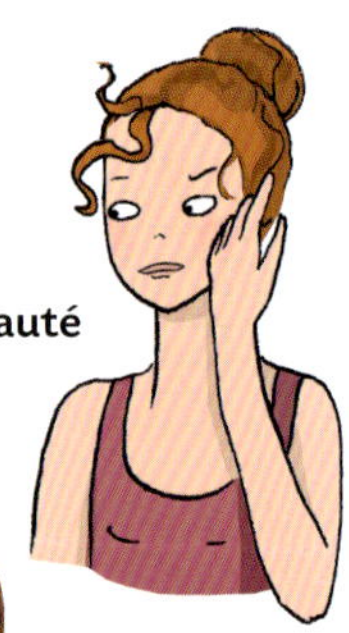

Beauté

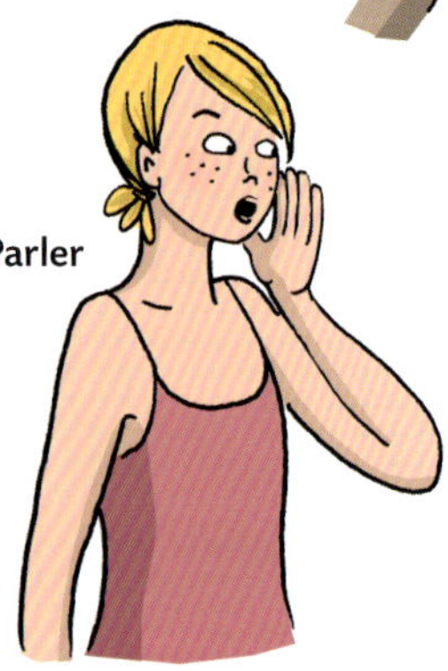

Parler

Boire

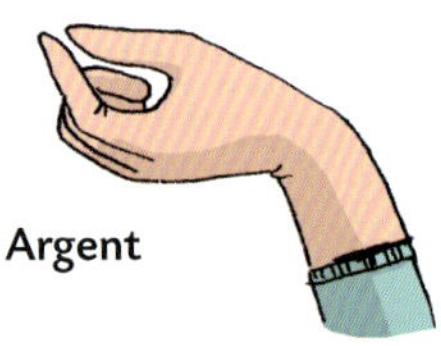

Argent

Tristesse

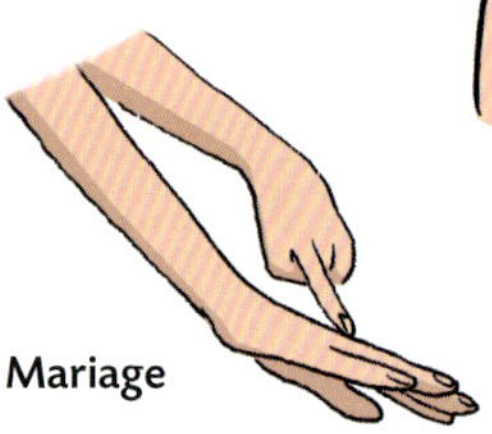

Mariage

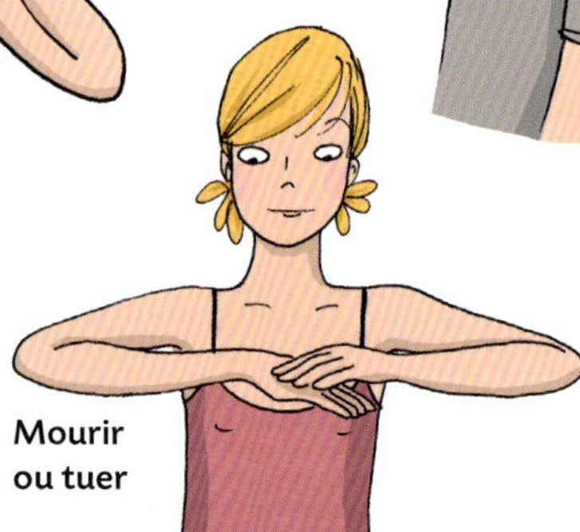

Mourir ou tuer

Un langage oublié

La pantomime perdure dans les grands ballets du répertoire. Ainsi, dans *Le Lac des cygnes*, Odette raconte son histoire à Siegfried avec des gestes codifiés. Mais le public non averti ne comprend pas que le lac au bord duquel se tient l'héroïne est formé des larmes de sa mère, car il ignore souvent la signification de ces mouvements élégants.

Scène de pantomime dans *La Fille du pharaon*.

Action et réaction

Face à ces abus, la réaction ne se fait pas attendre. Quand les Ballets russes arrivent en France (1909), on revient à l'idée que la danse peut se suffire à elle-même, quelle que soit la complication de l'histoire. Actuellement, la pantomime est tombée en désuétude dans la création de ballet et son utilisation serait considérée comme ridicule.

Giselle, héroïne romantique

Carlotta Grisi (1819-1899) n'a que 22 ans lorsqu'elle incarne Giselle.

Amour et mort, folie et au-delà… Les thèmes réunis dans *Giselle*, créé en 1841, en font le modèle parfait du ballet romantique.

Un succès intemporel

S'inspirant d'une légende allemande, Théophile Gautier ne mettra que trois jours à écrire le livret (l'histoire) de *Giselle*. Jules Perrot et Jean Coralli en seront les chorégraphes, Adolphe Adam le compositeur, Carlotta Grisi et Lucien Petipa les interprètes. Dès la première, c'est le succès, et *Giselle* est, aujourd'hui encore, l'un des ballets les plus dansés au monde.

Réussis les bandeaux de Giselle

Les « bandeaux » doivent leur nom à la forme de la coiffure qui couvre les oreilles comme un bandeau. Voici quelques conseils pour réussir à les faire toi-même.

- **des pinces**
- **un élastique et un filet**
- **du gel superfixant ou de la laque**
- **un peigne et une brosse**
- **des épingles neige**

1. Fais une raie au milieu s'arrêtant avant le sommet du crâne. Partage les cheveux en 3 (une mèche de chaque côté, une derrière). Noue sous le menton les 2 mèches des côtés. Fais une queue de cheval en haut ou en bas avec la mèche de derrière suivant que tu choisis de te faire un chignon haut ou bas.

2. Monte ton chignon approximativement. Défais les mèches nouées sous le menton. Crèpe tes cheveux en les peignant à « rebrousse-poil ». Mets une pince le plus en arrière possible, juste à côté de la raie et ramène les autres cheveux en avant.

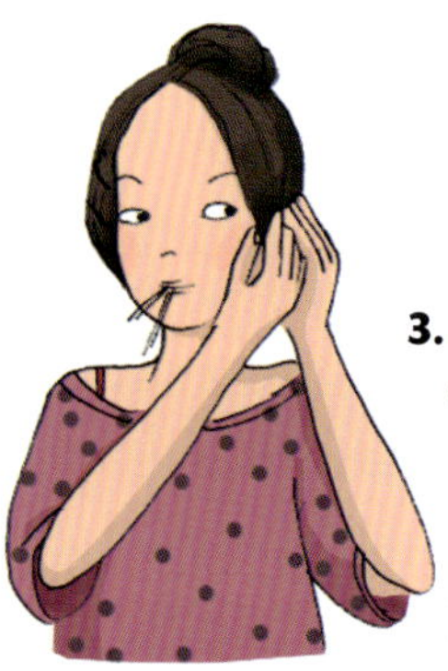

3. Forme le bandeau à l'aide de pinces et en t'aidant du gel. Remonte ce qui reste de la mèche et mêle-la au chignon en la croisant (mèche gauche du côté droit et vice versa). Fais la même chose de l'autre côté.

4. Arrange le chignon en l'applatissant et pose le filet en le fixant avec des épingles.

Amour, vengeance et pardon

Albrecht se déguise en paysan pour séduire Giselle dont Hilarion est amoureux. Ce dernier découvre l'identité du prince et le dénonce, alors que Giselle se trouve face à Bathilde, la fiancée d'Albrecht. Giselle en perd la raison et meurt (acte I). Dans la forêt où Giselle repose, les wilis traquent les hommes et les font mourir d'épuisement en dansant. Leur reine Myrtha accueille Giselle. Leur première victime est Hilarion. La seconde devrait être Albrecht, mais Giselle s'interpose et le sauve par son amour (acte II).

L'arabesque, figure de l'immatériel

C'est la grande figure chorégraphique de *Giselle* et de tout ballet romantique. Il existe de nombreuses variantes (arabesque ouverte, arabesque penchée...) de cette position très épurée qui exprime par excellence la légèreté et la grâce. À partir d'un point d'appui unique (sur une seule jambe), les bras et la jambe allongés dans des directions opposées forment avec le torse cambré, une ligne d'une grande élégance.

Laëtitia Pujol et Nicolas Le Riche dansent *Giselle* (ici acte I), en 2003, dans la chorégraphie de Jean Coralli et Jules Perrot.

Place à l'imaginaire

Au milieu du XIXe siècle, les êtres surnaturels, le mystérieux et le merveilleux connaissent une grande vogue auprès du public, ce qui incite les créateurs de ballet à laisser libre cours à leur imagination. *Giselle* n'échappe pas à la règle et les wilis, êtres maléfiques sortis de leur tombe pour nuire aux vivants, entraînent les spectateurs fascinés dans un monde où l'amour idéal côtoie la folie et la mort.

En 2004, Paris a accueilli les danseurs du ballet du théâtre Bolchoï pour présenter *Le Lac de cygnes*.

La danse

Si le ballet romantique a ouvert la voie aux étoiles féminines, il a écarté les hommes de la scène. Avec la danse académique et l'usage des pointes, le danseur devient inséparable de sa partenaire. Dans les « portés », il doit aussi la soulever de plus en plus haut. Ainsi naît le pas de deux qui permet aux hommes de reprendre pied dans le ballet.

académique

Marius Petipa.

Un Marseillais chez les tsars

Depuis le XVIIIe siècle, les maîtres à danser français sont très prisés à l'étranger, et plus particulièrement en Russie. C'est dans ces circonstances que Marius Petipa débarque à Saint-Pétersbourg où il créera ses chefs-d'œuvres : *La Belle au bois dormant*, *Casse-Noisette*, *Le Lac des cygnes*, entre autres.

Qui est Petipa ?

Marius naît en 1818 dans une famille de danseurs. Son père, Jean-Antoine, est danseur et maître de ballet. Son frère aîné, Lucien, a été le partenaire de Carlotta Grisi dans *Giselle*. Petipa a 29 ans quand il arrive en Russie, en 1847. Il présidera, durant soixante ans, au destin du ballet classique des théâtres impériaux et verra se succéder quatre tsars.

Agnès Letestu et Nicolas Le Riche dans *Don Quichotte*, chorégraphié par Noureev.

Spectaculaire porté de *La Bayadère*, dans la version de Noureev.

Les lettres de noblesse du ballet

Petipa donne une structure rigoureuse au ballet et fixe les figures virtuoses du pas de deux (exécuté par les deux rôles principaux) en les intégrant à l'ambiance du ballet. Les variations des étoiles ne sont pas intercalées artificiellement dans la chorégraphie, mais correspondent à des passages de l'histoire et s'articulent avec les parties dansées par le corps de ballet. Les danses de caractère, inspirées des différents folklores européens, viennent agrémenter ses ballets et contribuent à leur succès.

La danse en Russie, une institution

Le théâtre impérial Mariinski (appelé Kirov pendant la période soviétique) est systématiquement dirigé par les ministres du tsar (souvent ses plus proches parents). Le gouvernement consacre beaucoup d'argent à la troupe et à son école. Le corps de ballet est constitué de 250 danseurs.

Une musique sur mesure

Une des innovations de Petipa est de commander des partitions originales à de vrais compositeurs, comme Tchaïkovski (1840-1893) ou Glazounov. Avec *La Belle au bois dormant* (1890), *Casse-Noisette* (1892) et *Le Lac des cygnes* (1895), une réelle fusion entre la danse, la musique et l'histoire est ainsi opérée. Créée en même temps que la chorégraphie et le livret, la musique fait désormais partie intégrante du ballet.

Pointilleux ?

Petipa se montre exigeant dans ses directives et soumet les compositeurs à des demandes très précises, comme dans cet extrait de lettre à Tchaïkovski pour la partition de *La Belle au bois dormant* : « Aurore aperçoit la vieille qui frappe avec ses aiguilles : une mesure 2/4. Progressivement, passez à une valse très charmante à 3/4. Une pause. Cris de douleur. Elle saigne. Huit mesures à 4/4 très larges. [...] À la fin, je voudrais un trémolo... »

Le Lac des cygnes, chorégraphié par Rudolf Noureev, avec Élisabeth Platel et Nicolas Le Riche.

Reconnais le leitmotiv

Tu trouveras facilement un enregistrement de *La Belle au bois dormant* dans ta médiathèque, peut-être même un enregistrement vidéo ou un DVD du ballet, ce qui t'aidera à identifier les personnages par rapport à la musique. En l'écoutant, tu reconnaîtras facilement le thème correspond au personnage de Carabosse. Repère les entrées de Carabosse à chaque fois que cette musique revient.

Un thème qui se répète

Leitmotiv est un mot allemand qui signifie « motif conducteur ». C'est un thème musical qui revient à chaque fois qu'un personnage apparaît ou qu'une situation se répète. Il est utilisé pour la première fois dans *Giselle*, mais ce sont les grands ballets de Tchaïkovski qui popularisent ce procédé dont la musique de film se servira beaucoup par la suite.

Contes de fées

Ils forment l'essentiel du répertoire classique d'aujourd'hui dans le monde entier. Que serait la danse sans *Le Lac des cygnes*, *La Belle au bois dormant*, *Don Quichotte* ou *Casse-Noisette* ?

La Belle au bois dormant dans la version de Noureev.

La Belle au bois dormant

C'est sur la trame du conte de Perrault que Petipa construit son ballet. Mais il y introduit des personnages empruntés à d'autres contes, comme Carabosse, le Chaperon rouge et le Loup, le Chat botté, Cendrillon et même le Petit Poucet. *La Belle au bois dormant* est certainement l'un des ballets les plus magnifiques par la somptuosité des costumes et des décors, ainsi que par l'utilisation d'une machinerie surprenante.

Casse-Noisette

Le soir de Noël, la petite Clara reçoit comme cadeau de son parrain un casse-noisette en forme de soldat. Pendant la nuit, elle se lève et se retrouve nez à nez avec des rats. Son casse-noisette s'anime et dirige les soldats de plomb qui affrontent les rats. Clara les sauve en jetant sa pantoufle sur le roi des rats. Casse-Noisette transformé en prince entraîne Clara dans un voyage fantastique au pays des neiges, puis dans celui des friandises, où la fée Dragée donne un merveilleux spectacle avec des danses arabes, russes, chinoises, espagnoles. À la fin, Clara se réveille dans le salon de ses parents.

Les Ombres

Dans la scène du royaume des Ombres de *La Bayadère*, 32 ballerines en tutu blanc descendent la scène dans une suite d'arabesques penchées qui constituent une brillante démonstration de danse.

L'inspiration exotique

Petipa compose des ballets qui se passent en Arabie (*Le Corsaire*, 1856), dans l'Égypte ancienne (*La Fille du pharaon*, 1862) ou en Inde (*La Bayadère*, 1877). À chaque fois, ces histoires d'amour compliquées de jalousies, de trahisons, de ruses sont l'occasion de productions grandioses avec des personnages farfelus : le pacha et son harem, des pirates, des dieux hindous, des prêtres, des momies. L'histoire est moins importante que les possibilités qu'elle offre d'inclure tous les éléments que souhaite Petipa.

***La Bayadère* dansée par Elisabeth Platel et Laurent Hilaire.**

Le Lac des cygnes

Créé en 1892, ce ballet raconte une histoire d'amour et de mort. Une nuit, en chassant près d'un lac, le prince Siegfried rencontre une princesse, Odette, dont il s'éprend. Mais, celle-ci, victime d'un sort dont seul l'amour peut la libérer, prend le jour l'apparence d'un cygne. Siegfried lui jure fidélité. Au cours d'un bal où Siegfried doit choisir sa fiancée, il croit retrouver Odette. Mais, par un subterfuge, c'est une autre jeune fille qui a pris son apparence. Siegfried ne retrouve Odette que pour mourir noyé avec elle.

Dans *Le Lac des cygnes*, la danseuse étoile interprète toujours Odette, le cygne blanc, et Odile, le cygne noir. C'est un vrai défi pour l'étoile qui doit faire preuve de lyrisme dans le rôle d'Odette et de virtuosité dans celui d'Odile.

Ici, Élisabeth Platel interprète Odile, le cygne noir et Odette, le cygne blanc, dans une version chorégraphiée par Noureev.

À toi de jouer

Saurais-tu raconter une histoire par la danse ? Tu peux choisir ce que tu veux, mais rappelle-toi que tout le monde doit pouvoir suivre ce que tu racontes. Et pour cela, il y a des astuces !

- **une chaîne stéréo et des CD**
- **2 ou 3 spots ou lampes de bureau**
- **de vieux vêtements et des accessoires**
- **un drap usagé sur lequel tu peux peindre le décor**
- **du maquillage**
- **des punaises**

Écris ton scénario

1. Invente une histoire. Repère, en te la racontant ou en l'écrivant, les moments clefs. Ce sont ceux que tu ne peux enlever sous peine de rendre l'action incompréhensible.
2. Distingue les personnages principaux.
3. Réécris la trame de l'histoire en la « découpant » en grands moments et en enlevant ce qui embrouille le récit.
4. Détermine ensuite ce que la danse suffit à exprimer (un duo amoureux ou une bataille) et les passages où la pantomime est indispensable (quand le héros entend un bruit).
5. Définis les moments où tu as besoin de plusieurs personnages et ceux où seuls les héros sont nécessaires.
6. Pour finir, choisis une musique sur laquelle faire évoluer tes personnages : lente et grave s'il s'agit d'un vieillard, majestueuse pour un prince ou un roi, rapide et gaie pour un jeune homme ou une jeune fille. Pour bien accompagner les péripéties de l'histoire, choisis une musique différente selon les situations : douce et légère pour une scène entre amoureux, tonitruante et rapide pour une bataille, triste pour une séparation, etc.

Trouve une gestuelle adaptée à tes personnages

Dans chaque ballet, Marius Petipa se sert de pas de danse existants et de mimiques pour identifier ses personnages. Ainsi, le saut de chat caractérise le Chat botté, les coups de griffes la Chatte blanche, les brisés de volée l'Oiseau bleu…

1. À toi d'en faire autant. Pour y parvenir, il y a une astuce : observe bien le modèle que tu veux incarner et choisis quelques pas et des attitudes pour le caractériser. Ça peut être un animal ou une sorcière, bien sûr, mais aussi un ivrogne, un vieillard, une pimbêche (comme les sœurs de Cendrillon), un frimeur, un(e) sportif(ve).

2. Une fois que tu as déterminé quels pas chaque personnage doit exécuter, invente les mouvements dansés qui correspondent à ton histoire (projeter la jambe en l'air devant toi rapidement peut convenir à la colère ou au combat, mais pas à la gentillesse ou à la faiblesse).

3. Trouve ensuite un déguisement et un maquillage pour tes personnages. N'oublie pas qu'ils doivent être adaptés au caractère de ces derniers et aider les spectateurs à identifier chaque rôle.

Plante le décor

Pour que ton ballet prenne vraiment forme, il faut lui donner un cadre. Peins sur un vieux drap le paysage où se situe la scène et dispose des spots devant ou derrière, selon les effets que tu veux obtenir. Tu peux aussi découper un soleil ou une lune et les suspendre, pour indiquer -si la scène se déroule le jour ou la nuit.

Court le tutu !

L'usage de ce vaporeux écrin de tulle date de Marius Petipa. Il est attesté par des critiques qui, en 1875, s'indignent de ces jupons « démesurément raccourcis ». Et pourtant, que serait la ballerine sans son tutu ?

Ce tutu galette plein de fantaisie, signé Christian Lacroix, a été confectionné pour *Les Anges ternis*, de Karole Armitage.

Pan pan tutu ?

Le mot tutu, qui date de 1881, serait la défomation du mot « cucu ». Allusion probable à la longueur, jugée indécente, du costume. Mais il pourrait aussi provenir simplement du mot tulle. Il existe deux sortes de tutus courts : le tutu « galette » qui se développe d'abord en Angleterre et dont les volants assez raides forment une corolle horizontale, et le tutu à cerclette, ou « français », dont le tulle souple retombe en cloche. Leur fabrication est un peu différente.

Le bustier

La costumière établit un patron qui suit exactement le corps de la danseuse. À partir de là, elle coupe une toile qui servira de fond au bustier. Il se compose de pas moins de dix pièces ! Ensuite, le bustier est coupé, souvent dans du satin. Il est fermé par des agrafes dans le dos. Trois baleines souples lui donnent sa rigidité : une sur le devant, deux sur les côtés.

Sale comme un tutu

Garder un tutu propre fut pendant longtemps un vrai casse-tête : le tulle de soie ne peut ni se laver ni se nettoyer et se défraîchit rapidement. Tout a changé avec l'apparition du Nylon : pour la première fois, on pouvait laver son tutu dans une baignoire !

Fabrique ton diadème

Touche finale du costume, le diadème est l'ornement indispensable des étoiles qui incarnent les princesses et les fées. Veux-tu leur ressembler ?

- **un petit serre-tête en tissu**
- **des fausses pierreries (strass)**
- **du fil de laiton**
- **un nécessaire à couture**

1. Après avoir choisi l'ordre dans lequel tu veux fixer les strass, couds-les à intervalles réguliers le long du serre-tête.

2. Enfile les plus gros strass (3 ou 5, selon leur taille) sur le fil de laiton que tu tords ensuite pour former une boucle. Enroule le reste du fil autour de la partie centrale, en plaçant les strass au-dessus du serre-tête pour former l'ornement principal. Si tu préfères utiliser des fleurs, il suffit de les coudre sur le serre-tête en les répartissant plutôt sur le devant.

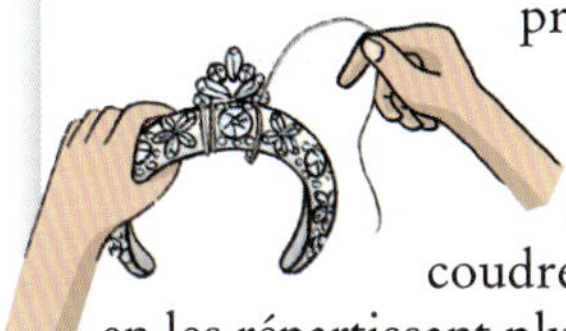

3. Le meilleur moyen de fixer un diadème est de le « coudre » dans tes cheveux. Prends un fil épais, d'une couleur proche de celle de tes cheveux, et enfile-le en double sur une aiguille courbe. Couds le diadème autour de ton chignon ou, s'il est plus grand, en piquant l'aiguille dans la masse des cheveux. Fais attention à ne pas te piquer !

Au feu !

Si les tutus ont raccourci, ce n'est pas seulement parce qu'une meilleure technique permettait aux danseuses de lever plus haut les jambes, mais à cause du feu. Les scènes étant d'abord éclairées à la bougie puis avec des lampes à huile, et enfin, au gaz, les jupes longues risquaient constamment de s'enflammer. C'est ainsi qu'Emma Livry, une élève de Marie Taglioni, a trouvé la mort.

Frous-frous et organisation

Le point de départ de la confection du tutu est toujours la culotte, ou trousse. De onze à treize volants de dimensions différentes sont fixés, du plus petit au plus grand (celui du dessus), à la culotte. À ce stade, le tutu ressemble à un chou. Pour le tutu à cerclette, on glisse ensuite, à même le juponnage, un fourreau de tulle dans lequel on fait glisser la cerclette (un petit cerceau métallique). Plus celle-ci est grande, plus le plateau du tutu est horizontal. Plus elle est serrée, plus le tutu tombe en cloche. Le tout est monté sur le bustier. Il ne manque plus que la danseuse !

Pour rester en bon état, les tutus doivent être suspendus.

Cocottes

Le bas du tutu peut être droit ou cranté, on dit alors qu'il est cocotté. Le tutu terminé est essayé avec son bustier. Le travail de décoration (vaporisation de paillettes, application de tissus, couture de perles, de fleurs, d'ornements divers) est effectué à ce moment-là. Il faut vingt heures de travail pour confectionner un bas de tutu simple. Voilà pourquoi c'est un objet de luxe.

Fabrique ta scène

À tes pinceaux et tes ciseaux ! Grâce aux pages 64 à 67, tu vas pouvoir fabriquer ton théâtre à l'italienne, en miniature.

- **une feuille de contrecollé double face 650/500 mm**
- **une règle graduée**
- **de la colle forte en tube**
- **des pinces à linge**
- **du papier à dessin de 220 g**
- **un cutter à utiliser avec un adulte**
- **un crayon, des pinceaux et de la gouache**

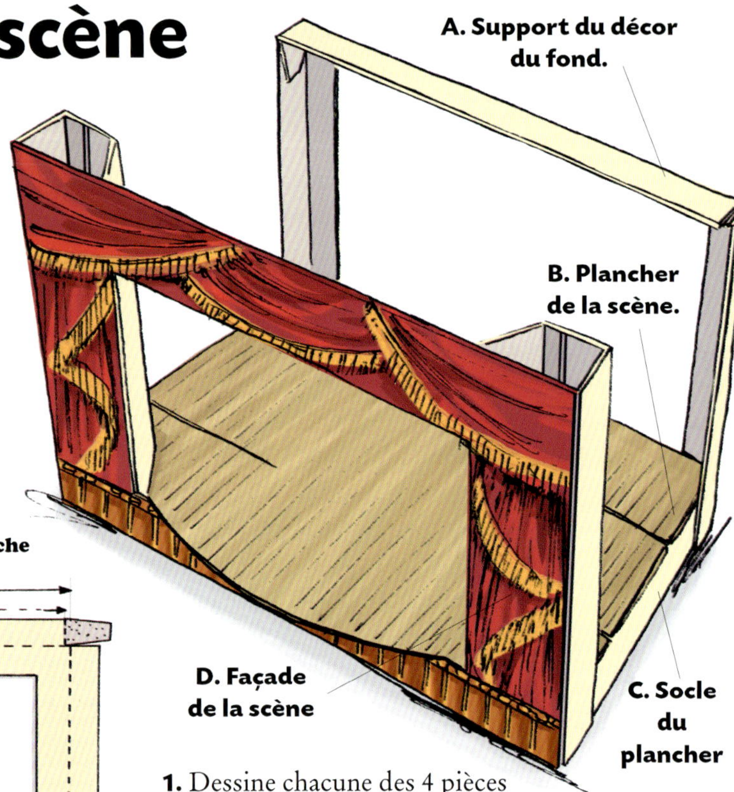

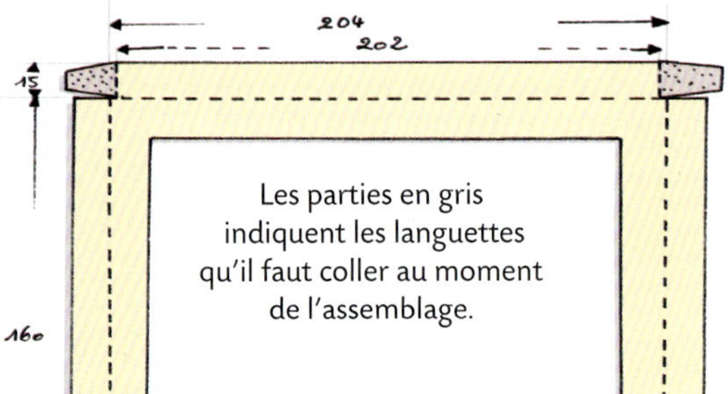

A. Support destiné à recevoir le décor du fond.

1. Dessine chacune des 4 pièces sur la feuille de contrecollé en respectant les dimensions (en millimètres) indiquées en noir.
2. Trace les lignes de pliage en pointillés et celles que tu devras suivre pour le découpage en noir.
3. Peins le plancher et le rideau de la façade.
4. Avec l'aide d'un adulte, découpe les pièces en suivant les traits noirs.

Le théâtre à l'italienne

On l'appelle ainsi car il est né au XVIIe siècle en Italie. La scène et la salle sont définitivement séparées par le rideau, la rampe et le cadre de scène, ainsi que par la surélévation de cette dernière. La salle est composée d'un parterre (où « le peuple » se tenait debout, à l'origine), de baignoires (des loges séparées par une cloison basse) situées au fond mais surélevées, et de balcons répartis en fer à cheval où sont disposées les loges. Si cette forme est idéale pour l'accoustique, elle l'est beaucoup moins pour la visibilité : il y a même des « places aveugles » d'où l'on ne voit quasiment rien du spectacle.

B. Plancher de la scène.

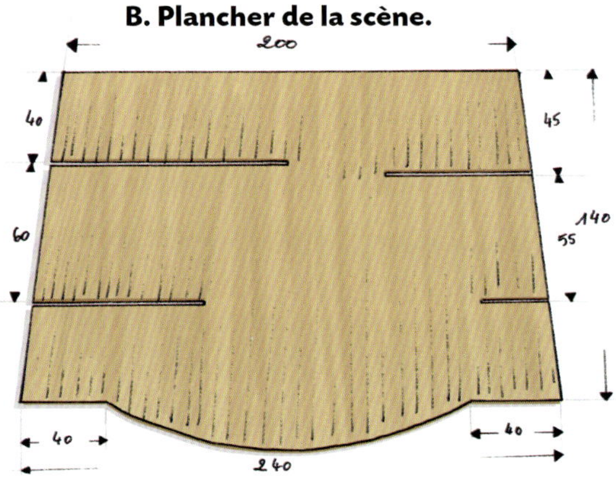

5. Pour faciliter le pliage, entaille le contrecollé le long des lignes en pointillés jusqu'aux 2/3 de son épaisseur. Plie ensuite le contrecollé, suivant les fentes, pour obtenir les pièces en volume.

D. Façade de la scène

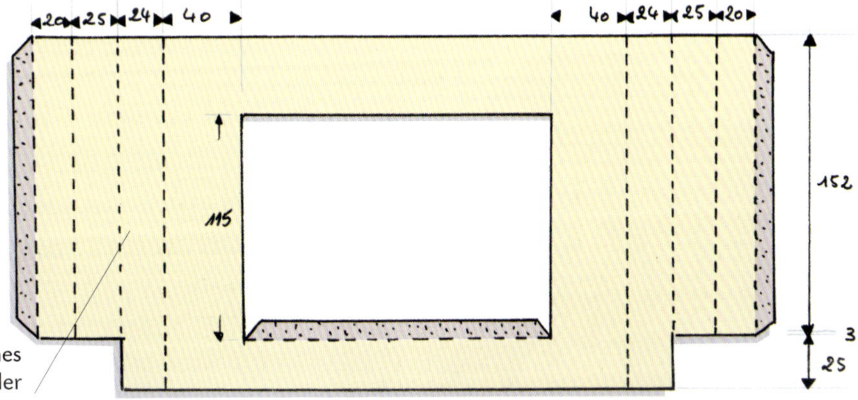

Contreforts de la façade, à plier en suivant les lignes rouges, puis à coller sur le plancher.

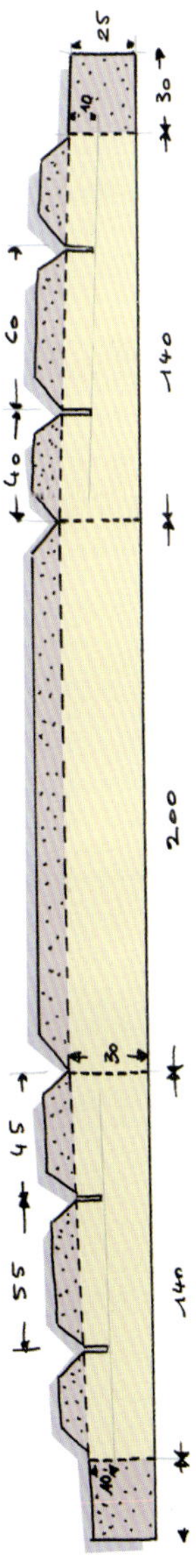

C. Socle du plancher.

6. Sur chacune des 4 pièces, enduis de colle les parties en gris. Utilise des pinces à linge pour les maintenir en place le temps que la colle sèche.

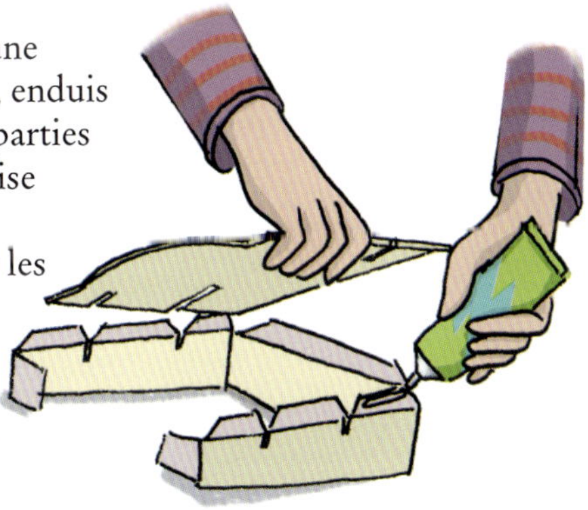

7. Assemble le plancher et son socle (**B** et **C**). Attention, les rainures du parquet et les encoches du socle doivent coïncider parfaitement !

De bonnes places

Les scènes contemporaines sont beaucoup plus démocratiques que celles des théâtres à l'italienne ! En effet, les architectes s'arrangent aujourd'hui pour que tous les spectateurs puissent voir la scène. Ce n'est plus la scène qui est surélevée et en pente mais la salle. Ainsi, il n'y a plus de mauvaises places ni de loges particulières. Le cadre de scène est généralement beaucoup plus ouvert et permet une bonne vue d'ensemble du spectacle.

8. Ajoute la façade (**D**) en commençant par coller le devant de la scène, puis les côtés et les contreforts en dernier.

9. Termine en fixant le portique arrière (**A**) sur le socle (**C**).

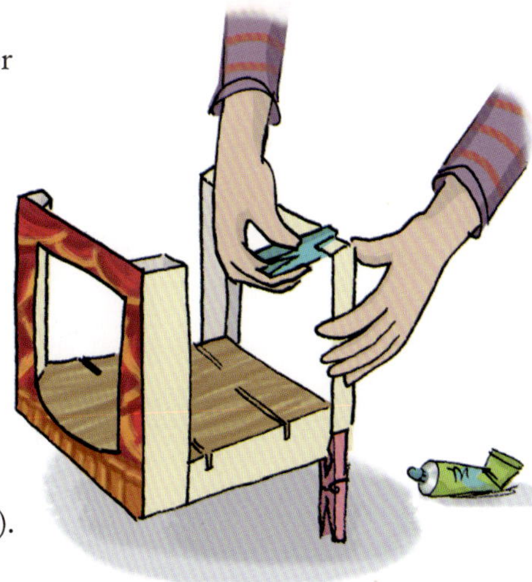

Réalise ton décor

Comme tu l'as vu, pages 64-65, les décors d'un théâtre à l'italienne accentuent la perspective pour que l'ensemble de la scène soit perçue comme un tableau. C'est pourquoi l'on crée au minimum 3 plans : le 1er à l'échelle la plus grande, le 2e à une échelle intermédiaire, le 3e, au fond, à l'échelle la plus petite pour créer un éloignement.

- **une feuille de contrecollé double face 650/500 mm**
- **une règle graduée**
- **de la colle forte en tube**
- **des pinces à linge**
- **du papier à dessin de 220 g**
- **un cutter à utiliser avec un adulte**
- **un crayon, des pinceaux et de la gouache**

1. Le premier plan du décor est constitué de maisons en volume, amovibles, glissant dans les rainures du plancher. Si tu veux changer les éléments du décor, grâce à leurs tirettes, tu peux les faire coulisser comme sur une vraie scène !

Maison placée à gauche de la scène vue de face.

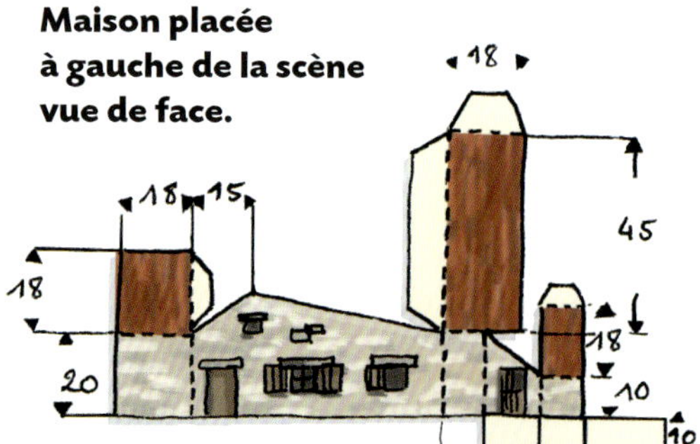

Maison placée à droite de la scène vue de face.

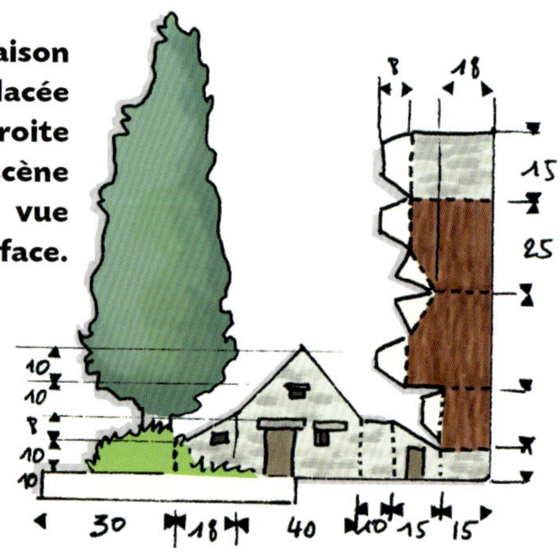

2. Dessine la maison à plat sur la feuille de contrecollé en respectant les dimensions (en millimètres) indiquées en noir. Suis exactement le même procédé de montage que pour la structure du théâtre détaillée pages 64 et 65.

3. Le deuxième plan représente la forêt qui entoure les maisons. Lui aussi amovible, il est fait en deux parties qui glissent également dans les rainures du plancher. Suis le même procédé de réalisation que pour le premier plan.

Les tirettes sont engagées dans les rainures du plancher et dépassent par les encoches du socle.

Arbres placés à gauche de la scène vue de face.

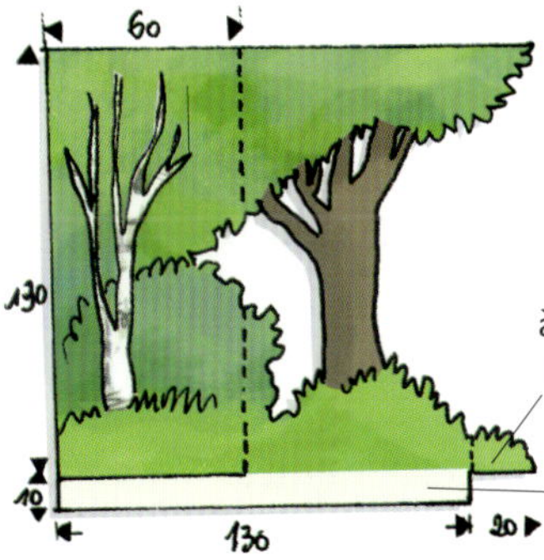

Petits volets à plier pour aider le décor à tenir à la verticale.

Grands volets à plier pour aider le décor à tenir à la verticale.

Arbre placé à droite de la scène vue de face.

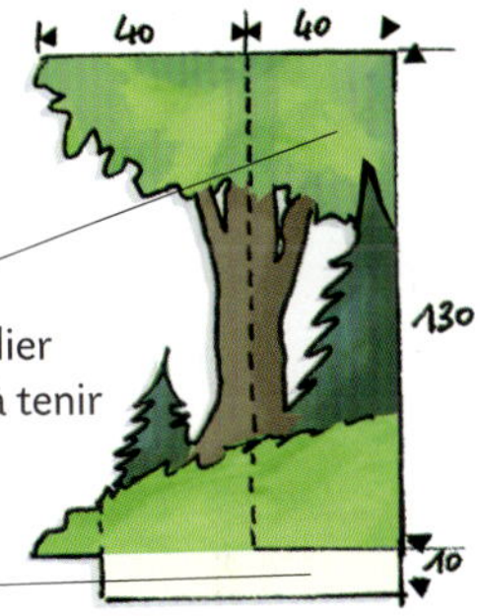

Tirettes

Les languettes à plier vers l'arrière pour faire tenir le décor.

4. D'une seule pièce, le décor du fond s'articule comme un paravent grâce aux pliures. Fais bien attention à peindre le motif principal de façon à ce que les éléments des premier et deuxième plans du décor ne le masquent pas.

Vue de profil

5. Pour réaliser les personnages, plie le papier à dessin en deux et dessine les danseurs d'un côté. Découpe les deux épaisseurs. Colle-les ensemble en laissant les socles libres. Plie un socle vers l'avant et l'autre vers l'arrière, pour faire tenir les danseurs debout.

Socles

6. Il ne te reste qu'à imaginer une histoire, à choisir une musique et à faire évoluer les danseurs pour que ton théâtre prenne vie. Tu peux également peindre d'autres sujets et faire varier le décor, selon les besoins du ballet.

Derrière le rideau

Tout ce que tu vois sur scène n'existerait pas, s'il n'y avait, dans l'ombre des coulisses, une foule de professionnels des métiers du théâtre qui s'activent pendant le ballet.

Les coulisses

Il y a des coulisses côté cour et côté jardin. Dans un théâtre, c'est comme sur un bateau, on n'emploie pas les termes gauche et droite car on se réfère à une vision unique, celle du spectateur. Pour reconnaître le bon côté il y a un truc : côté cour égale côté cœur quand on est sur scène, face au public.

Les coulisses forment un espace de chaque côté de la scène qui constitue une sorte de sas où s'échauffent les danseurs avant d'entrer en scène. Les machinistes manipulent les décors avant et pendant le spectacle.

Les décors

Certains éléments du décor sont peints sur des panneaux de bois montés sur des rails fixés au plancher (costières), ou sur des toiles accrochées à de grandes tringles (perches) qui se déroulent d'un coup ou qui descendent des cintres. Il y a aussi des éléments de décor en volume qu'il faut pousser sur la scène, par exemple des personnages qu'il faut faire monter ou descendre pour simuler l'envol ou la disparition sous terre.

◀ **Les cintres**, ces passerelles situées au-dessus de la scène, permettent d'accéder aux perches pour hisser ou descendre les toiles du décor de fond, les projecteurs et les machineries de vol.

Les retours

Ce sont des haut-parleurs qui diffusent le son du plateau dans les couloirs et les loges. Ils permettent de suivre le spectacle sans le voir. Les régisseurs signalent ainsi aux artistes de descendre en coulisses avant leur entrée en scène.

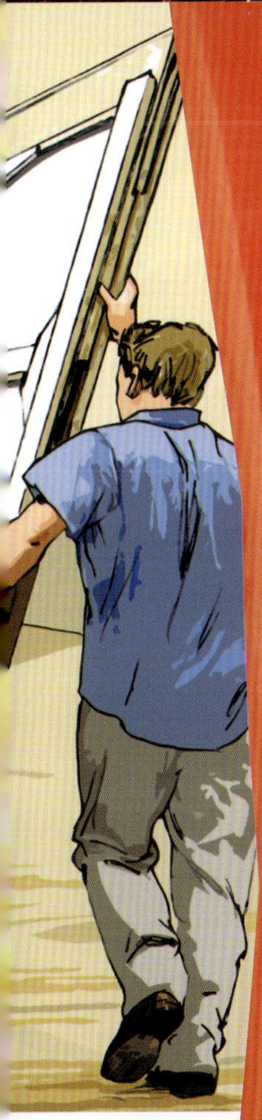

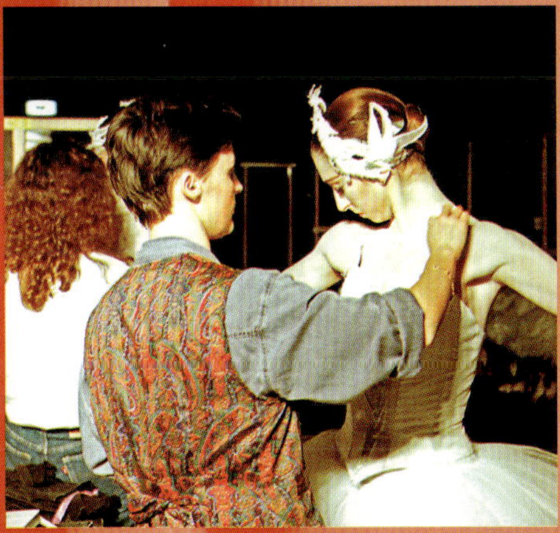

◀ **Les habilleuses** se tiennent prêtes en coulisses pour aider les interprètes à changer rapidement de costume.

▼ En régie, **les régisseurs** vérifient que chacun est à sa place, prêt à entrer sur le plateau en temps voulu. Ils appellent les artistes en scène par les « retours » et s'assurent que tous les éléments du spectacle sont présents.

▲ De nos jours, les jeux de lumière sont programmés et commandés depuis la cabine de régie. **Les éclairagistes** ne sont en coulisses que pour manipuler les « poursuites », gros projecteurs qui suivent les étoiles dans leurs variations.

▼ Pour jouer l'orchestre s'installe dans **la fosse d'orchestre**. Le chef d'orchestre suit les danseurs qui le suivent également. C'est compliqué, mais indispensable.

◀ **Les dessous**, ces étages sous la scène (il y en a cinq à l'Opéra), permettent de faire apparaître un décor ou un personnage. Quand Giselle sort de sa tombe, un ascenseur la hisse de l'étage inférieur.

Dans les ballets classiques d'aujourd'hui, les danseuses ne sont plus forcément sur pointes. Ici l'Opéra de Zurich, à Paris, en 2006.

Le classique

Sous l'impulsion des Ballets russes, puis de George Balanchine et Serge Lifar suivis par Janine Charrat, Roland Petit et Maurice Béjart, la danse classique se transforme pour entrer de plain-pied dans le XXe siècle.

aujourd'hui

Une épopée artistique

En débarquant à Paris, Serge de Diaghilev opère une révolution dans le monde du ballet. D'innovations en audaces, l'épopée des Ballets russes dure vingt ans et enrichit le répertoire de la danse de maints chefs-d'œuvre.

De rencontre en rencontre

Michel Fokine est soliste dans la troupe du Ballet impérial et interprète les ballets de Petipa. Lassé des règles rigides et passéistes en vigueur au théâtre Mariinski, il a tendance à vouloir innover. Ainsi, lorsqu'il crée *Le Pavillon d'Armide*, il décide d'employer un jeune danseur à peine sorti de l'école, Vaslav Nijinski. La direction apprécie peu, mais un peintre, Alexandre Benois, adore le style du nouveau venu. Il décide de présenter Fokine à un jeune passionné d'art : Serge de Diaghilev.

Michel Fokine (1880-1942) et son épouse Véra Fokina dans *Shéhérazade*, inauguré en 1910 à Paris sur une partition de Rimski-Korsakov.

Tamara Karsavina et Adolph Bolm en 1912.

Le hasard et la nécessité

Peinture, musique, danse, opéra, tout intéresse Serge de Diaghilev et il excelle à organiser des manifestations pour faire partager ses passions au public. Partout, la réussite lui sourit, notamment à Paris où il présente, en 1906, un concert de musique russe accueilli avec enthousiasme. En 1908, il recommence avec, cette fois, des opéras. C'est un triomphe. En 1909, il décide donc de s'essayer au ballet. Dans ses bagages, il emmène Michel Fokine comme chorégraphe, Vaslav Nijinski, Tamara Karsavina, Adolph Bolm et Anna Pavlova pour une tournée d'essai en Europe.

Un « cocktail » de génie

Des danseurs exceptionnels, une musique stupéfiante, les décors chatoyants de peintres comme Bakst et Benois, puis Gontcharova et Larionov ; Diaghilev, avec un instinct infaillible, applique la formule qui l'a conduit au succès : « Le ballet ne peut être créé que par une fusion très homogène de ces trois éléments. » Outre une intuition remarquable pour découvrir de jeunes talents, Diaghilev excelle à associer des artistes doués, à les inspirer, à leur imposer une discipline et à favoriser leur épanouissement. À Paris, l'enthousiasme pour les nouveaux Ballets russes est indescriptible.

Décor du deuxième acte du *Coq d'or* (1913), de Natalia Gontcharova.

De la chance

En 1911, Nijinski est renvoyé du Théâtre impérial car le costume qu'il porte dans *Giselle* a choqué la princesse douairière. Diaghilev saute aussitôt sur l'occasion pour l'engager et former une compagnie permanente qui va se produire partout dans le monde. En trois ans, il constitue un répertoire exceptionnel avec, pour collaborateurs, Fokine, Benois, Bakst, Stravinski et Nijinski.

Stravinski et Rimski-Korsakov

Personnalité dominante de la musique russe du début du XXe siècle, Nikolaï Rimski-Korsakov (1844-1908) n'a jamais écrit pour le ballet, mais ses partitions ont abondamment été utilisées pour la danse. Il allie le folklore et la musique symphonique pour donner à ses œuvres une richesse narrative très haute en couleur. Igor Stravinski (1882-1971) est son élève. Son *Scherzo* (1908) attire l'attention de Diaghilev qui lui demande de travailler pour les Ballets russes. La danse occupera l'essentiel des compositions de Stravinski. Il collaborera toute sa vie avec Balanchine et de nombreux chorégraphes créeront à partir de ses œuvres.

Tamara Karsavina et Vaslav Nijinski dans le ballet *Le Spectre de la rose* en 1911, chorégraphié par Fokine.

Nijinski dans *L'Après-Midi d'un faune* en 1912.

Le sacre de Nijinski

Véritable étoile filante au firmament de la danse, Vaslav Nijinski est un danseur et un chorégraphe de génie, en avance sur son temps. Malheureusement, à peine âgé de 30 ans, il sombre dans la folie.

Un danseur exceptionnel

Issu d'une lignée de danseurs polonais, Vaslav Nijinski (1889-1950) entre à l'école du Mariinski de Saint-Pétersbourg à 10 ans. Comme s'il n'était pas soumis aux lois de la pesanteur, Vaslav saute plus haut, tourne plus vite que les autres. Engagé dans le Ballet impérial en 1908, il rencontre Diaghilev la même année. Celui-ci l'emmène à Paris où son agilité digne d'un acrobate, la hauteur de ses sauts et la grâce de ses gestes déclenchent l'enthousiasme du public.

Le « truc » de Nijinski

Kyra, la fille de Nijinski, révèle le secret de son père pour effectuer le fameux saut avec lequel il semble littéralement s'envoler dans *Le Spectre de la rose* : « Au lieu d'aspirer, il expirait avant de sauter, réservant l'aspiration pour le sommet du saut. "Il faut, disait-il, sauter vide et se remplir en haut." »

Un chorégraphe d'avant-garde

En 1912, Diaghilev encourage Nijinski à créer sa première chorégraphie, *L'Après-Midi d'un faune* (1912), sur une musique de Debussy. Cette création, ainsi que la suivante, *Le Sacre du printemps*, sont complètement affranchies des normes classiques et constituent une révolution dans le domaine de la danse. Fini l'en-dehors et les positions classiques ; plus de sauts, ni de tours virtuoses. La chorégraphie repose sur des déplacements effectués pieds à plat pour donner l'impression de bas-reliefs animés. Jugé indécent, le ballet provoqua un scandale sans précédent !

Karsavina et Nijinski dans *Le Spectre de la rose*, dessinés par Valentine Gros, au début du XXe siècle.

Vaslav Nijinski dans *L'Après-Midi d'un faune*. Aquarelle de Léon Bakst. Couverture de la revue *Comœdia* pour la 7e saison des Ballets russes à Paris, en 1912.

Le scandale du *Sacre*

Nijinski récidive l'année suivante, en 1913, avec la création du *Sacre du printemps*, sur les rythmes sauvages d'une partition d'Igor Stravinski. Pieds parallèles, les danseurs effectuent des sauts de démons, s'abattent sur le plancher de la scène, se roulent par terre, s'enfoncent dans le sol. C'est le scandale : les spectateurs mènent un tel chahut que les danseurs n'arrivent même plus à entendre la musique ! Une danse jamais vue vient de naître du chaos !

Le Sacre du printemps est l'un des ballets les plus repris aujourd'hui ; il en existe des centaines de versions. Ici, celle d'origine reprise par le ballet Kirov à l'Opéra de Londres en 2003.

La gaffe du faune

La légende veut qu'effectuant une visite au musée du Louvre, Nijinski se soit trompé de salle, et qu'au lieu d'aller voir les antiquités grecques, il soit entré dans le département égyptien. Là, l'allure insolite des personnages, représentés tête de profil et corps de face, lui aurait inspiré la gestuelle des danseurs pour chorégraphier *L'Après-Midi d'un faune.* Quoi qu'il en soit, il est certain que Nijinski a abordé la création comme une démarche expérimentale, ce qui fait de lui l'un des premiers chorégraphes modernes.

Pas sympa !

En 1913, Vaslav Nijinski épouse une jeune Hongroise, Romola de Pulszky. Ce mariage n'a pas l'heur de plaire à Diaghilev qui donne son congé au danseur étoile autour duquel il avait pourtant constitué la troupe des Ballets russes. Il le rapellera cependant en 1916, à l'occasion d'une tournée aux États-Unis.

Le sacre du printemps : une histoire païenne

Dans les collines, des jeunes gens et une vieille voyante célèbrent l'arrivée du printemps par des danses et des jeux. Un cortège mené par un sage chargé de bénir la terre printannière fait son entrée et se livre à une danse sacrée. Les jeunes filles forment des rondes jusqu'à ce que l'Élue qui s'offrira en sacrifice au printemps soit désignée. Finalement, après une invocation des ancêtres, l'Élue se lance dans une danse si frénétique qu'elle en meurt d'épuisement.

Costumes et décors d'exception

Tout au long de sa carrière, Diaghilev s'entoure des peintres et des décorateurs les plus renommés et les plus originaux d'Europe. Depuis, personne n'a pu rivaliser avec lui sur ce plan.

Tableaux d'une exposition

Bakst, Benois, Picasso, Derain, Braque, Utrillo, Matisse, Tchelitchev, Ernst, De Chirico, Rouault, Gontcharova, Larionov, Laurencin... Non, ce n'est pas une liste de collections de musée mais celle des peintres qui ont dessiné des décors et des costumes pour les ballets de Diaghilev. Celui-ci les choisit, les lance, les rassemble pour donner un éclat jamais vu à ses ballets, mais aussi pour avoir le plaisir de faire découvrir des artistes précurseurs à un large public.

Reprise de *Pétrouchka* par les Ballets de Monte-Carlo, en 1992. La chorégraphie, le décor et les costumes ont été reproduits tels qu'à la création du ballet, en 1911.

Bakst et l'art du costume

Léon Bakst possédait le don de couper et draper les étoffes de façon subtile, obligeant le danseur à faire corps avec le costume et donnant aux mouvements une allure en harmonie avec l'époque et le lieu supposé du ballet. De même, il étudiait les couleurs pour qu'elles renforcent et expriment des sentiments ou des situations venant soutenir la musique et la chorégraphie.

Costume de Bakst pour Nijinski dans *Le Dieu bleu*, 1912.

Toutes les humeurs en couleur

« J'ai souvent remarqué qu'il y a dans chaque couleur des nuances qui expriment soit la sincérité et la modestie, soit la sensualité et même une certaine qualité animale. Tout ceci, le public peut le ressentir grâce à des effets qui génèrent différentes nuances. C'est exactement ce que j'ai essayé de faire dans *Shéhérazade*. Sur un vert mélancolique, j'ai placé le bleu foncé du désespoir. Il y a des rouges triomphants et des rouges meurtriers. »

Léon Bakst

Shéhérazade, un miroir de l'Orient

Les décors de Léon Bakst pour ce ballet de Michel Fokine, créé en 1910 sur une musique de Rimski-Korsakov, sont d'un luxe inouï. Bakst étudie les miniatures perses et l'art turc avant de se mettre au travail. Il crée un divan disparaissant sous de gros coussins aux couleurs vives, des lustres travaillés, un revêtement de sol rouge avec des tapis bleus et roses, un plafond agrémenté de mosaïque et même un jardin aux ombres bleutées à travers les fenêtres peintes sur la toile de fond.

Entre dans la peau d'un pantin

Analyse les caractéristiques des marionnettes à fil : elles sont molles quand elles ne sont pas manipulées ; leurs gestes sont raides et saccadés quand elles sont en mouvement.

1. Imagine les gestes que tu ferais si des fils étaient fixés sur le dessus de ta tête, à tes coudes, à tes genoux et à tes pieds, et qu'un géant te manipulait.

2. Commence par dessiner les mouvements avant de les organiser en une suite cohérente.

3. Quand ton enchaînement est au point, danse-le.

Costume de Bakst pour *L'Oiseau de feu*, 1911.

Pétrouchka, des pantins mis en scène

Le ballet, créé en 1911 par Michel Fokine, se déroule pendant le carnaval, à Saint-Pétersbourg. De la musique, mélange d'airs populaires et de rythmes contemporains, se dégage une atmosphère inquiétante. La chorégraphie mêle la danse classique, des pas inspirés du folklore russe et des mouvements désarticulés imitant la gestuelle des pantins. Le décor d'Alexandre Benois est très présent et crée deux plans sur la scène, la foire et le « théâtre de la vie » où évoluent trois marionnettes manipulées par un charlatan : Pétrouchka, le pantin mélancolique, un maure et une ballerine.

De nouveaux défis

La guerre de 1914-1918, puis la révolution d'Octobre en Russie coupent Diaghilev, resté à Paris, de sa pépinière de jeunes talents russes. Il va chercher une nouvelle source d'inspiration dans le Paris des Années folles.

Le costume du magicien chinois de *Parade*, dessiné par Pablo Picasso.

« Étonne-moi ! »

Le génie de Diaghilev est de comprendre qu'il ne faut jamais s'arrêter de surprendre, de se renouveler. Alors que le public réclame chaque saison ses ballets favoris, Diaghilev cherche de nouveaux créateurs et des idées neuves pour que la troupe conserve l'impact de ses débuts. Un jeune poète se présente, il s'appelle Jean Cocteau. Diaghilev lui lance un défi : « Étonne-moi ! »

Le Train bleu, de Bronislava Nijinska, un cocktail de nouveautés.

Parade, une révolution

Ballet d'avant-garde, *Parade*, créé en 1917 par Léonide Massine, exploite des éléments du quotidien. La musique d'Erik Satie, le compositeur le plus excentrique de l'époque, fait entendre des sirènes de navire, une machine à écrire et des crécelles. Les décors et les costumes de Pablo Picasso rappellent le mouvement cubiste. L'argument, écrit par Jean Cocteau, est une parade foraine au cours de laquelle défilent un prestidigitateur chinois, une petite fille américaine, des acrobates, un cheval constitué de deux hommes et deux bonimenteurs faits de collages en trois dimensions.

Enfants terribles

Jean Cocteau est un touche-à-tout de génie sensible à l'air du temps. Il a déjà écrit pour Diaghilev le livret du *Dieu bleu* (1912). Il lui présente ses amis : Picasso, Matisse, Derain ; les musiciens du groupe des six : Darius Milhaud, Francis Poulenc, Georges Auric, Arthur Honneger, Germaine Taillefer, Louis Durey. L'alliance entre la danse et la modernité est consacrée !

Nijinska, toujours à la pointe

Bronislava Nijinska, la sœur de Nijinski, s'inscrit en tête de liste des chorégraphes avant-gardistes des Ballets russes. *Les Noces*, créé en 1923, dégage une grande force, et l'austérité des décors et des costumes de Natalia Gontcharova s'harmonise avec l'aspect « brut » de la danse et la musique d'Igor Stravinski. Changement d'ambiance et de partenaires pour *Les Biches* (1924), dont Marie Laurencin dessine les costumes dans de séduisants tons pastels, sur une musique de Francis Poulenc, et pour *Le Train bleu* (1924) avec des décors de Picasso, des costumes de Chanel et une partition de Darius Milhaud.

Dans *Les Noces*, Bronislava Nijinska utilise des éléments du folklore russe pour créer une chorégraphie proche de l'abstraction.

Croquis du costume d'Arlequin, de Roger Chastel, pour *Trois Danses*, créé par Jean Börlin pour les Ballets suédois, en 1920.

Rivalités !

Rolf de Maré, industriel de Stokholm passionné de théâtre, crée les Ballets suédois en 1920. Il nomme Jean Börlin, formé par Michel Fokine, chorégraphe attitré. Volontairement provocateurs, à la pointe de l'avant-garde, les Ballets suédois se lancent dans une compétition acharnée avec les Ballets russes. On leur doit *Les Mariés de la tour Eiffel*, créé en 1921 sur un livret de Jean Cocteau et qui remporta un immense succès.

Deux ballets « constructivistes »

Du nouveau, toujours du nouveau ! *La Chatte* (1927) et *Ode* (1928) font appel à un mouvement d'avant-garde de la peinture russe, le constructivisme, qui est plutôt abstrait et utilise des lignes géométriques. Du jamais vu : les costumes de *La Chatte,* réalisés par les sculpteurs Naum Gabo et Antoine Pevsner, sont en mica transparent ! La chorégraphie, dont le premier danseur est Serge Lifar, est elle aussi signée par un nouveau venu : George Balanchine.

L'après Ballets russes

À la fin des Ballets russes, la dispersion des danseurs et des chorégraphes qui en ont fait partie favorisera l'éclosion de la danse et des ballets nationaux dans de nombreux pays.

Un dernier éclat, *Le Fils prodigue*

Le Fils prodigue (1929) sera la dernière réalisation des Ballets russes, l'année même de la mort de Diaghilev. George Balanchine est le chorégraphe de cette histoire biblique où un jeune homme quitte sa famille et se dissipe avant de se repentir et de retourner chez son père. Georges Rouault, l'un des peintres français les plus connus de l'époque, en réalise les décors et les costumes, et Serge Prokofiev en compose la musique. Le premier interprète est Serge Lifar.

Stéphanie Roublot et Charles Jude dans *Le Fils prodigue*, de George Balanchine.

Les Ballets de Monte-Carlo

À la mort de Diaghilev, certains danseurs se regroupent à Monte-Carlo où les Ballets russes répétaient en hiver. En 1932, René Blum et le colonel de Basil, deux personnalités totalement opposées, constituent les Nouveaux Ballets russes de Monte-Carlo avec Balanchine, Massine, Kochno, ex-secrétaire de Diaghilev, et des danseurs des Ballets russes. Des disputes éclatent très vite entre les deux directeurs et, dès 1934, la compagnie se scinde en deux.

Anna Pavlova (1882-1931) s'impose dans le répertoire de Petipa et devient étoile au Mariinski en 1906, avant que Fokine ne révèle son lyrisme éthéré.

Le tutu porté par Anna Pavlova pour interpréter le solo de *La Mort du cygne*.

Anna Pavlova

La Mort du cygne est associé à jamais à l'étoile Anna Pavlova. Michel Fokine créa ce solo à sa demande lors d'une répétition, en 1905, sur la musique du *Carnaval des animaux*, de Camille Saint-Saëns. Pavlova lui fit faire le tour du monde et le dansa tout au long de sa carrière, jusqu'en 1931, année où elle mourut d'une pneumonie. Si elle collabora peu avec Diaghilev, elle exerça une influence immense : la troupe qu'elle avait montée en Angleterre était un véritable corps de missionnaires allant porter la bonne parole de la danse sur tous les continents.

Utilise un maquillage classique

- **du fond de teint clair**
- **une petite éponge à maquillage**
- **de la poudre libre transparente**
- **une houppette et un gros pinceau**
- **un crayon pour les yeux, marron ou ocre et un autre blanc (surtout pas un crayon khôl, ça coule !)**
- **un eye-liner noir avec un pinceau fin**
- **un mascara noir waterproof**
- **un duo ombre à paupières marron/blanc ou gris/blanc**
- **un crayon et un rouge à lèvres**
- **un blush assez clair, rosé ou orange, et un pinceau moyen**

1. Mets un fond de teint très clair sur tout ton visage avec la petite éponge.

2. Applique la poudre libre transparente (la moins colorée) avec une houppette : il faut écraser la poudre en tamponnant le visage. Ensuite, tu enlèves le surplus avec un gros pinceau. N'oublie pas les lèvres et les yeux !

3. Dessine au crayon ocre ou marron les lignes qui vont agrandir tes yeux : une ligne au ras de la paupière supérieure en partant de l'intérieur et en l'étirant presque jusqu'à la tempe. Une ligne au ras de la paupière inférieure qui tend à rejoindre l'autre sans jamais la rattraper.

4. Repasse les traits de crayon à l'eye-liner noir avec le pinceau.

5. Pose le fard à paupière blanc sur toute la paupière. Applique ensuite le fard foncé dans le creux de la paupière et au bord du trait d'eye-liner supérieur qui est le plus à l'extérieur.

6. Étire bien le fard foncé et repasse du fard blanc juste en dessous du sourcil et au milieu de la paupière, juste sur l'œil.

7. Passe un trait de crayon blanc sur le bord interne de la paupière.

8. Allonge tes cils avec du mascara noir. Un truc : tes cils paraîtront plus épais si tu les poudres avant de passer ton mascara.

9. Dessine tes lèvres avec un crayon à lèvres. Poudre-les puis remplis l'intérieur avec un rouge à lèvres assez vif.

10. Avance la bouche comme si tu voulais faire un bisou et pose le blush dans le creux qui se forme ainsi dans tes joues.

Sœurs ennemies

Après la rupture, Blum garde l'appellation de « Ballets russes de Monte-Carlo » pour sa troupe, et Basil celle de « Ballets russes du colonel de Basil ». Entre les deux compagnies, la guerre fait rage avec trahisons et changements de camps, l'une cherchant à attirer les danseurs et les chorégraphes de l'autre. Pendant la Seconde Guerre mondiale, toutes deux s'exilent à New York.

Le renouveau

Pourtant, il subsiste en France un Nouveau Ballet de Monte-Carlo qui vit difficilement. Heureusement, le marquis de Cuevas, passionné de danse et marié à une Rockefeller, rachète la compagnie en 1947. Il possède déjà une troupe en Amérique et fait fusionner ses deux compagnies sous le nom de « Grand Ballet du marquis de Cuevas ». C'est avec cette troupe que Rudolf Noureev dansera ses premiers rôles en France, en 1961.

Un nouveau souffle

À partir des années 1930, la voie est ouverte pour les réformes. Serge Lifar, Roland Petit et Janine Charrat vont actualiser la technique classique et créer un nouveau style avec des œuvres en relation avec leur époque.

Alice Nikitina et Serge Lifar dans Luna Park, chorégraphie par George Balanchine en 1930.

Un rénovateur

Serge Lifar (1905-1986), devenu maître de ballet de l'Opéra de Paris en 1929, forme une nouvelle génération d'étoiles mieux entraînées, avec des danseurs plus athlétiques et des danseuses plus fines. Très prolifique, il crée plus de deux cents ballets, écrit des ouvrages théoriques et historiques, donne des conférences. Plein d'énergie, il veut balayer « les couches de poussière ».

« Sous mon règne... »

Assez peu modeste, Serge Lifar est le premier à revendiquer un statut d'auteur pour le chorégraphe qu'il nomme « choréauteur ». Et quand il parle de sa direction à l'Opéra, il ne peut s'empêcher de dire : « Sous mon règne. » *Icare*, ballet sans musique, résume à la fois le style de Lifar, ses aspirations et ses revendications pour le renouvellement de la danse qu'il consignera dans *Le Manifeste du chorégraphe*, rédigé en dix-points.

***Istar*, créé en 1941 par Serge Lifar, fait ressurgir les anciens mythes perses. Son originalité illustre l'une des idées-phares qui sous-tend *Le Manifeste du chorégraphe* : la nécessité de rendre la danse totalement indépendante des autres arts.**

Un nouveau style nommé « néoclassique »

Lifar crée de nouvelles positions.

- La 6e : pieds parallèles serrés l'un contre l'autre.
- La 7e : une 4e parallèle, généralement prise sur pointe.
- La 2de position pliée sur pointe.

Il désaxe les positions, notamment les arabesques, les développés et les dégagés, en les étirant ou en les poussant à l'oblique. Il invente ainsi le style néoclassique.

Danseuse et femme de lettres

Janine Charrat s'inspire de grands écrivains comme Genet, Sartre, Adamov ou Beckett. Ses grands ballets s'appellent *Adame miroir* (1948), *Les Algues* (1953), *Les Liens* (1957).

La clé des « Champs »

En 1945, Boris Kochno, Jean Cocteau et Christian Bérard fondent les Ballets des Champs-Élysées. Roland Petit quitte alors l'Opéra de Paris. Avec Janine Charrat, enfant prodige et protégée de Lifar, ils en deviennent les chorégraphes attitrés.

Roland Petit et Zizi Jeanmaire dans *Carmen*, en 1955.

« Petits » bijoux et ballets cultes

Roland Petit (1924-2011) crée *Les Forains* (1945), puis *Rendez-Vous*, dont le décor est constitué de photographies de Brassaï, avec Jacques Prévert et Joseph Kosma. Mais son chef-d'œuvre reste *Le Jeune Homme et la Mort* (1946), qu'il réalise avec Jean Cocteau et Jean Babilée, un fabuleux danseur. Roland Petit fonde ensuite les Ballets de Paris. Avec son épouse, Zizi Jeanmaire, il crée *Carmen* (1949) qui deviendra un ballet culte. En 1972, il prend les commandes du Ballet de Marseille qu'il tiendra pendant vingt-six ans.

Le truc en plumes

Roland Petit chorégraphie aussi pour des productions hollywoodiennes ! Son goût du music-hall le pousse à créer des revues où paraît Zizi Jeanmaire et son fameux « truc en plumes » (1961).

Une figure typique de la gestuelle de Balanchine, extraite de *Rubis*.

La ligne américaine

George Balanchine modernise la danse classique. Il crée une nouvelle forme de ballet dit « abstrait » parce qu'il ne se réfère plus à une histoire. Il obtient de ses danseurs qu'ils poussent la distorsion du mouvement au maximum, au prix d'un entraînement forcené.

Pas de ballets pas de danseurs !

Lincoln Kirstein, écrivain et critique américain, aimerait implanter la danse classique aux États-Unis. Il admire Balanchine (1904-1983), qu'il découvre avec les Ballets russes. Il le fait venir en 1934 et fonde l'American Ballet qui deviendra, en 1948, le New York City Ballet (NYCB). À l'arrivée de Balanchine, il y a peu de danseuses et encore moins de danseurs américains. Il décide donc de fonder une école en même temps qu'un ballet. Il y recrutera ses danseurs, souvent âgés d'à peine 16 ou 17 ans.

Un nouvel essor

Balanchine adapte le raffinement de l'École russe à ces jeunes athlètes dynamiques, voire casse-cou, que sont les danseurs américains. Il forme une nouvelle race de danseuses aux jambes interminables, au buste court et plat avec de petites têtes posées sur de longs cous. Sa façon de faire saillir la hanche, de lancer le bassin en avant, ses brisures de ligne, ses déséquilibres sont d'une esthétique entièrement neuve.

De la musique avant toute chose

Pour Balanchine, dont le père était compositeur, la danse doit « donner à voir » la partition musicale. Son goût de la rigueur et de l'excellence l'amène peu à peu à épurer tous les éléments du ballet, y compris les costumes et les décors, pour ne laisser que l'essentiel : la musique et la danse.

Le costume balanchinien

Les Quatre Tempéraments (1946) est devenu un chef-d'œuvre par manque d'argent. Les costumes imaginés par la grande Karinska n'ayant pu être réalisés, les danseurs durent se présenter en tenue de travail. Balanchine décréta alors que la danse se suffisait à elle-même, sans décoration, et que cette tenue était décidément la meilleure.

George Balanchine, en 1935, aidant l'une de ses ballerines à exécuter un pas très difficile.

Fabrique une jupette balanchinienne

Au justaucorps, Balanchine ajoute souvent une jupette transparente qu'il juge plus féminine. Peu à peu, cette tenue se généralise dans les cours. Confectionne la tienne !

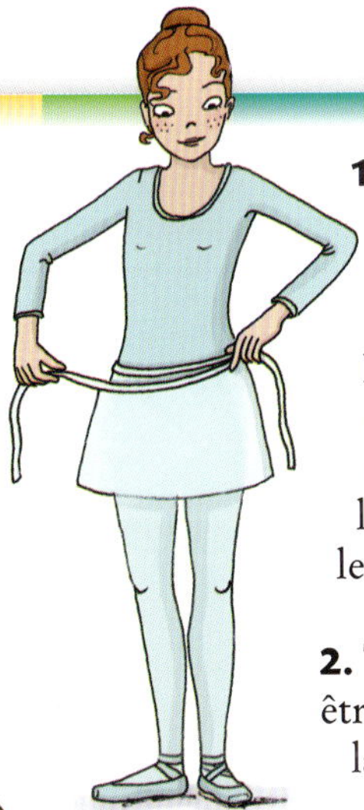

- **de la mousseline synthétique en 110 cm de large, sur un métrage de 90 cm**
- **190 cm de ruban de velours assorti**
- **une craie de couturière**
- **un mètre ruban**

1. Étale le tissu à plat. Marque un point au centre, sur le bord inférieur. Ce point est le centre du cercle que tu traces, en utilisant ton centimètre comme un compas. Détermine un rayon d'environ 25 cm et trace un demi-cercle. Cela donne un tour de taille d'environ 80 cm, nécessaire pour fermer la jupette en « portefeuille » (il faut prévoir le diamètre de la taille + 1/3).

2. Trace ensuite un second cercle : celui-ci doit être légèrement ovale. Il faut prendre, à partir de la taille, environ 30 cm pour les côtés et 35 cm pour le dos, et agrandir au fur et à mesure le rayon du cercle. Tu peux aussi calculer 55 cm et 60 cm à partir du point central. Coupe le le tissu et surfile le bas de la jupette pour qu'elle ne s'effrange pas.

3. Pour la ceinture, utilise le ruban de velours. Il doit faire 2 fois le tour de ta taille, de façon à ce que tu puisses fermer la ceinture dans ton dos. Prends le milieu du tour de taille et épingle le milieu du ruban à partir de ce point. Fixe par quelques points de couture le reste du ruban à la jupette, mais surtout ne tire pas le tissu. Demande ensuite à un adulte de piquer à la machine le ruban sur la jupette.

Le deuxième homme du NYCB

Jerome Robbins (1918-1998) codirige le NYCB avec Balanchine. Aussi doué pour la chorégraphie que pour la musique ou le théâtre, il est sans doute le créateur de ballets le plus inventif du XXe siècle. Son style détourne la technique classique en la rendant plus libre, plus souple, plus périlleuse aussi. Il crée aussi les meilleures comédies musicales : *West Side Story, Le Roi et moi, Le Violon sur le toit*, et inclut dans ses ballets des danses populaires comme le jerk, le boogie ou le rock.

Jerome Robbins dirige ses acteurs dans *West Side Story*. Cette comédie musicale, créée en 1957, sur une partition de Leonard Bernstein, et adaptée au cinéma en 1961, fut un succès international.

L'homme du XXe siècle

Maurice Béjart propulse la danse classique dans le XXe siècle et la rend populaire auprès d'un large public. Il invente une forme de théâtre total où la danse reste pourtant primordiale.

Béjart faisant répéter sa troupe pour *Barocco bel canto*, en 1997.

Question de santé

Maurice Béjart naît à Marseille en 1927. Il est le fils du philosophe Gaston Berger. Curieux, ouvert à toutes les cultures, passionné de lecture, il se dirige vers la danse sur les recommandations d'un médecin.

Béjart par Béjart

« Je suis rentré à Paris pour faire mon service militaire. La nuit, je commençais à régler mes premières chorégraphies. J'arrivais au studio en uniforme. On crevait de faim, on n'avait pas de local, on nous prêtait un studio une heure à Pigalle, puis à Montparnasse, deux heures, le tout en transportant un énorme magnéto. Il fallait vraiment le vouloir. »

Un parcours international

Béjart part pour Paris et suit les cours de madame Rousanne et de Lioubov Egorova. Il travaille ensuite dans de nombreuses compagnies, à Londres, à Stockholm... De retour en France, il fonde les Ballets de l'Étoile (1953). En 1955, il crée *Symphonie pour un homme seul*, dans un style extrêmement personnel. La musique de Pierre Schaeffer et Pierre Henry, très contemporaine, les costumes, justaucorps ou jeans, constituent une rupture avec tout ce qui a précédé.

Et la vie continue...

Maurice Béjart est décédé le 22 novembre 2007 à l'âge de 80 ans. Il était en train de créer sa dernière chorégraphie, *Le Tour du monde en 80 minutes* dont la première a eu lieu le 20 décembre 2007 à Lausanne. Le Béjart Ballet Lausanne, dirigé aujourd'hui par Gil Roman, ainsi que l'école-atelier Rudra Béjart, mené par Michel Gascard, tous deux anciens danseurs de Béjart, continuent leur route.

Nicolas Le Riche dans *L'Oiseau de feu* en 2003, une reprise de la chorégraphie de Béjart créée en 1970.

Un coup de maître

En 1959, Béjart est sollicité par le directeur du théâtre royal de la Monnaie, à Bruxelles, pour monter *Le Sacre du printemps*. Il ne connaît pas l'œuvre, ne dispose ni du nombre de danseurs requis ni des moyens nécessaires. Ce sont ces handicaps qui le guident sur la voie d'une épuration très novatrice et le conduisent à réaliser un chef-d'œuvre. Jusqu'en 1987, il s'installe au théâtre de la Monnaie où il fonde son Ballet du XXe siècle et son école Mudra. Après, c'est en Suisse qu'il exerce ses talents, avec la troupe du Béjart Ballet Lausanne.

La danse pour tous

Béjart fait sortir la danse de l'espace confiné de la scène et donne ses spectacles dans les parcs des sports, les arènes, les cirques et les théâtres de plein air, sur les places publiques et même au festival d'Avignon. Et ça marche : amenant un nouveau public à découvrir la danse, il est toujours le seul chorégraphe à pouvoir attirer 10 000 spectateurs pour une seule représentation !

Boléro

Créé en 1961, ce ballet met en scène une femme dansant sur une table rouge, devant un public masculin, sur le rythme obsédant du *Boléro* de Maurice Ravel. Plusieurs versions (un homme entouré de femmes, puis d'hommes) verront le jour : Maïa Plissetskaïa, Claude Bessy, Susanne Farrell, Patrick Dupond, Sylvie Guillem s'y succèderont. La plus célèbre interprétation du *Boléro* reste celle de Jorge Donn que l'on peut voir dans le film de Lelouch, *Les Uns et les Autres*.

Le Sacre du printemps, créé par Béjart en 1959 et repris en 2005 par le Béjart Ballet Lausanne.

Étoiles mythiques

De grands danseurs ont marqué le XXe siècle et sont devenus des mythes de leur vivant. Plus encore que leur technique, c'est leur personnalité hors du commun qui a frappé leurs contemporains.

Yvette Chauviré en 1938.

Yvette Chauviré, belle et indépendante

Née à Paris en 1917, Yvette Chauviré est formée à l'Opéra de Paris et devient l'une des premières interprètes de Serge Lifar. Femme de tempérament, elle est nommée étoile en 1941 et mène une grande carrière. Élégante, précise, raffinée, elle incarne la beauté rigoureuse de l'École française. Giselle inoubliable, Cygne émouvant, elle impose son physique moderne dans les plus grandes œuvres de Lifar et danse jusqu'en 1972.

Jean Babilée, des dons stupéfiants

La carrière de Jean Babilée, né à Paris en 1923, débute en 1945, avec Roland Petit, son ami d'enfance. Son interprétation du *Jeune Homme et la mort* le porte au rang des danseurs mythiques. Sauts aériens, tours vertigineux, équilibres diaboliques, accélérations soudaines et brusques ralentis : ses prouesses sont inoubliables.

Une étoile à éclipses

Indéniablement doué pour la danse, Jean Babilée est rétif à toute discipline. Sa longue carrière – qui n'est toujours pas finie – est faite de ruptures : il plaque tout un jour, revient des années plus tard et danse comme s'il ne s'était jamais arrêté, faisant de chacune de ses apparitions sur scène un véritable miracle.

Jean Babilée dans *Il n'y a plus de firmament* de Josef Nadj, en 2003.

Alicia Alonso dansant *Giselle*.

Alicia Alonso, une étoile dans l'obscurité

Alicia, née à Cuba en 1921, est jeune étoile quand une maladie la rend presque aveugle. Malgré cela, elle remonte sur scène et devient, avec son étonnante force dramatique, l'une des plus grandes interprètes de *Giselle*. À l'arrivée de Fidel Castro (1959), elle persuade celui-ci de doter Cuba d'une grande compagnie nationale. Depuis, les étoiles de l'École cubaine rayonnent dans le monde entier, et Alicia a dansé jusqu'en 1990 !

Maïa Plissetskaïa, classicisme et modernité

Maïa Plissetskaïa, née à Moscou en 1925, incarne le Cygne le plus saisissant et le plus frémissant de l'histoire de la danse. Rendant hommage à ses qualités de tragédienne, Maurice Béjart crée *Léda* (1979) pour elle et Jorge Donn. Étoile du rigide Bolchoï de Moscou, elle n'hésitera pas à ruer dans les brancards en dansant des œuvres jugées trop modernes. Elle continue pourtant à en faire partie jusqu'en 1990, tout en se produisant sur la scène internationale, jusqu'en 1997.

Maïa Plissetskaïa et Nikolaï Fadeiechev dansant le grand adagio de *Raymonda*, en 1969.

Margot Fonteyn, en 1950.

La danse pour seule patrie

Les grandes étoiles sont toujours internationales, leur patrie, c'est la danse. Toujours sur les routes et dans les avions, elles collaborent avec tous les grands ballets de par le monde.

Margot Fonteyn, une élégance innée

Entrée en 1934 à l'école du fameux Sadler's Wells Ballet de Londres, Margot Fonteyn (1919-1991), jeune ballerine britannique, tient, dès l'année suivante, des rôles d'étoile. Frederick Ashton, directeur du ballet et chorégraphe majeur, créera pour elle vingt-huit ballets en un quart de siècle. À l'âge où d'autres quittent la scène, elle invite Rudolf Noureev à Londres et entame avec son nouveau partenaire une seconde carrière encore plus prestigieuse, qui se poursuivra jusqu'en 1970.

Rudolf Noureev, le tsar des stars

Né dans un train, le Transsibérien, Rudolf Noureev (1938-1993) passe sa jeunesse à Oufa, en URSS, avant d'intégrer le Kirov. Après son installation à l'Ouest, il dansera dans la troupe du marquis de Cuevas, puis au Royal Ballet de Londres où il formera avec Margot Fonteyn un couple légendaire. Après de multiples engagements dans les plus grandes compagnies du monde et des tournées sans nombre sur tous les continents, il se fixe à Paris dont il dirigera le Ballet de l'Opéra de 1983 à 1989. L'éclat de ce dernier, alors un peu terni, s'en trouvera fortement rehaussé.

Rudolf Noureev dans *La Belle au bois dormant*, à Londres, en 1975.

Un grand fauve

Le 17 juin 1961, quand Noureev franchit la balustrade de l'aéroport du Bourget et choisit de rester en France, il n'est déjà plus un inconnu. Pour ceux qui l'ont vu danser, il y a une évidence « Noureev » : la fascination qu'il exerce sur le public n'appartient qu'à lui et sans doute à quelques grands fauves dont il a la souplesse, la puissance et le magnétisme.

Mikhail Barychnikov et Natalia Makarova dans *Don Quichotte*, à Londres, en 1975.

Natalia Makarova, une personnalité à multiples facettes

Née en 1940, à Leningrad, Natalia Makarova est étoile au Kirov, lorsqu'elle passe à l'Ouest, pour fuir le régime soviétique, en 1970. Sa silhouette diaphane, son intuition musicale et la délicatesse de ses gestes assurent son triomphe. Elle danse avec un phrasé, une sensualité qui dépassent le code classique. Roland Petit, Maurice Béjart et Jerome Robbins créeront pour elle de grands rôles, mettant tour à tour en valeur la femme fatale, la grande romantique ou l'ingénue libertine qui cohabitent en elle.

Mikhaïl Barychnikov, une aisance élégante

Danseur exceptionnel, Mikhaïl Barychnikov (né à Riga en 1948) fait partie du Kirov de Leningrad lorsqu'il passe, lui aussi, à l'Ouest, en 1974. Doté d'une prodigieuse puissance d'élévation et maîtrisant toutes les difficultés, c'est un interprète accompli dans tous les registres. Étoile invitée dans le monde entier, il danse avec l'American Ballet Theatre (ABT) et le New York City Ballet. En 1980, il devient directeur de l'ABT. Puis, neuf ans plus tard, il fonde sa propre compagnie, la White Oak Project, proche de la tendance la plus contemporaine de la danse américaine.

Micha au cinéma

Avec ses yeux bleu pervenche et son sourire ravageur, Mikhaïl Barychnikov est aussi une star de la télé et du cinéma. Il commence par des émissions avec Liza Minelli et il joue dans deux films sur le monde de la danse d'Herbert Ross *Le Tournant de la vie* (1977) et *Dancers* (1988). Il tourne aussi dans *Soleil de nuit* avec Gregory Hines, en 1985. On peut également le voir aux côtés de Sarah Jessica Parker dans la célèbre série *Sex and the city*.

Mikhail Barychnikov, à Paris, en janvier 1992.

Des carrières internationales

Certaines étoiles font leur renom en dansant des ballets très connus dans lesquels elles excellent. D'autres deviennent la muse d'un seul chorégraphe pendant toute leur vie.

Jorge Donn, le feu sacré

Lynne Charles et Jorge Donn, dans le spectacle *Light*, chorégraphié par Maurice Béjart au théâtre du Châtelet à Paris, en 1987.

En 1963, Jorge Donn (1947-1992) découvre le Ballet du XXe siècle alors en tournée en Argentine. Il auditionne, mais Béjart le trouve trop jeune. Qu'à cela ne tienne : il embarque comme stewart sur un transatlantique et débarque à Bruxelles quelques mois plus tard. Béjart n'a toujours pas de place dans sa compagnie, mais au hasard d'un désistement, il est pris comme remplaçant. La technique n'est pas son fort, mais sa sensibilité à fleur de peau et sa vitalité presque sauvage feront de lui l'interprète emblématique de l'œuvre de Béjart, et l'un des plus grands danseurs du XXe siècle.

Sa technique exceptionnelle permet à Sylvie Guillem d'effectuer à la perfection les figures les plus difficiles.

Sylvie Guillem, une carrière fulgurante

Sylvie Guillem se destine à la gymnastique lorsqu'à l'occasion d'un stage à l'école de l'Opéra de Paris, elle découvre la danse. C'est le coup de foudre ! En 1984, alors qu'elle n'a que 19 ans, elle est nommée première danseuse. Cinq jours plus tard, Noureev la hausse au rang d'étoile. Poursuivant son ascension, elle quitte l'Opéra en 1988 pour mener une carrière internationale. Le fuselé impeccable de sa silhouette, allié à des performances techniques inouïes, lui ont permis de renouveler le style classique en le propulsant dans la modernité.

Patrick Dupond, la fougue et le talent

Premier danseur français à être médaillé d'or à Varna, en Bulgarie, en 1976, Patrick Dupond (né en 1959) est nommé étoile en 1980, grâce au rôle de *Vaslaw*, créé pour lui par John Neumeier la même année. Virtuose bondissant, acteur accompli, il sait électriser un public. En 1988, il prend la direction du Ballet de Nancy puis, de 1990 à 1998, celle du Ballet de l'Opéra de Paris.

Patrick Dupond dans *La Neuvième symphonie* de Béjart, par le Ballet de l'Opéra national de Paris, en 1996.

Viva Marcia

La Brésilienne, Marcia Haydée est une danseuse exceptionnelle et une comédienne hors pair. Elle rejoint le Ballet de Stuttgart, dirigé alors par John Cranko, dont elle devient *prima ballerina* en 1962 et directrice en 1976. Elle crée la quasi-totalité des ballets de Cranko avant que d'autres chorégraphes rendent hommage à son talent, comme Maurice Béjart ou John Neumeier.

Ana Laguna, l'étoile du Nord

Suédoise, mais d'origine espagnole, elle est engagée par Birgit Cullberg dans le ballet du même nom. Elle y crée *Mademoiselle Julie* avec Rudolf Noureev. Danseuse fétiche du fils de Birgit Cullberg, Mats Ek, qu'elle épouse, elle est, au départ, la seule à pouvoir danser les rôles qu'il crée, tant les pas qu'il imagine sont difficiles et demandent de la virtuosité. Elle est sûrement l'une des plus grandes étoiles du ballet contemporain.

Ana Laguna dans *Carmen* de Mats Ek au théâtre de la Ville, à Paris, en 1992.

Aurélie Dupont, danseuse étoile du ballet de l'Opéra de Paris, interprétant *Sylvia* dans une chorégraphie de John Neumeier, en 2005.

Le classique relooké

En prise directe avec le monde actuel, la danse classique d'aujourd'hui a relégué les tutus au vestiaire ! Enrichie des apports d'autres disciplines et de l'inventivité de nouveaux chorégraphes, elle évolue vers toujours plus de rapidité, de performance et de complexité.

John Cranko, le chef de file

Originaire d'Afrique du Sud, John Cranko (1927-1973) dirige le Ballet de Stuttgart, en Allemagne, de 1961 à 1973. Chorégraphe doué, il possède également le don de découvrir de jeunes talents. C'est lui qui forme et révèle les futurs grands créateurs de la danse classique contemporaine, John Neumeier, Jiri Kylian et William Forsythe.

John Neumeier, entre rêve et réalité

Formé à la danse aussi bien classique que moderne, John Neumeier, né aux États-Unis en 1942, s'établit définitivement à Hambourg en 1973. Sa vision très personnelle du répertoire et son goût prononcé pour les drames shakespeariens le portent à créer des œuvres très imaginatives. Inventeur d'une sorte de langue du mouvement, il utilise les jambes et les bras des danseurs comme les hiéroglyphes d'un nouvel alphabet de la danse.

Haute couture pour grandes performances

Les fameux Pleats please, du couturier japonais Issey Miyake, sorte de robes-tubes (ci-contre) confectionnées dans un tissu plissé extensible, ont été créés pour le ballet *The Loss of small detail*, de William Forsythe. Depuis, on les voit portés par les élégantes du monde entier.

Extrait de *Bella Figura*, spectacle chorégraphié par Jiri Kylian, à Paris, en 2006.

Ouvert au monde, Jiri Kylian

Jiri Kylian, né à Prague en 1947, reçoit sa formation de danseur et de chorégraphe auprès de John Cranko. À 28 ans, il devient codirecteur du Nederlands Dans Theater, aux Pays-Bas, qu'il quitte en 1999, mais auquel il reste attaché en tant que chorégraphe. La danse inventée par Kylian est assez acrobatique, ses mouvements souples et fluides. Riches de l'influence du ballet classique, de la technique de Martha Graham et du folklore tchèque, ses chorégraphies sont très variées et non exemptes d'humour.

William Forsythe, le survolté

Passionné de rock and roll et de comédie musicale, William Forsythe, né à New York en 1949, possède des dons si prometteurs que Cranko, qu'il est allé trouver à Stuttgart, en 1973, l'engage sans même l'avoir auditionné. Onze ans plus tard, Forsythe prend la direction du Ballet de Francfort et devient l'un des noms-phares de la danse contemporaine. Destructurant le classicisme, il le fait voler en éclat tout en respectant son essence. Son style survolté demande de la part de ses danseurs de véritables prouesses.

Dans l'œil du cyclone

Chorégraphe turbulent, William Forsythe met ses pas dans ceux de Balanchine et malmène la technique classique en la distordant. Il pousse le déséquilibre jusqu'au vertige, le tout sur un rythme affolant. Ses mises en scène osent tout et ne négligent rien. Il apporte un soin tout particulier au choix des costumes et des éclairages qu'il règle lui-même. Il s'installe à Dresde, en Allemagne, en 2004.

Mats Ek, réinventer les classiques

Fils de la grande chorégraphe suédoise Birgit Cullberg (chez laquelle Béjart a débuté), Mats Ek, né à Stokholm en 1945, commence par le théâtre avant de se tourner vers la danse. À la suite de sa mère, il prend la direction du Cullberg Ballet, en 1985. Dans un style très libre et imagé, il réinterprète les grands classiques comme *Giselle* (1982), dans une version plus psychologique. Depuis 1993, il mène une carrière de chorégraphe indépendant.

Giselle, de Mats Ek, reprend l'intrigue de l'acte I. Elle ne meurt pas mais devient folle. L'acte II se passe dans un asile.

L'Opéra Garnier, en 1900, à Paris.

À l'Opéra

Le Ballet de l'Opéra de Paris est le temple de la danse classique en France. Mais, pour qu'une compagnie de cette importance fonctionne bien, il faut, à tous les niveaux, une organisation sans faille.

Le Ballet de l'Opéra en chiffres

Le Ballet de l'Opéra comprend cent cinquante-quatre danseurs classés par grades : dix-huit étoiles, dix-sept premiers danseurs, trente-huit sujets, trente et un coryphées, cinquante quadrilles et des stagiaires. Les danseurs accèdent au grade supérieur (s'il y a des places libres) grâce à un concours annuel facultatif. Les étoiles sont nommées par la direction.

Le palais Garnier

Charles Garnier met 15 ans à réaliser l'Opéra commandité par Napoléon III et inauguré en 1875. L'édifice à l'architecture éclectique surchargée d'ornements reste l'un des plus grands théâtres du monde (118 404 m² et une scène qui peut porter 450 artistes). Le bâtiment est consacré au ballet depuis 1990, grâce à la construction de l'Opéra Bastille. La salle de spectacle comporte un plafond monumental, peint par Marc Chagall, qui sert d'écrin à un lustre de 6 tonnes !

Etre spectateur à l'Opéra : quel plaisir pour les yeux et les oreilles !...

Inventaire à la Prévert

Le Ballet de l'Opéra c'est : la directrice (ou directeur) du ballet, un maître de ballet principal, deux maîtres de ballet et trois assistants, un régisseur général et quatre régisseurs, sept professeurs tous ex-étoiles, cinq pianistes de cours, sept chefs de chant, deux kinésithérapeutes et un administrateur. De plus, quatre-vingts corps de métiers participent à la vie du ballet : couturières, habilleuses, costumiers, éclairagistes, régisseurs plateau, lumière et son, accessoiristes, cintriers, maquilleurs...

Comment ça se passe ?

Pour monter un ballet, il faut en prévoir la date plus d'un an à l'avance. En effet, à l'Opéra, il n'y a pas que des spectacles de danse et il faut donc s'assurer que la salle et l'orchestre seront disponibles. Ensuite, il faut établir un planning très précis des répétitions dans les studios et sur la scène – que les professionnels appellent généralement le « plateau ».

La distribution, un vrai casse-tête

Enfin, il faut répartir les rôles. Ça s'appelle la distribution. Les personnages principaux sont incarnés par les étoiles ou les solistes. Les autres rôles par le corps de ballet. Cette organisation est très délicate et complexe. Il faut quatre danseuses sensiblement de la même taille pour les quatre petits cygnes du *Lac des cygnes*, par exemple. Si l'une tombe malade, il faut impérativement la remplacer. C'est pourquoi l'effectif d'un corps de ballet doit être supérieur au nombre de danseurs qui se produiront réellement sur scène.

En dehors des représentations, l'Opéra est une véritable ruche. En plus des artistes, une foule composée de techniciens, de régisseurs, de personnel administratif s'active à tous les étages.

Tous en scène !

Représenter un ballet sur scène demande énormément de préparation et surtout, une organisation d'enfer. Avec des danseurs, rien ne peut être laissé au hasard, tout est calculé à la seconde et au millimètre près !

La Belle au bois dormant, chorégraphié par Rudolf Noureev, à l'Opéra Bastille, en 2004, à Paris.

Répétitions

À l'Opéra, la journée commence par un cours. Ensuite, viennent les répétitions qui s'appellent des « services » et durent deux heures et demie. Au départ, chacun travaille en studio avec les maîtres de ballet. Par groupes, pour le corps de ballet, en solitaire ou en couple pour les solistes. Ensuite, les solistes rejoignent le ballet pour les répétitions sur la scène.

Vocabulaire de scène

- « Marquer » signifie que l'on ne se fatigue pas à faire les pas à fond. C'est le cas lors de répétitions où l'on règle l'ordre et le trajet des déplacements sur la scène pour que personne ne se bouscule.
- Le « filage » : on danse le ballet dans sa totalité, sans s'arrêter et sans « marquer ».
- La répétition de l'avant-veille du spectacle s'appelle une « couturière ». Elle est destinée à revoir – entre autres – tout ce qui ne va pas dans les costumes.
- La répétition de la veille du spectacle s'appelle la « générale ».

Pièces et morceaux

Peu à peu, on assemble les morceaux du puzzle que constitue un ballet. Une semaine avant la première, les danseurs sont astreints au rythme d'une matinée et d'une soirée par jour et, à chaque fois, ils « filent » le spectacle dans sa totalité. Le corps de ballet doit être présent pour accompagner chacune des étoiles de la distribution. Celles-ci, en effet, ne peuvent pas danser tous les soirs des rôles souvent épuisants. C'est pourquoi il peut y avoir jusqu'à quatre ou cinq étoiles pour interpréter un même rôle.

Soyez ponctuels !

Les soirs de spectacle, il s'agit d'arriver tôt. Surtout pour les danseurs du corps de ballet qui doivent, tout comme les solistes, s'habiller, se maquiller et avoir le temps de s'échauffer avant d'entrer en scène. Dans un ballet comme *La Belle au bois dormant*, il y a beaucoup de monde et une multitude de costumes. Plus le nombre des participants est élevé, plus les préparatifs prennent du temps. Il faut en tenir compte dans le planning pour éviter que les salles de maquillage et les loges ne soient saturées.

À la fin du spectacle, les rappels peuvent être nombreux !

La dernière ligne droite

Le jour du spectacle, tout doit être prêt, tout est répété, chaque entrée en scène est chronométrée, chaque maquillage, chaque costume essayé, contrôlé, l'orchestre doit être calé sur les danseurs. Et, une fois que la production est lancée, on peut commencer à préparer la suivante.

Coupe longitudinale de l'Opéra Garnier de Paris en 1875.

La compagnie Merce Cunningham interprète *Eye Space* au théâtre de la Ville, à Paris, en 2007.

La danse

moderne

La danse moderne est une idée du XXe siècle. Elle est née chez les danseurs et les chorégraphes qui désiraient s'affranchir des codes et des contraintes du ballet classique. Elle privilégie une forme d'expression corporelle personnelle dépendant de la libre inspiration de son inventeur.

Nul n'est prophète en son pays

Le précurseur de la danse moderne est un Français. Son nom : François Delsarte. Sa théorie : chaque geste a un sens profond. Celle-ci n'aura aucun écho dans la danse française, mais elle influencera les pionniers de la modern dance américaine et allemande.

Une voix perdue, une voie trouvée

Enfant abandonné, François Delsarte (1811-1870) est recueilli par un prêtre qui, remarquant son talent pour le chant, le fait entrer au conservatoire à 15 ans. Mais, trois ans plus tard, il perd la voix. Il incrimine alors l'enseignement reçu et cherche à bâtir une autre méthode.

Comme pour Isadora Duncan, la nature occupe une grande place dans la thématique de Ruth et Ted qui n'hésitent pas à monter une chorégraphie sur une plage californienne, en 1916.

La théorie de Delsarte

On peut diviser chaque partie du corps en 3 sous-zones. Par exemple, le tronc comporte le thorax, l'estomac, les abdominaux. Chaque partie peut rester fixe, se porter en avant ou reculer. Si le mouvement part du thorax, il marque l'intelligence, de l'estomac, l'honneur, des abdominaux, la sensualité. Si on additionne toutes les positions qu'un corps peut adopter, on parvient au chiffre astronomique de 20 000 000.

Trouve la bonne gestuelle !

À toi de trouver les gestes qui correspondent à l'histoire suivante : tu te promènes dans la campagne, soudain le vent se lève et la pluie tombe. Tu entres dans un abri (grotte, tunnel) que tu ne connais pas. Soudain, surprise ! Tu y rencontres (au choix) : ton meilleur ami, un ours grognon, un chat sauvage…

L'obsession du geste

S'étant fait réprimander par son professeur de théâtre pour n'avoir pas su trouver le bon geste pour accompagner la réplique : « Bonjour, papa Dugrand ! », il s'exerce jour et nuit. En vain... Puis, un après-midi qu'il se tient dans la cour du conservatoire, il aperçoit un de ses cousins. Sous l'effet de la surprise, il tend chaleureusement, les bras : « Bonjour ! » Son buste recule, sa tête s'enfonce légèrement entre ses épaules qui s'élèvent vers l'arrière : le geste juste est là, enfin. Sa passion de la gestuelle ne le quittera plus. Il en fait une théorie : les gestes sont l'expression des sentiments. Chaque petit mouvement a une signification en relation avec l'émotion qui le suscite. Dès lors, il épie les passants, classe leurs mouvements, en déduit des règles.

Repère les gestes justes

Lorsqu'un membre s'avance, l'autre doit reculer. Si la tête se lève, l'épaule s'abaisse. Sauf si l'on veut marquer la faiblesse.

Plus la partie du corps que l'on veut bouger est grande, plus le mouvement est lent.

Voici ci-contre quelques-uns des gestes observés par François Delsarte et leur signification. Essaie d'en trouver d'autres...

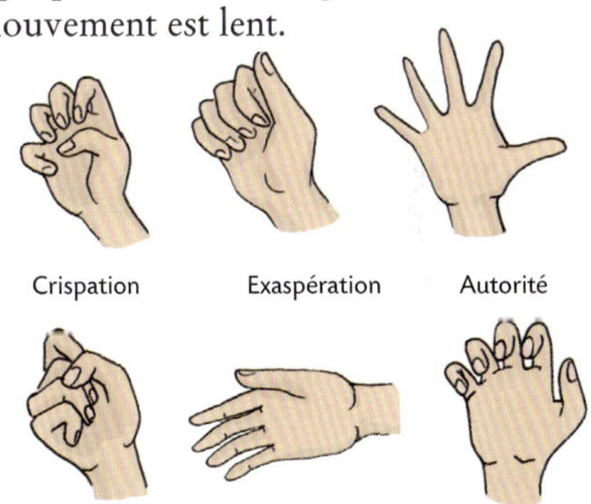

Raté !

Pendant quelques années, François Delsarte enseigne le chant à l'Opéra-Comique, puis il donne de brillantes conférences sur l'art oratoire qui sont suivies par des acteurs, des chanteurs, des politiciens, mais par aucun danseur ! Malheureusement, il n'assiste pas à la consécration de sa théorie : il meurt juste au moment où la ville de Boston, aux États-Unis, s'apprête à lui attribuer un prestigieux poste de professeur.

Une belle postérité

Un des élèves de Delsarte, James Steele MacKaye, est américain. De retour dans son pays, il transmet le « delsartisme » à plusieurs générations de jeunes gens sous le nom d'Harmonic Gymnastics. Parmi eux, Genevieve Stebbins, le professeur d'Isadora Duncan. On sait aussi qu'Émile Jaques-Dalcroze et Rudolf von Laban, du côté allemand, ont eu connaissance de ses théories.

Le geste ne ment pas !

« Quand un homme vous dit : "J'aime, je suis charmé", n'en croyez rien si son épaule est demeurée dans une attitude normale. Il ment. L'épaule, chez tout être ému, s'élève dans des proportions égales à l'intensité de cette émotion. »

François Delsarte

Gardez le rythme !

L'institut d'Hellereau en Allemagne.

Un professeur de solfège rayonne sur le monde de la danse moderne. Il est, par ordre d'apparition, le deuxième grand penseur du mouvement après Delsarte. Il s'appelle Émile Jaques-Dalcroze et invente une nouvelle discipline : la « rythmique ».

Des élèves un peu sourds

Quand Émile Jaques-Dalcroze (1865-1950), musicien et compositeur, est engagé comme professeur au Conservatoire de musique de Genève, il est horrifié : ses élèves n'ont aucun sens du rythme. Il cherche un remède.La solution ? La gymnastique rythmique, une curieuse série d'exercices destinés à inscrire le rythme dans le corps des élèves.

Un directeur aveugle

Le jour où le directeur du Conservatoire aperçoit ses élèves en train de déambuler, pieds nus, en manches courtes, agitant les bras dans la classe de solfège, Émile Jaques-Dalcroze est renvoyé ! Il parcourt ensuite l'Europe avec ses disciples. Des musiciens, des médecins et des éducateurs s'intéressent à ses expériences. Un mécène lui construit même un institut à Hellerau (Allemagne) où il s'installe en 1911.

Au secours !

Les danseurs se disputent les places au cours de Jaques-Dalcroze. On y voit les futurs grands chorégrahes allemands et Marie Rambert, que Diaghilev appellera au secours pour déjouer les pièges rythmiques de la partition du *Sacre du printemps*. Son enseignement marquera Rudolf von Laban, autre grand théoricien du mouvement.

Découvre la danse rythmique

Pour commencer, tu sais certainement qu'en musique une croche vaut 1/2 temps, une noire 1 temps, une blanche 2 temps, une ronde 4 temps. Si tu as un métronome, mets-le en marche, très lentement au début (60 à la noire).

Pour faciliter la compréhension des 2 activités proposées, le côté droit du costume est coloré en jaune et le côté gauche en mauve.

Succès mondial

La rythmique essaime partout, notamment en Amérique via l'école Denishawn, fondée par deux grands pionniers de la danse moderne, Ruth Saint-Denis et Ted Shawn. Jaques-Dalcroze sera même appelé à l'Opéra de Paris en 1920. Mais les étoiles se révolteront contre cette méthode. En raison de la Première Guerre mondiale, Jaques-Dalcroze revient à Genève en 1914 et y fonde l'institut qui porte son nom et existe toujours.

Un cours de Jaques-Dalcroze

Les élèves marchent en suivant le rythme d'un piano dont le tempo fluctue. Ils doivent faire des gestes simples avec les bras. Puis ils modulent ceux-ci en fonction des accentuations du piano et de la durée des notes. Jaques-Dalcroze rend ensuite sa méthode plus « artistique ». Il joue une mélodie que l'élève doit mémoriser. Il la rejoue et l'élève la traduit en nuances rythmiques et mélodiques par les mouvements de son choix. L'élève enchaîne ses gestes en transformant ses émotions : joie, tristesse, colère, ce qui détermine le caractère de la séquence rythmique (amplitude, durée, phrasé, énergie).

Dissociation sur la noire

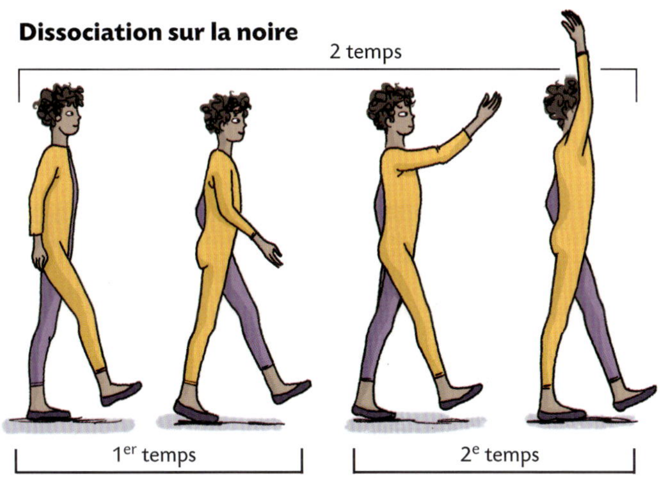

1. Sur le 1er temps, fais 2 pas en commençant par la jambe droite et monte ton bras droit (il se lèvera complètement sur 4 temps).

2. Sur le 2e temps, fais 2 autres pas sans marquer d'arrêt en continuant à lever le bras droit. Ton bras est en l'air à la fin du 2e temps.

3. Fais la même chose en commençant par le côté gauche.

Dissociation sur la croche

Maintenant, tes pas comptent une croche : tu fais 2 pas sur 1 temps et tu lèves le bras sur 2 temps.

1. Fais 1 pas avec la jambe droite et lève complètement le bras droit.

2. Sur le 2e pas, baisse le bras droit à l'horizontale.

3. Sur le 3e pas, baisse le bras droit et lève le bras gauche.

4. Au 4e pas, arrête-toi et baisse le bras gauche. Recommence en marche arrière.

Loïe Fuller déploie les ailes de sa robe-papillon (1908).

Un papillon fabuleux

Véritable pionnière, Loïe Fuller se lance dans une évocation fantastique de la nature, grâce à de longs bâtons, à des voiles flottants et, surtout, avec l'aide d'une nouvelle alliée, l'électricité.

Les planches dans le sang

Loïe Fuller, de son vrai nom Marie-Louise Fuller, née aux États-Unis (1862-1928), fait ses débuts à 4 ans dans le « saloon » de ses parents, à Chicago. Elle fera carrière en tournant dans toute l'Amérique – et même avec Buffalo Bill ! – comme écuyère, chanteuse et acrobate.

La muse de l'Art nouveau

Menant l'essentiel de sa carrière en Europe, Loïe devient très vite une reine du Tout-Paris des Années folles, adulée par les écrivains, les peintres, les savants. Sa danse illustre parfaitement l'Art nouveau, ses arabesques et ses volutes. Debussy et Toulouse-Lautrec l'admirent ; la reine Marie de Roumanie écrit même un conte pour elle.

Orchidée ou papillon ?

Au hasard d'une représentation de cabaret, Loïe endosse une longue et large robe, trop grande pour elle. Son rôle voulant qu'elle « voltige tout autour de la scène comme un esprit ailé », sa tenue se mit à flotter sous l'effet de ses déplacements, ce qui provoqua un cri dans le public : « Un papillon ! », puis un autre : « Une orchidée ! » De cet heureux hasard naît l'art de Loïe Fuller : jeux de lumières colorées, de draperies et de voiles flottants, qui contribuent à créer autour d'elle une atmosphère de féerie fantastique.

À peine arrivée à Paris, en 1892, Loïe décroche un rôle aux Folies-Bergère.

Prépare un spectacle à la Loie Fuller

- **un grand métrage de tissu (environ 2,50 m), du satin ou de la soie synthétique pour doublure**
- **des tuteurs en bambou**
- **des lampes ou des spots de plusieurs couleurs ou du papier calque épais coloré**
- **de l'élastoplast en 2 cm de couleur chair**

1. Plie ton tissu en 2 dans la largeur. Dessine un grand demi-cercle d'un bord à l'autre. Découpe les 2 épaisseurs suivant ton tracé ainsi qu'un trou au centre pour pouvoir passer ta tête.

2. Fais-toi aider pour piquer à la machine, au point droit, 2 coutures le long de ton corps (c'est ce qui sépare le corps des bras) mais ne pique pas jusqu'en haut de façon à pouvoir passer les bras.

3. Enfile ton costume par la tête : le bas doit t'arriver aux chevilles. Prends tes deux bambous. Calcule leur longueur pour qu'ils restent maniables sans trop d'effort.

4. Prends les bambous en main et fais-toi aider pour les fixer à ton poignet avec l'élastoplast.

5. Laisse retomber le tissu qui doit recouvrir tes bras et les baguettes. Au besoin, fais un point pour que le tissu ne découvre pas les baguettes. Tu es prêt.

6. Demande alors à tes 2 amis de prendre place avec des lampes (ça peut être des petits spots de couleur ou des lampes torches auxquelles sont fixés des calques colorés) aux 2 extrémités de l'espace que tu vas occuper. Suivant les couleurs de l'éclairage, tu obtiens une ambiance particulière.

7. Pendant que tu danses, les « éclairagistes » suivent tes évolutions avec leur lampe.

N'oublie pas de faire le noir dans la pièce : ce sera plus impressionnant !

De soie et de lumière

Magicienne de la lumière, Loïe Fuller fait breveter tous les nouveaux procédés qu'elle expérimente. Elle jongle avec la lumière noire, avec les nouveaux matériaux, comme dans *La Danse du radium*, en 1906. Pour *La Danse du feu*, elle imagine de placer des éclairages sous un parquet de verre, des jeux de miroirs multipliant une image à l'infini. Elle fait usage de faisceaux lumineux traversant l'obscurité pour obtenir des jeux d'ombres inquiétants.

Une énergie… électrique

En 1900, Loïe Fuller est nommée reine de l'Exposition universelle consacrée à l'électricité. Toujours ouverte aux nouveaux talents, elle aide sa compatriote Isadora Duncan à faire ses débuts en 1902 et accueille, 4 ans plus tard, Ruth Saint-Denis dans son théâtre à Paris. En 1908, elle fonde une école ainsi qu'une compagnie qui se produira jusqu'en 1939.

L'Amérique, terre de pionniers

Isadora Duncan incarne une liberté nouvelle. Sa vie tumultueuse fait d'elle une héroïne qui fascine ses contemporains.

Isadora Duncan et ses danseuses durant un spectacle à New York, en 1917.

Isadora Duncan, une Californienne bohème

Née en 1877 à San Francisco, dans une famille de quatre enfants, Isadora mène une enfance bohème. L'absence du père et des conditions économiques difficiles unissent le clan familial autour d'une vraie passion pour les arts. Son frère Raymond (1874-1966), féru de la Grèce antique, partagera sa quête artistique, l'assistant dans ses recherches.

Gestes caractéristiques de la danse d'Isadora Duncan (à droite), 1921.

La dette d'Anna à Isadora

En 1905, Isadora se rend à Saint-Pétersbourg. Là, elle rencontre un tout jeune chorégraphe, Michel Fokine. Il affirmera plus tard s'être inspiré de cette visite pour créer *La Mort du cygne*, destinée à Anna Pavlova.

Les adorables « Isadorables »

Anna (Denzler), Erika (Lohman), Irma (Frich-Grimme), Lisa (Milker), Margot (Jehle) et Maria-Theresa (Kruger) forment un groupe de fillettes recrutées à Grünewald, en 1905. Isadora prend complètement en charge leur éducation. Elles voyagent d'école en école au gré des tournées. Entre 1909 et 1913, elles les confie à Elisabeth, sa sœur aînée, qui entretient le style d'Isadora. En 1913, Isadora les rappelle pour fonder une école à Meudon et elles se produisent à partir de 1914. Adoptées officiellement par Isadora, elles prennent son nom en 1920.

L'Europe et la gloire

Isadora fut l'élève de Geneviève Stebbins (1857-1914) qui diffusait les théories du delsartisme et donnait des cours d'Harmonic Gymnastics. Isadora commence à danser dans des comédies musicales, à New York et à Chicago, dès 1895. Parallèlement, elle compose ses propres danses sur des poèmes. Vers 1900, elle part à la conquête de l'Europe et donne ses premiers récitals. Son triomphe est immédiat.

Danser la liberté et la nature

Isadora veut rendre à la danse sa dimension naturelle et spirituelle. Puisant son inspiration dans la Grèce antique, elle rejette tous les codes et les artifices de la danse classique. C'est pourquoi elle se produit sur scène en tunique légère et transparente, sans corset (ce qui paraissait alors inouï !) et pieds nus. Sa danse, exécutée sur de la musique classique, se veut libre, en relation avec la nature. Elle évoque la houle, l'onde, le vent dans les arbres... Ainsi, Isadora Duncan révolutionne en profondeur l'idée même de la danse.

Isadora en costume à l'antique.

Danse pieds nus comme Isadora

Danser pieds nus te semble facile ? Détrompe-toi ! il faut un minimum de précautions pour ne pas se faire mal.

1. Évite si possible les parquets mal rabotés (à cause des échardes) ou vernis : ça colle ! Attention aussi au linoléum, non adapté à la danse, qui devient une vraie patinoire quand on transpire.

2. La corne sur la plante des pieds est la meilleure des protections. Comment la former ? En marchant le plus souvent possible pieds nus et, pour les danseurs classiques, en s'entraînant à la barre sans chaussons.

3. Si on a mal, il faut entourer le bout du pied (coussinet) avec de l'élastoplast ou un pansement spécial pour les coussinets : il protège tout en conservant sa liberté au reste du pied. En cas de douleur ou de sol trop collant on peut utiliser du talc (modérément), ce qui permet de bien tourner en glissant.

Fin de partie

Isadora Duncan meurt tragiquement en 1927, au cours d'un trajet dans une Bugatti décapotable : elle est étranglée par son écharpe qui se prend dans une des roues du véhicule.

Isadora Duncan (à gauche), avec une partie de sa troupe, danse dans la nature, en 1921.

Un couple légendaire

Aux États-Unis, Ruth Saint-Denis et Ted Shawn reprennent certaines des idées d'Isadora Duncan. À eux trois, ils fondent la danse moderne américaine.

Nouvelle technique

Ruth Saint-Denis (1878-1968) est une danseuse instinctive et inspirée. Sa mère l'emmène voir un spectacle de Geneviève Stebbins qui la convainc de s'exprimer par la danse. Ruth débute au music-hall. Ted Shawn (1891-1972) se met à la danse pour se soigner, après avoir risqué la paralysie. Il travaille avec différents professeurs avant de rencontrer Ruth Saint-Denis qu'il a vue danser en 1911. Ruth engage Ted comme partenaire. Il se marient en 1914 et créent leur première œuvre commune. Ensemble, ils inventent une vraie technique corporelle. Ils se séparent vers 1920 mais poursuivent leur collaboration jusqu'en 1931.

Égyptologie

Attirée par l'orientalisme, plutôt mystique, Ruth voit, un beau jour de 1904, une déesse égyptienne sur une affiche. Aussitôt, elle trouve sa vocation : elle dansera comme les anciens Égyptiens.

L'attirance de Ruth pour l'exotisme s'exprime dans des chorégraphies souvent assez fantaisistes. Ici, avec Ted Shawn, son partenaire et époux.

Une mère très présente

La mère de Ruth Saint-Denis est féministe. Elle refuse le corset, se soigne par l'homéopathie, science alors naissante, et s'initie au delsartisme. C'est elle qui pousse Ruth à monter sur scène pour faire vivre la famille.

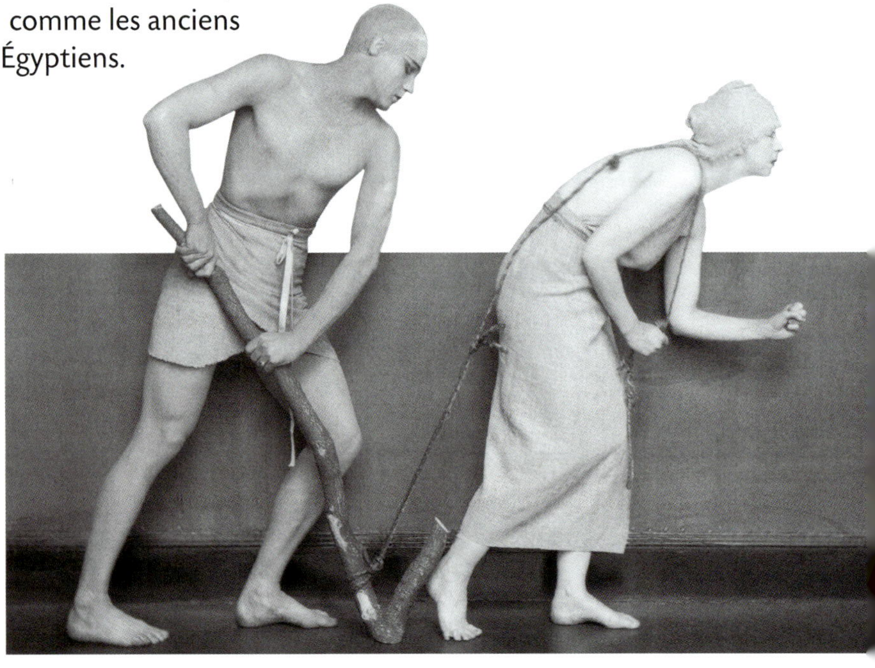

En 1922, Ted et Ruth font revivre un très lointain passé, l'Égypte ancienne, avec cette chorégraphie inspirée par les bas-reliefs qui illustrent la vie rurale.

Invente une danse exotique

Danse du cobra, des Indiens, des Aztèques, d'Angkor Vat… Ruth Saint-Denis n'est jamais à court d'idées, même si elles sont parfois un peu naïves.

1. Regarde les gravures des livres d'histoire de l'art, va dans les musées sans négliger les illustrations contemporaines (BD, cinéma et même dessins animés) pour chercher ton inspiration.

2. Dégage les caractéristiques de ce que tu vas danser. Par exemple, les Indiens d'Amérique sautent d'un pied sur l'autre, ceux des Indes ressemblent aux statues de Shiva, leurs corps ondulent comme des serpents…

3. Une fois que tu as le canevas de ta danse, il ne te reste qu'à broder sur le thème que tu as retenu.

4. Enfin, trouve une musique adaptée à l'univers que tu as choisi. Tu peux aussi t'inventer un costume et faire participer des amis. Pour vérifier si l'atmosphère de ta danse est bien restituée, demande à tes spectateurs d'en deviner l'origine.

Ted Shawn

Homme d'une brillante intelligence, il fait évoluer l'histoire de la danse dans le monde en la dotant de principes nouveaux. Il est le premier à danser nu pour valoriser le mouvement du corps, travaille la puissance du geste, crée toute une gamme de mouvements destinés à produire une forme abstraite.

Cartes postales

Ruth crée peu à peu un style hétéroclite, forgé à partir de clichés de cultures primitives, mais magnifié par son sens inné du spectacle. Elle invente la « visualisation musicale », sorte de transcription de la musique en mouvement, inspirée de Jaques-Dalcroze et de Duncan qui marquera durablement ses élèves.

Ted Shawn dans une chorégraphie inspirée par le thème des Indiens d'Amérique, vers 1922.

Ruth et Ted inventent le Denishawn

Ted Shawn apporte au caractère passionné de Ruth, son épouse, une certaine rigueur. Il valorise la danse masculine et constitue même une troupe entièrement composée d'hommes.
En 1915, il fonde avec Ruth l'école Denishawn (contraction des noms Saint-Denis et Shawn), à Los Angeles.
L'enseignement y est varié : cours de danse classique, yoga, techniques de Delsarte et de Jaques-Dalcroze, composition musicale. C'est là que les futurs grands chorégraphes Martha Graham, Doris Humphrey et Charles Weidman feront leurs premiers pas.

La conquête de l'Ouest

Grande prêtresse de la modernité, Martha Graham règne soixante ans sur le monde de la danse. Elle crée non seulement un style, mais surtout une nouvelle technique qui sera enseignée dans tous les pays. Sa personnalité exceptionnelle a presque rejeté dans l'ombre une autre pionnière, Doris Humphrey.

Martha Graham dans *Salem Shore*, vers 1950.

Une décision durable

Martha (1894-1991) est la troisième fille d'un psychiatre. La famille s'installe en Californie où la jeune Martha assiste, en 1911, à un spectacle de Ruth Saint-Denis qui la marque tant qu'elle décide de devenir danseuse. Elle suit des études de théâtre, d'histoire de l'art et de littérature avant d'entrer au Denishawn, en 1917.

Une autre pionnière

Entrée en même temps que Martha Graham à l'école Denishawn, Doris Humprey (1895-1958) puise également son inspiration dans le sol natal. En 1928, elle crée sa compagnie avec Charles Weidman. Son travail porte beaucoup sur la notion de groupe. Elle invente aussi un nouveau langage gestuel qui provient de l'observation du principe de la gravité universelle sur le corps humain. C'est pourquoi elle crée un nouveau système de mouvement qu'elle appelle « fall-recovery » (chuter-se ressaisir). Cela consiste à se laisser aller dans le mouvement jusqu'à tomber avant de se rattraper au dernier moment pour enchaîner sur un autre mouvement. Grande théoricienne, son livre *The Art of making dances* (*L'Art de composer des danses*) va influencer nombre de chorégraphes contemporains.

Doris Humphrey danse avec un grand cerceau, en 1925, dans le spectacle des Dennishaw dancers, à Seattle.

Térése Capucilli danse avec l'actuelle compagnie Graham, en 1999, à New York.

Une phrase marquante

« Le mouvement ne ment pas. »
Cette phrase de son père poursuivra Martha Graham tout au long de sa vie. Critique vis-à-vis de l'école Denishawn, elle s'en détache, encouragée par le musicien de la compagnie, Louis Horst, pour créer sa propre danse. Installée à New York, elle donne son premier récital en 1926.

Martha Graham, dans un de ses mouvements préférés, à l'occasion du spectacle *Appalachian spring*, en 1944.

Des élèves surdoués

La compagnie Graham est tout d'abord composée exclusivement de femmes. Pour la première fois, en 1938, un danseur, Eric Hawkins, qu'elle épousera, intègre sa troupe. Puis viendront Merce Cunningham et Paul Taylor, tous deux futurs grands chorégraphes. C'est dire tout ce que lui doit la danse actuelle ! La carrière de danseuse de Martha Graham dure cinquante-trois ans, mais elle continue à créer des chorégraphies jusqu'à l'âge de 90 ans. En 1975, Martha Graham crée *Lucifer* pour Rudolf Noureev puis, en 1984, elle donne sa propre version du *Sacre du printemps*.

La technique Graham

Travaillant beaucoup l'entraînement musculaire, Martha Graham reprend les grands principes de Delsarte : la force du geste dépend de la force de l'émotion. Elle invente l'alternance « contraction-release » (contraction-détente) qui sera la base de sa technique. Elle donne une grande importance à la respiration, à l'expressivité du mouvement en soi et au caractère passionnel du geste.

Erreur de jugement !

Ruth Saint-Denis, qui a formé la jeune Martha, la trouvait non seulement trop petite pour faire une grande danseuse, mais aussi trop laide ! C'est Ted Shawn qui fit émerger son talent.

Libère ta vraie nature

En Allemagne, entre les deux guerres mondiales, Rudolf von Laban et Mary Wigman font aussi figure de pionniers. Ils sont à l'origine de la danse dite « expressionniste » qui s'appuie sur l'expression d'émotions ou de sentiments.

Laban crée une centaine d'œuvres et, surtout, invente la « danse chorale » qui réunit jusqu'à 2 500 danseurs. Ici, un groupe de danseurs de son école, à Zurich, en 1925.

Laban, libérer l'expression

Fils d'un officier de l'Empire austro-hongrois, Rudolf von Laban (1879-1958) renonce à une carrière militaire pour s'inscrire aux Beaux-Arts de Paris. Là, avec l'enseignement de Delsarte, il se découvre un tel goût pour le spectacle dansé qu'il monte une revue avec des danseurs du Moulin Rouge. De retour en Allemagne, il crée une école d'où naîtra la danse libre, qui favorise avant tout l'expression. Mais, après une collaboration active avec le régime nazi, il tombe en disgrâce et s'exile en Angleterre.

Retour à la nature

Laban adhère à *la Nacktkultur*, la culture du nu, mouvement qui tend à faire retrouver une condition physique saine. Grâce au sport, à la gymnastique et à la danse pratiqués au grand air, les participants, souvent nus, parviennent à approcher de l'état de nature. De là à la danse libre, il n'y a qu'un pas !

Le danseur est le centre de la kinesphère de Laban. Elle se déplace avec lui.

La « labanotation »

Chorégraphe et théoricien, Laban invente une figure imaginaire formant une sphère. Celle-ci est constituée des douze points que les extrémités du corps peuvent atteindre sur son pourtour. Il établit ainsi une des notions fondamentales de la danse moderne : le mouvement est constitué par le trajet de différents points reliés dans l'espace. Faisant intervenir le poids, le temps, l'espace, le flux, l'énergie et l'effort, il crée une écriture du mouvement, la « labanotation », qui peut être lue comme une partition.

Mary Wigman, une danseuse inspirée

Élève d'Émile Jaques-Dalcroze, puis assistante de Rudolf von Laban, Mary Wigman (1886-1973) n'est pas une intellectuelle mais une intuitive. C'est pourquoi elle délaisse très vite les théories de Laban pour développer ses propres idées sur le rapport entre la spiritualité et le mouvement. Elle parle de la « danse absolue » qui, selon elle, doit être le meilleur moyen d'exprimer les sentiments profonds de chacun.

Une bonne élève

En 1931, après une tournée triomphale, Mary Wigman envoie son élève, Hanya Holm (1893-1992), ouvrir une école Wigman à New York, où Alwin Nikolaïs recevra sa formation. Hanya Holm fera aussi des chorégraphies pour la comédie musicale : *Kiss Me Kate* et, surtout, *My Fair Lady*, avant d'entamer une carrière pour la télévision.

Mary Wigman dans le solo de *La danse de la douleur*, en 1931.

Le ballet de la sorcière

En 1914, Mary crée son fameux solo, *Danse de la sorcière*. Elle accorde une importance nouvelle au souffle. La forme du solo, dont elle est l'une des principales initiatrices, et la danse dans le silence font d'elle une chorégraphe totalement moderne. Cependant, elle est aussi capable d'utiliser de grands groupes. Elle crée ainsi une imposante danse chorale, *Totenmal* (*Monument aux morts*) en hommage aux victimes de la Première Guerre mondiale.

Danse macabre

Mary Wigman trouve son inspiration dans les danses macabres et le grotesque du Moyen Âge. Elle utilise volontiers le masque ou déforme énormément son visage pour le rendre plus expressif. Le torse, les bras et les mains sont aussi particulièrement mis en valeur. Dans *Totentanz* (*Danse macabre*), créé en 1926, les danseurs portent des masques et des suaires.

Dans *Crucible* (1985), Nikolaïs bouleverse l'espace et ses repères par des jeux de lumière et de miroirs.

Oskar et Nik

Deux chorégraphes, l'Allemand Oskar Schlemmer et l'Américain Alwin Nikolaïs se rejoignent, malgré le temps et l'espace qui les séparent, dans leur exploration des accords entre costumes, lumières, matériaux, mouvements, et créent la danse abstraite.

Oskar Schlemmer, l'architecte

Oskar Schlemmer (1898-1943) est peintre et scénographe avant d'être chorégraphe. Il est obsédé par la figure humaine et la couleur. La danse lui permet de mettre en pratique ses recherches sur le corps, l'espace et les éléments picturaux. Oskar Schlemmer élabore des chorégraphies constituées par une gestuelle économe, une danse où il fait bouger des costumes aux formes géométriques et colorées. Regroupées sous le titre *Danses du Bauhaus*, plusieurs ballets intitulés *Danse du métal*, *Danse du verre*, *Danse des cerceaux*, *Danse des bâtons*, *Danse des coulisses*, explorent les thèmes annoncés dans leurs titres.

Schlemmer et le Bauhaus

La « Maison du bâtir » (de 1919 à 1933) est une école d'art allemande qui associe l'enseignement des disciplines artistiques et techniques comme l'architecture et le design industriel. Oskar Schlemmer y enseigne le dessin, la peinture et la sculpture, et en dirige le théâtre.

Invente un costume pour la danse du plastique

- **une bande de tissu rigide (genre tarlatane) d'environ 10 cm de large**
- **des agrafes**
- **des bouteilles vides en plastique**
- **des élastiques (à cheveux)**
- **un rouleau de film plastique alimentaire**

1. Découpe la bande de tissu à la dimension de ton tour de hanche. Couds les agrafes.

2. Fixe par quelques points de couture tout autour de la bande, en quinconce, les élastiques.

3. Accroche les bouteilles en plastique aux élastiques : tu as un tutu transparent !

4. Il ne te reste plus qu'à entourer ton buste de film alimentaire… et voilà : un superbe costume très plastique !

Alwin Nikolaïs, l'illusionniste

À 16 ans, Alwin Nikolaïs (1912-1993) accompagne les films muets à l'orgue. C'est après avoir assisté à un spectacle de Mary Wigman, vivement intéressé par sa musique percussive, qu'il aborde le monde de la danse. Après la douloureuse parenthèse que constitue la Seconde Guerre mondiale, à laquelle il participe, Nikolaïs s'attelle à créer un spectacle total : danse, lumière, costumes, décors, musique. Novateur en tout, il est le premier, en 1963, à utiliser un nouvel instrument de musique, le synthétiseur.

Les danseurs de *Tensile Involvement* évoluent entre des élastiques tendus.

Masques, accessoires et mobiles

Masks, props and mobiles (1953) est le premier grand succès de Nikolaïs. Cette pièce se compose de plusieurs parties, dont *Noumenon*, où il enferme ses interprètes dans des sacs élastiques qui se transforment en bougeant, et *Tensile Involvement* (*Implication élastique*)1955, où les danseurs manipulent des élastiques dans toutes les directions.

Un monde hallucinant et poétique

Avec un malin plaisir, Nikolaïs brouille la réalité. Il projette sur les corps des zébrures, des taches évoquant des « ocelles », des couleurs vives qu'il peint lui-même sur des diapositives. Il se sert de miroirs pour créer de bizarres insectes à quatre jambes, utilise des tissus élastiques pour déformer les silhouettes, invente des prothèses, fait disparaître une moitié de corps avec de la lumière noire.

Crée une chorégraphie élastique

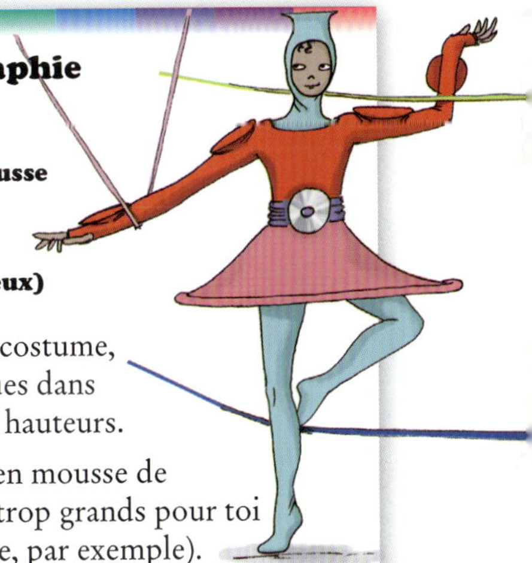

- des collants en mousse
- un CD publicitaire
- des grands élastiques
- des élastiques (à cheveux)

1. Avant de mettre ton costume, tends plusieurs élastiques dans une pièce, à différentes hauteurs.

2. Achète des collants en mousse de couleur, de préférence trop grands pour toi (une taille 4 pour adulte, par exemple).

3. Ajoute un objet bizarre, un CD que tu portes comme une bague au bout de ton doigt par exemple, ou un cerceau que tu accroches avec des élastiques à ta ceinture.

4. Après avoir accroché ces éléments sur toi, mets tes collants. Fais-en glisser un sur ton visage après y avoir découpé 2 trous pour en faire un masque. Enfiles-en d'autres par la tête (pour cela il faut que tu coupes les pieds et que tu fasses un trou au milieu du collant) et fais-les glisser sur ton buste pour en faire un haut.

5. Sers-toi des élastiques que tu as tendus pour passer d'un mouvement à l'autre : attrapes-en un avec un bras, laisse-toi glisser, passe dessous, enjambe-le, saute par-dessus et crée ainsi une chorégraphie

L'ère Cunningham

Sur l'échelle chronologique de la danse, il y a l'avant et l'après Cunningham. Faisant basculer toutes les règles que l'on appliquait jusqu'alors, Merce Cunningham réinvente les rapports de la danse, classique ou moderne, avec l'espace, la musique et même avec la notion de spectacle.

Aussi souple et rapide qu'un chat, Merce Cunningham (photographié ici en 1957) en possédait également la détente soudaine et le prodigieux sens de l'équilibre.

Dépasser la danse moderne

Merce Cunningham (1919-2009), né aux États-Unis, commence par pratiquer les claquettes. Très doué, il attire l'attention de Martha Graham qui l'engage en 1939, alors qu'elle n'accepte aucun homme dans sa troupe. En 1938, Cunningham rencontre le compositeur John Cage et comprend vite que la danse est très en retard sur des arts comme la musique ou la peinture. En effet, la plupart des ballets, même modernes, se servent encore d'une trame narrative. Le rapport à la musique, les règles de perspective et de symétrie sur scène restent souvent inchangés depuis le XVIIe siècle.

Le grand chambardement

Cunningham bouleverse tout. Le centre était le point le plus important de la scène où évoluait le soliste ? Il n'y aura plus de centre, ni de soliste. Chaque danseur devient aussi important qu'un autre et effectue des mouvements différents. L'histoire était capitale ? Désormais, seul le mouvement compte. Le chorégraphe imposait sa loi ? L'ordre de la composition chorégraphique et de l'entrée des danseurs est tiré au sort !

Musique-surprise !

Avant Cunningham, la musique « collait » au ballet. Merce décide que la danse doit se dérouler dans le silence ou bien, si musique il y a, elle sera totalement indépendante et ne viendra s'ajouter au ballet qu'en dernier ressort, le jour de la première.

Représentation de *Views on stage* par la compagnie Cunningham, à Paris, en 2005.

Bon anniversaire Merce !
En 1994, le maire de New York a décrété que le 16 avril, jour anniversaire du chorégraphe, serait jour de fête. Depuis, le « Merce Cunningham's day » se célèbre chaque année.

Le spectacle *Way Station* a été montré par Merce Cunningham, au théâtre de la Ville, à Paris, en 2001.

Restez cool

Parallèlement, Merce Cunningham invente une nouvelle technique d'entraînement : le dos, la tête, le torse et les bras doivent travailler simultanément à des rythmes extrêmement variés. La difficulté suprême pour le danseur étant d'avoir l'air aussi décontracté que s'il marchait dans la rue.

En prise directe avec son époque

Depuis ses débuts, Cunningham est curieux des nouveautés qui voient le jour. Dans les années 1970, il est le premier chorégraphe à utiliser l'ordinateur pour lequel il invente un logiciel de chorégraphie : Life forms. Et, en 1999, il crée *Biped*, première pièce à mêler sur scène danseurs réels et virtuels. Comme il adore multiplier les points de vue, il utilise la vidéo : le mouvement des caméras s'ajoute à ceux des danseurs, les angles de prise de vue, les techniques d'image changent, et le spectateur, bien qu'immobile dans son fauteuil, peut assister simultanément à des événements différents, comme s'il se promenait dans la rue.

La CAO
Comment créer un ballet par ordinateur ?
Il faut commencer par entrer un mouvement ou un exercice dans le logiciel. Celui-ci propose alors des variantes. On peut ensuite changer le temps d'exécution, les combinaisons, les enchaînements. Cependant, Merce Cunningham avoue utiliser la CAO (chorégraphie assistée par ordinateur) pour évaluer les possibilités d'un mouvement, mais précise que les propositions de l'ordinateur ne sont pas toujours réalisables.

Present tense par les danseurs de la compagnie Trisha Brown, une des chorégraphes les plus importantes de la danse postmoderne.

Avant-garde et

Avec les postmodernes américains des années 1960 à 1970, la danse devient une sorte de jeu dont chaque chorégraphe invente les règles. Afin de renouveler la relation avec le public, ils utilisent le pastiche, l'ironie mais aussi des gestes du quotidien, supprimant ainsi la frontière entre la vie ordinaire et l'univers artistique.

postmodernes

Où commence la danse ?

Les chorégraphes postmodernes veulent rendre la danse accessible à tous. Pour cela, ils se débarrassent de l'apprentissage de la technique et libèrent la danse de l'espace étroit de la scène. Les spectacles sont donnés dans les églises, les galeries d'art, les gymnases, dans la rue ou dans les parkings.

Pour Yvonne Rainer, toutes les expressions du visage, y compris les grimaces, font partie de la danse qu'elle nomme alors « danse faciale ».

Tout le monde est danseur !

Tout commence dans les années 1950, en Californie. Là, Anna Halprin (née en 1920) prône une danse improvisée, sans recours à une technique virtuose. Dans son studio, se forme un groupe dont font partie Simone Forti, Trisha Brown et Yvonne Rainer, futures grandes figures du courant postmoderne. Pour elles, comme pour Steve Paxton et Lucinda Childs qui ont aussi travaillé avec Merce Cunningham, il faut aller plus loin et faire comprendre que tout peut être de la danse et que tout le monde peut devenir danseur.

Tout peut être de la danse

Quand Yvonne Rainer (née en 1934) emploie pour la première fois le terme « postmoderne » pour qualifier son travail et celui de ses amis, c'est pour signaler la rupture avec la modern dance, c'est-à-dire avec la danse du XXe siècle qui a succédé au ballet. Il n'est plus question de bon ou de mauvais mouvement, de corps très travaillés, de traduction par le mouvement de thèmes mythiques ou d'histoires compliquées. Chaque geste quotidien peut entrer dans la danse : les jeux, les sports, le simple fait de marcher ou de courir.

Exposition, une pièce dansée d'Anna Halprin, exécutée en forêt, sur un filet tendu entre deux arbres (1970).

Bien dans ses baskets

Les postmodernes préfèrent des vêtements fonctionnels (survêtements, tee-shirts, jeans, sweater) aux costumes de scène. Alors que la danse classique enfermait le pied dans quelques grammes de satin rose, et que la danse moderne le voulait nu pour affirmer le contact avec le sol, la « postmodern dance » adopte de confortables baskets, comme tout le monde !

Le groupe de la Judson

Le 6 juillet 1962, dans une église de New York, la Judson Church, un groupe de danseurs donne son premier spectacle intitulé *Concert de danses*. C'est ainsi que naît le Judson Dance Theater. Ce qui le caractérise, c'est la recherche et l'expérimentation de nouvelles formes de danse, l'abandon de toute illusion théâtrale au profit de l'expression du mouvement corporel. Les danseurs n'exhibent plus le tonus musculaire et l'étirement du corps qui étaient la marque spécifique du ballet.

Évite la bousculade !

1. Seul

- Marche suivant un parcours qui comprend des cercles et des ellipses.

- Accélère peu à peu jusqu'à ce que tu coures. Lorsque tu vas vite, tu sens que ton corps s'incline dans les virages. Laisse-toi aller à ce mouvement et, quand tu penches vers l'intérieur de la courbe, ajoute un cercle dans le sens où ton corps s'incline.

2. À plusieurs

- Chacun des participants fait 5 pas en marchant, puis 1 grand pas avec les genoux pliés et, ensuite, il change de direction.

- À certains moments, l'un d'entre vous lève un bras. C'est un signal pour que chacun reprenne le plus exactement possible le trajet qu'il était en train d'effectuer, mais en marche arrière, avec le même nombre de pas.

Pour faciliter les choses, tu peux tracer les parcours à la craie, avec une couleur différente pour chacun, sinon, gare à la bousculade !

Chorégraphies de Zozoo

Dans ses pièces, Simone Forti propose une autre vision de la danse. Après avoir observé les jeux d'enfants, les activités des animaux et l'aspect des plantes, elle s'en inspire pour créer des chorégraphies étranges.

De bons atouts

Simone Forti, née en 1935 d'une famille italienne immigrée aux États-Unis, possède deux avantages pour considérer la danse avec un regard neuf. Tout d'abord, elle effectue ses débuts tardivement, à l'âge de 21 ans, sans avoir subi d'influences antérieures. D'autre part, son professeur, Anna Halprin, privilégie les mouvements naturels du corps et lui apprend à se concentrer sur les sensations qu'ils provoquent.

Éprouve des sensations tout en finesse

À ton tour, concentre-toi sur des sensations éprouvées par ton corps que tu ne perçois pas en temps habituel.

- En position assise sur une chaise, avance le genou au maximum sans bouger le pied. Quelle partie du corps bouge en premier ? Quelle partie du corps en frotte une autre ? Où prends-tu ta force pour bouger ? Que ressens-tu au niveau de ton genou ?

- Essaye ensuite de garder en mémoire ce que tu as ressenti, mets-toi debout et invente un mouvement qui te procure le même genre de sensations.

Un éléphant élégant

« J'ai vu un éléphant qui avait mis au point un mouvement dont il se servait pour tuer le temps pendant la journée. Il marchait d'avant en arrière, 6 ou 7 pas dans chaque direction, chaque fois, en fin de parcours, un léger coup de pied absorbait son élan pour inverser le sens du déplacement. Énorme masse délicatement équilibrée. »

Simone Forti

Fais un pas de 4

Chacun marche en avant ou en arrière sur 6 pas. On peut tracer des lignes droites, des demi-cercles. Un cercle complet fait 2 phrases, soit 12 pas.

1. La 1re fois, les 4 participants se placent de front dans la même direction.

2. La 2e fois, ils se font face 2 à 2.

3. La 3e fois, chacun part dans une direction opposée.

4. Ensuite, on ajoute à la marche un saut, un tour, et un demi-tour (ou une roue, si on a la place), puis on change de direction.

5. Pour finir, on supprime les ajouts un à un pour revenir à la marche simple du début.

Une cadence infernale

Après un intermède durant lequel elle devient institutrice, Lucinda monte une compagnie qui débute en 1973. En 1976, elle crée *Einstein on the beach*, avec le célèbre homme de théâtre Bob Wilson, et sa première pièce marquante, *Radial courses*. Dans cette œuvre, elle exploite un mouvement circulaire créé par des danseurs qui tournent en rond. Marches, petites foulées, galops légers : le mouvement continu se fait et se défait sans cesse sur un rythme infernal. La danse répétitive est née.

Sunrise of the planetary dream collector, **représenté en 2000, à Montpellier.**

Fausse impression

En réalité, une séquence de trois minutes peut donner l'impression de comporter des répétitions alors qu'il n'y en a aucune. Lucinda Childs peut aussi exécuter une séquence chorégraphique de quelques minutes et la répéter à l'envers avant de la reprendre à l'endroit. L'illusion est parfaite !

Monte une performance

Une performance, c'est avant tout une bonne formule pour créer tout en s'amusant. Comme elle réunit des artistes de toutes les disciplines, tu peux inviter tous les amis que tu veux. Pourvu qu'ils aient des idées plein la tête et le sens de la fête.

- **une chaîne stéréo et des CD**
- **de vieux vêtements et des accessoires pour te déguiser**
- **du maquillage**
- **un drap usagé sur lequel peindre le décor**
- **des punaises pour suspendre le décor**
- **2 ou 3 spots ou lampes de bureau**

Prépare le *happening*

1. Quelques jours avant la date fixée pour ta performance, envoie à chacun comme invitation une carte postale ou une photo avec un personnage, un animal ou un objet qui serviront de thème à tes invités pour se déguiser. Attention, toutes les invitations doivent être différentes. Signale qu'il faut se munir du carton d'invitation le jour de la performance. En effet, il va servir à chaque invité pour justifier son déguisement.

2. Sur l'invitation, demande à chacun de préparer une « intervention ». Cela peut être, au choix, lire un poème, faire un dessin, chanter, apporter un disque, danser…

Soigne la déco !

1. Première chose : il faut déjà que tu transformes la pièce où tu reçois tes amis en lieu de performance. Pour cela, dégage l'espace au maximum. Accroche au mur de grandes feuilles de papier où chacun pourra écrire ou dessiner. Récupère, quelques jours avant, les meilleurs dessins de tes amis et accroche-les partout.

2. Tu peux dessiner et placer des « pictogrammes » (comme le bonhomme vert ou rouge des passages piétons) ou des panneaux de circulation pour signaliser ton appartement. Évidemment, rien ne t'empêche d'inventer des lieux ou des gestes qui n'existent pas, comme pêche interdite dans la baignoire, fruits défendus, etc.

3. Tu peux aussi tendre un fil d'un bout à l'autre de la pièce et y accrocher des vêtements que tu feras bouger avec un ventilateur. Tous les habits peuvent être reliés les uns aux autres par les manches avec des pinces à linge. Ils donneront alors l'impression de danser ensemble.

Une grande première

La première performance a eu lieu au Black Mountain college, en 1952. Pendant les 45 minutes qu'elle dura, Merce Cunningham improvisa une danse, le compositeur John Cage fit un cours, David Tudor joua du piano, le peintre Robert Rauschenberg projeta des diapositives de ses peintures et passa de vieux disques sur un phonographe, Mary Caroline Richard et Charles Olson lurent leurs poèmes. Chacun intervint selon un ordre et une durée décidés par un tirage au sort. Cet événement devint le prototype du happening d'art contemporain, qui réunit plusieurs artistes d'horizons différents.

Prépare un buffet

Prépare un buffet « conceptuel » (c'est-à-dire que tous les aliments doivent être de la même couleur) : soit tout rose (radis, chamallow, fraises, grenadine ou lait fraise), soit tout orange (jus d'orange, carottes crues, clémentines). N'oublie pas que tu peux préparer des gâteaux de n'importe quelle couleur en te servant de colorants alimentaires !

Organise le jour « J »

1. Fais de chaque tâche un événement.
Tu sers à boire, tu t'assois, tu manges un gâteau… Toutes tes actions peuvent devenir une œuvre postmoderne si tes actes sont décomposés en plusieurs temps. Par exemple, effectue chaque « tâche » en 4 temps. Tu peux aussi la répéter 3 fois pour la rendre plus significative.

2. Le *happening* !
À un moment donné, demande à tout le monde de faire en même temps ce que tu avais proposé de préparer sur le carton d'invitation. Rigolade assurée !

3. Rencontre le hasard.
Demande à un invité de fermer les yeux et de disposer des allumettes sur une feuille de papier. Ensuite, les autres doivent reproduire le plus exactement possible le trajet représenté par la position des allumettes. Tu peux multiplier le hasard en tirant au sort avec un dé l'ordre dans lequel chacun va accomplir son parcours (celui qui a le plus petit nombre commence).

4. Organise des ateliers. C'est le moment d'essayer à plusieurs l'atelier à la façon de Simone Forti (page 125), ou d'apprendre à tes amis, dans une autre pièce (ta chambre, par exemple), à danser selon le principe de l'accumulation de Trisha Brown (page 127).

Le chorégraphe Alvin Ailey a toujours intégré le jazz dans ses ballets. Ici, sa compagnie, à New York, en 2005.

Ça jazz pour

moi

Jazz ? Le mystère du mot demeure entier : il n'apparaît qu'en 1917 et on ne sait pas d'où il vient, ni sa signification exacte. Cela ne l'a pas empêché de conquérir le monde sous les formes les plus diverses : il swingue du charleston au lindy hop en passant par les claquettes, et l'on retrouve ses descendants partout : ils s'appellent funk, soul, rock, modern jazz, hip hop.

Groupe de danse africaine au Congo Square à La Nouvelle-Orléans, en Louisiane, en 1993.

La naissance du jazz

Né sur le sol américain, le jazz puise ses origines en Afrique, par-delà l'océan Atlantique. Ce sont les esclaves noirs qui l'ont propagé, au milieu du XVIIe siècle. En deux siècles, son rythme conquiert le monde entier, révolutionne la culture musicale et devient le symbole de l'Amérique.

Années noires

Au XVIIe siècle, des milliers d'Africains sont capturés et transportés par bateau dans les colonies des Antilles et en Amérique du Nord pour travailler dans les plantations de canne à sucre, de maïs et de coton. Asservis, ils sont marqués au fer rouge, comme le bétail, travaillent dur et n'ont aucun droit. La danse est le seul espace de liberté que les maîtres leur accordent, le soir, après une dure journée de labeur, afin de leur permettre de se défouler.

D'origine africaine

Ces danses sont africaines, liées aux grandes étapes de la vie sociale ou religieuse. Elles sont polyrythmiques, c'est-à-dire basées sur une pulsation complexe que le corps intègre et reproduit par des frappes de talons ou de mains, alors que les bras, le buste ou la tête suivent un autre rythme. Elles sont liées à des sentiments forts, voire à des états de « transe », comme toute danse sacrée. Libérant son énergie, tout le corps danse et ondule.

Des endroits réservés

Les Noirs sont présents dans les villes dès les premières années de l'esclavage. Ils sont moins contraints que dans les plantations et peuvent danser plus librement dans des endroits qui leur sont réservés, comme le célèbre Congo square de La Nouvelle-Orléans.

Dans les années 1920, le charleston est dansé dans tout le monde occidental.

Danse le charleston !

1. Commence les 2 pieds tournés vers l'extérieur. Tu avances le pied gauche, tu le tournes vers l'intérieur pendant que la jambe droite se lève sur le côté, pliée, les genoux se touchant. Recommence en avançant la jambe droite. Fais ce mouvement plusieurs fois. Les bras se lèvent coudes pliés.

2. Avance une jambe puis l'autre : quand tu avances la jambe, les 2 jambes tournent en dehors. Quand tu reviens jambes serrées, tes pointes de pied tournent vers l'intérieur, les genoux se plient et se touchent. Tu lèves sur le côté le bras opposé à la jambe. Tu fais la même chose en tendant la jambe en arrière.

3. Ensuite, tu fais le pas le plus connu du charleston : les genoux pliés s'ouvrent et se ferment, tandis que les pointes de pieds tournent en dehors et en dedans.

Les mains sont posées sur les genoux et se croisent quand les genoux se referment.

Sans tambour ni trompette

À partir de 1739, les maîtres interdisent l'usage du tambour qui les empêche de dormir : Dieu sait ce que les esclaves peuvent se dire par ce moyen de communication qui échappe aux Blancs ! Privés d'instrument, les danseurs noirs inventent le « patting » (ou pattin'), une frappe de toutes les parties du corps qui remplace les instruments à percussion.

Qui veut gagner un gâteau ?

Le Cake Walk est un concours organisé par les maîtres dans les plantations. Les danseurs évoluent le long d'une ligne blanche, avec un seau d'eau sur la tête. Le haut du corps doit rester « cool » (nonchalant), tandis que les jambes combinent à toute vitesse des pas compliqués. Le meilleur concurrent gagne un gâteau (*cake* en anglais), d'où le nom de Cake Walk (marche du gâteau).

Une conquête pacifique

À partir de 1820, les danses s'échappent des plantations et partent à la conquête de l'Amérique. Après la guerre de Sécession (1865) et jusque dans les années 1930, les grands pas mythiques du jazz sont inventés. Les plantations sont le laboratoire des futures danses à la mode. Le Chucking Corn (fête de l'épluchage du maïs) sera l'ancêtre du charleston ; le Cake Walk, compétition inventée par les Blancs, devient la danse fétiche des années 1920 ; les danses d'inspiration animalière : snake hips (hanches du serpent), fox trot (trot du renard), turkey trot (trot de la dinde), bunny hug (étreinte du lapin), buzzard lope (course du vautour) deviennent des pas de base.

Tap tap tap...

L'histoire des claquettes est celle d'un drôle de mélange entre traditions noire américaine et irlandaise. Elle raconte à elle seule toutes les ruses que les Blancs inventèrent pour récupérer à leur avantage la danse inventée par les Noirs.

Un comble !

À partir de 1860, les Blancs organisent des Minstrels Shows avec des Noirs… déguisés en Noirs ! Ils doivent utiliser les mêmes maquillages et perruques que les Blancs pour ressembler davantage à l'idée que les Blancs se font d'eux.

Très « british »

L'origine des claquettes se trouve dans les danses percussives britanniques du XVIIIe siècle et imitées par les Noirs pour se moquer des Blancs. Mais c'est seulement au début du XXe siècle que le terme « tap », claquettes, apparaît pour qualifier cette danse. Vers 1820, la danse des Noirs est si amusante pour les Blancs qu'elle sort des plantations. On la retrouve sur les scènes des théâtres. Mais il est hors de question de faire des Noirs des stars. Ce sont donc des Blancs, déguisés et maquillés en Noirs qui reprendront – comme ils pourront – la danse des Noirs sous le nom de « Minstrel Show ».

Une bonne fusion

Le Minstrel Show a un succès phénoménal. En réalité, c'est une caricature raciste des Noirs mais, malgré eux, les danseurs irlandais – les plus assidus à pratiquer cette discipline à la mode – sont obligés d'observer attentivement leurs modèles pour pouvoir s'en inspirer. Il en résulte une fusion de la technique occidentale et du savoir-faire africain.

Minstrel Show dansé par des Blancs, maquillés en Noirs, vers 1900.

La troupe irlandaise Riverdance, en 2002.

De la gigue aux claquettes

Les « jiggling contests » sont au départ des imitations de la gigue irlandaise. Celle-ci consiste à garder le buste immobile, tandis que les jambes exécutent des figures d'une grande agilité en frappant des pieds. On peut l'apprécier aujourd'hui dans les grands shows de troupes irlandaises, comme Riverdance ou Lord of the dance.

Apprends le fameux « shuffle »

Ce pas fondamental se fait en 2 frappes.

1. Ton poids du corps est sur le pied gauche. Soulève le pied droit. Brush du pied droit en avant : tape le bout de la pointe en poussant le pied en avant tout en frottant légèrement le sol (*brush* : brosse). Après, le pied reste en l'air.

2. Brush du pied droit en arrière : tape le bout de la pointe en ramenant le pied en arrière. Le brush peut être exécuté devant, derrière, sur le côté, en diagonale. Pour le shuffle, il faut faire 2 brushes suivis. Le mouvement de la jambe reste petit. Tu peux t'exercer à le faire devant, de côté, en diagonale arrière. Fais-le lentement au départ. Il faut frapper du bout de la pointe sans forcer pour obtenir un son net.

Traîne les pieds !

Les Noirs apportent à la raideur du buste toute irlandaise une ondulation de la colonne vertébrale, des syncopes dans le rythme et le « shuffle » (*to shuffle* : traîner les pieds), une façon de glisser les pieds pratiquée en sabots sur un tempo lent. Le danseur donne l'impression de glisser sur le sol en bougeant très rapidement les pointes et les talons. A la fin du XIXe siècle, on voit apparaître les « soft shoes » (de *soft*, doux). Puis on remplace définitivement les sabots par les *split clogs* : des chaussures à semelle de bois en deux parties. Enfin, vers 1910, les danseurs adoptent des chaussures de cuir souples sur lesquelles on pose des fers à la pointe et au talon pour en limiter l'usure...
Les claquettes sont nées !

Pourquoi des Irlandais ?

Les Irlandais sont des immigrants pauvres. De ce fait, nombre d'entre eux sont à la recherche d'un emploi à tout prix. Comme la danse et la musique font partie intégrante de leur culture, ils font souvent d'excellents danseurs.

À la mode de Harlem

La danse noire, d'abord rejetée, devient l'emblème de la danse américaine. Harlem est à la mode tout comme ses danses et son rythme endiablé : eccentric dancing, legomania (on lève très haut les jambes) ou passes volantes du Jitterburg… C'est une explosion de vitalité et d'énergie.

Une popularité sans faille

Dans les années 1920, la popularité du jazz reflète l'enthousiasme pour la « négritude ». C'est l'époque de la renaissance de Harlem, le quartier noir de New York, la folie du ragtime. Le Cotton Club, les bals comme le Connies Inn, le Savoy, le Roseland attirent les foules. Les « dance directors » de Broadway s'y rendent pour apprendre le jazz rapide, le jazz « hot » qui sera incorporé au vocabulaire de la « show dance », la danse des comédies musicales.

Affiche de la Revue nègre, dans laquelle Joséphine Baker fait fureur.

Des danseurs se produisent au Cotton Club, à Harlem, en 1934.

Le jazz débarque en France

En 1925, la Revue Nègre s'installe en France, au théâtre des Champs-Élysées, et marque les esprits. Dans la foulée, s'ouvre le Bal Nègre de la rue Blomet à Paris, un dancing où se produisent tous les grands artistes de jazz, musiciens et danseurs.

Josephine Baker
dans *La Danse de sauvage*
lors d'une représentation
de la revue Nègre.

Le saut de Lindbergh

Le lindy hop est créé en l'honneur de l'aviateur Charles Lindbergh qui vient de traverser l'Atlantique (1927). Cette danse en couple est l'ancêtre du rock and roll en plus excentrique et plus acrobatique. Tu peux en voir un exemple frénétiquement endiablé dans le film *Hellzapoppin*, de H.-C. Potter (1941).

Le Chanteur de jazz, premier film parlant, à l'affiche du théâtre Warner, à New York, en 1927.

Le parlant

En 1927, le premier film parlant et chantant sort sur les écrans. Ce n'est pas un hasard s'il s'appelle *Le Chanteur de jazz*. Il ouvre la voie aux centaines de comédies musicales qui toutes vont être produites à Hollywood, assurant la gloire internationale de l'industrie cinématographique américaine pour de longues années.

La danse fait son cinéma

Avec le cinéma, la danse devient une expérience visuelle, les pas commencent à se standardiser.
Elle emprunte aux danses populaires noires, aux claquettes, aux combinaisons acrobatiques et athlétiques qui sont typiques de la danse américaine.
C'est la musique de jazz qui lui donne sa structure rythmique fondamentale.

L'artiste de music-hall est souvent danseur et chanteur.

Vaudeville ou music-hall ?

Dès la fin de la guerre de Sécession, un autre genre de spectacle concurrence les Minstrels Shows : le vaudeville, qui désigne en fait le music-hall.

Un spectacle moderne

À la charnière du XXe siècle, le vaudeville représente le modèle du spectacle moderne. Charlie Chaplin, Buster Keaton, Fred Astaire, mais aussi Ted Shawn ou Ruth Saint-Denis débuteront leur carrière dans les vaudevilles. Seuls les artistes noirs les plus talentueux auront le droit d'y figurer.

Broadway

Broadway signifie tout simplement « large rue », donc une avenue. À New York, Broadway est la rue des théâtres spécialisés dans la comédie musicale et devient presque synonyme du genre dans des expressions comme : « Débuter à Broadway. »

Exécute un chorus line

Voici le début de la variation qui a servi au film *Chorus Line*. Tu peux l'essayer seul, puis l'apprendre à des amis et l'exécuter en ligne : succès garanti.

Ces danseurs noirs se produisent dans un Ministrel Show, dans les années 1930..

Extravagances !

Le vaudeville sera capital pour l'évolution de la danse américaine. Il cultive l'improvisation et véhicule de nouveaux pas. À l'époque, l'Amérique est friande de spectacles européens (music-hall, opérette) tout en cherchant un style « américain ». En 1866, naît la première *Extravaganza, The Black Crook*, une féérie lyrique qui dure 5h30. En 1894, *Black America* réunit plus de 500 artistes, notamment de jolies jeunes femmes noires qui chantent et dansent, disposées sur une seule ligne.

L'acteur Georges Moran entouré de ses Chorus Girls, en 1920.

Chorus line

Littéralement « ligne de chœur », la chorus line est une ligne de danseurs ou de danseuses qui exécutent ensemble les mêmes pas. C'est toujours très spectaculaire ! En 1921, la comédie musicale *Shuffle Along* fera date. C'est le premier spectacle noir à tourner dans les théâtres blancs et à obtenir un succès phénoménal. Au bout de la chorus line, on remarque une toute jeune danseuse de 16 ans, Joséphine Baker.

Une chorus line dans la comédie musicale Melody, représentée à Broadway vers 1930.

Danseurs hors norme

Apparues à la fin du XIXe siècle, les revues à grand spectacle sont la voie royale de la comédie musicale qui débute avec les *Follies* de Florenz Ziegfield. Elles se multiplient vers 1930 sur toutes les scènes des grandes villes, unissant genre populaire et danse virtuose.

Bill « Bojangles » Robinson, un nuage de joie noire

Lorsqu'il est consacré première star noire de Broadway, en 1928, Bill « Bojangles » Robinson (1878-1949) a déjà 50 ans et danse en professionnel depuis 1890. C'est l'as des claquettes. Surnommé « le nuage de joie noire », il pousse les pas existants vers la perfection, alliant le sens du rythme à un naturel décontracté. Il enseignera son art, notamment à Fred Astaire.

Bill « Bojangles » Robinson dans *The Big Broadcast*, 1936.

Katherine Dunham

Danseuse et chorégraphe, Katherine Dunham (1909-2006) étudie toutes les danses et commence par monter *Le Ballet nègre*, en 1930. Elle enseigne, puis crée des revues pour Broadway et contribue à l'essor du film musical. L'une des premières, elle crée une technique qui porte son nom et en codifie les mouvements : levers de jambe associés à des contractions, des ondulations du dos, des oppositions de différentes parties du corps.

Katherine Dunham et Vanoye Aikens dansant, en 1948, dans le ballet *L'Ag'ya*, sur le thème de la Martinique.

Un danseur hors du commun

Master Juba, de son vrai nom William Henry Lane, serait né libre en 1825, aux États-Unis. Extraordinaire danseur au jeu de jambe époustouflant, il est le seul Noir autorisé à participer aux Minstrels Shows. En Angleterre, où il part en tournée en 1848, il se fait remarquer par l'exceptionnelle sonorité de ses frappes de pieds. Épuisé, il y meurt en 1852. Master Juba est considéré comme le vrai père des claquettes.

Katherine Dunham et ses danseurs, en 1940.

Mélange de genre

Formé par Katherine Dunham, puis par Martha Graham,Talley Beatty (1918-1995) fonde sa propre compagnie en 1947. Suivant les traces de Dunham il crée *Tropicana*, en 1949, qui obtient un grand succès. Puis il mélange le ballet, la danse moderne et le jazz. Il invente un style personnel, très émotionnel, avec des pas très rapides sur des syncopes musicales, une gestuelle dynamique avec de brusques changements de direction. Il chorégraphie pour un grand nombre de danseurs et crée pour beaucoup de grandes compagnies américaines, dont celle d'Alvin Ailey.

Danse traditionnelle haïtienne représentée par la troupe de Katherine Dunham à San Francisco, en 1957.

Buck and Bubbles

De leurs vrais noms Washington Ford Lee (1903-1955) et Sublett John (1902-1986), ils forment un duo de claquettistes extrêmement populaire. Tout en affichant le moindre effort, ils exécutent les pas les plus compliqués à une vitesse inimaginable. Bubbles est le créateur d'un nouveau style intitiulé « rhythm tap » (claquettes rythmiques) ou « heel and toe » (talon et pointe) qui accentue les temps faibles de façon inhabituelle.

Jazz à Hollywood

À partir des années 1930, les comédies musicales, issues des vaudevilles, envahissent les écrans de cinéma. Le film « musical » est un incontournable. Les danseurs deviennent des stars, et le jazz, la technique indispensable de leurs nouvelles chorégraphies.

Fred Astaire, gentleman désinvolte

En smoking, très *cool cat* (chat froid), Fred Astaire (1899-1987) imprime la pellicule tel un génie de la danse. Il fait ses débuts professionnels en 1905, avec sa sœur Adèle, danseuse surdouée. Mais, après avoir connu la gloire à Broadway et en Angleterre, Adèle épouse un lord anglais : fin du numéro. En 1930, Fred participe au film *Dancing Lady* où il impose sa personnalité de danseur. Ensuite, il travaille à la RKO, une société de production de films, et se voit adjoindre une jeune artiste rompue aux méthodes hollywoodiennes, Ginger Rogers (1911-1995).

Fred Astaire et Ginger Rogers dans *Swing Time*, en 1936.

Un génie cinématographique

Berkeley invente le travelling en amarrant la caméra sur des rails pour la faire glisser, ou en la hissant à une longue perche mobile. Il combine toutes sortes d'approches, de recul, de rotation pour filmer la danse.

Busby le magnifique

Busby Berkeley (1895-1976) invente la comédie musicale. Bien que fils d'un imprésario et d'une actrice, il arrive par hasard à Hollywood. C'est à l'armée qu'il apprend à manier les foules : carrés, marche au pas, demi-tour. Démobilisé, sans le sou, il améliore son ordinaire en réglant des numéros dansés. Les frères Warner le repèrent et le sollicitent. Dès son premier film, *42e rue*, il révèle son génie du spectacle.

Les Nicholas brothers

Fayard (né en 1914) et Harold (né en 1921) Nicholas apprennent à danser en regardant *Buck and Bubbles*. Ils sont engagés au Cotton Club en 1932 où ils dansent sur la musique de Duke Ellington et de Cab Calloway avant de devenir des stars d'Hollywood grâce à leurs numéros de claquettes époustouflants et très acrobatiques. Ils influenceront tous les claquettistes qui les suivront.

Gene Kelly et son jeune frère, Fred, dans *Au fond de mon cœur*, de Stanley Donen, en 1954.

Couple mythique

Glissandos, claquettes frénétiques, pas d'une inventivité rare, swing sensuel, tout le sucès des créations de Ginger Rogers et Fred Astaire est dans leurs pas. Fred imagine ses numéros avec une rage perfectionniste et s'attribue des solos inoubliables. C'est lui qui règle la distance à la caméra, juge la validité des prises. Son exigence frise la tyrannie. Peu à peu, il se sépare de Ginger Rogers et réapparaît après 1945, à la MGM, pour de nouveaux chefs-d'œuvres, avec d'autres partenaires : Cyd Charisse, Judy Garland et même Gene Kelly.

Gene Kelly, artiste absolu

Acteur, danseur, chanteur, chorégraphe et réalisateur, c'est grâce à Gene Kelly (1912-1996) que la MGM, une autre société de production de films, relance la comédie musicale après la guerre. Selon lui, la danse doit être pensée en fonction du montage du film. Il mélange tous les styles et fait sortir la comédie musicale du monde de rêve dans lequel elle restait enfermée. Danseur exceptionnel, d'une rare finesse de mouvements, et capable de prouesses acrobatiques, Kelly excelle dans toutes les techniques : classique, folklorique, claquettes, jazz, moderne.

Cyd Charisse dans *The Band Wagon*, de Vincente Minnelli, 1953.

Cyd Charisse, née pour danser

Avec ses jambes interminables, Cyd Charisse (née en 1922) a tout pour être danseuse. Elle commence par la danse classique et entre dans les Ballets russes à 13 ans. En 1945, elle est engagée pour danser avec Fred Astaire dans *Ziegfield Follies*, mais c'est comme partenaire de Gene Kelly, dans *Chantons sous la pluie* (1952), qu'elle est consacrée star de la comédie musicale. Infatigable, bonne technicienne, capable de s'adapter à tout style de danse, elle est la partenaire favorite de danseurs aussi exigeants que Fred Astaire et Gene Kelly.

Melting-pot

Après la Deuxième Guerre mondiale, New York devient la capitale internationale des arts, tous genres et techniques confondus. La culture et le divertissement se côtoient, les artistes de tous bords se rencontrent et créent un nouveau genre : le modern jazz.

De tous côtés

À travers la comédie musicale, le jazz reçoit des influences de tous bords, notamment de grands chorégraphes classiques comme George Balanchine, Agnes DeMille (1909-1993) qui révolutionne la danse à Broadway avec *Oklahoma !*, ou des pionniers de la danse moderne comme Doris Humphrey. Jerome Robbins, doué dans tous les domaines, sera un chorégraphe aussi génial pour Broadway que pour le New York City ballet.

Bob Fosse au milieu des danseurs de la comédie musicale *Big Deal*, à Brodway, en 1985.

Swing swing...

Le propre de la danse jazz est d'assimiler toutes les influences, qu'elles soient classiques, modernes, populaires, folkloriques et même celles de la danse de salon. En ce sens, on peut dire qu'il n'y a pas de danse jazz à proprement parler, mais une façon de danser jazz. Ce qui la caractérise, c'est une certaine nonchalance, le swing qui est une façon « d'être avec la musique », comme si le corps était habité par une nouvelle rythmique et une énergie débordante.

Agnes DeMille (au milieu) répétant en 1943, pour un spectacle donné à l'Opéra de Chicago.

À bas les barrières !

Aux États-Unis, contrairement à la France, on s'embarrasse peu de catégories entre les styles : danse classique, jazz, ou danse moderne et contemporaine, tout est réuni dans un même creuset et utilisé en fonction de ce que l'on a à représenter. Il n'y a pas de rupture entre danse populaire et danse « savante ». C'est pourquoi les « grands » chorégraphes, qu'ils soient jazz, classiques ou modernes ne dédaigneront pas de travailler pour la revue, le cinéma ou la comédie musicale, enrichissant la danse de genres hybrides devenus styles à part entière, puis de véritables techniques enseignées comme telles, à l'instar du modern jazz.

Un code précis

Avec Jerome Robbins, avec lequel il a d'ailleurs collaboré souvent, Bob Fosse (1923-1987) est l'autre « grand » de la comédie musicale moderne. Mais, contrairement à Robbins, il est issu de la mouvance jazz, et il est très marqué par Jack Cole. C'est lui qui crée *Chicago*, *Cabaret*, *All that jazz* (*Que le spectacle commence !*). Bob Fosse fait partie de ceux qui ont œuvré pour développer la danse jazz en la dotant d'une codification plus précise, pouvant mieux s'apprendre et se transmettre.

West Side Story, la référence absolue

Portée à l'écran en 1961, cette comédie musicale, chorégraphiée par Jerome Robbins sur une musique de Leonard Bernstein, est un vrai chef-d'œuvre. Robbins s'inspire de l'histoire de Roméo et Juliette qu'il transpose dans les banlieues new-yorkaises où des bandes rivales s'affrontent. Il se sert du modern jazz, de mouvements classiques, de danses ethniques, de mouvements ordinaires ou mimétiques. Le développement de l'intrigue passe par la danse qui est étroitement intégrée au scénario et révèle les sentiments et les émotions des personnages.

Une scène de *West Side Story*, de Robert Wise et Jerome Robbins (1961).

Katherine Dunham a ouvert la voie au modern jazz qui explose sous l'influence de chorégraphes comme Alvin Aley et Jack Cole.

Jack Cole réglant la chorégraphie de Marilyn Monroe, en 1960, pour une scène du film *Le Milliardaire*.

La voie est ouverte

Jack Cole (1911- 1974) débute au Denishawn, puis travaille chez Doris Humphrey et Charles Weidman. Mais il se rend régulièrement à Harlem pour apprendre de nouveaux pas. Il invente une nouvelle technique très virtuose qui emprunte à la danse indienne. C'est de ce mélange que naissent les « isolations ». Il est le premier à délaisser les claquettes et invente la glissade sur les genoux et des chutes acrobatiques. Cette technique appelée « ballet de Broadway » puis « ballet jazz » sera la base du modern jazz. Il formera Bob Fosse et Matt Mattox qui la diffuseront.

Le papa du jazz français

Matt Mattox (1921-2013) crée un nouveau style. Danseur hyperdoué, il superpose tous les styles : classique, flamenco, folklores divers. Pour lui, la source du mouvement est partout. Il se fixe en France à la suite d'une tournée. Mais la comédie musicale n'étant pas un genre à la mode, il se met à enseigner et devient le père du modern jazz français.

Quelques positions de bases du modern jazz

La compagnie Alvin Ailey dans le chef-d'œuvre du chorégraphe, *Révélations*, en 2002.

Une touche personnelle

Le style théâtralisé d'Alvin Ailey devient sa marque de fabrique. Il considère qu'il fait du « jazz plus quelque chose de personnel. » Son chef-d'œuvre, *Révélations*, sur les Negro Spirituals du « Good Book » tourne encore dans le monde entier de nos jours.

Du jazz dans tous les ballets

Bien qu'Alvin Ailey (1931-1989) ne soit pas totalement un chorégraphe « jazz », il intègre cette technique à tous ses ballets. Très fortement marqué par Katherine Dunham qu'il découvre en 1942, il se forme à la danse moderne avec Lester Horton et Hanya Holm. En 1957, il travaille avec Jack Cole. En 1958, il fonde sa compagnie, composée exclusivement de danseurs noirs, pour combattre le racisme ambiant.

Ces 11 positions de bras et 2 positions de jambes peuvent être combinées entre elles...

Renée Robinson, au théâtre Alvin-Ailey, à New York, en 2005.

Danser jazz

L'équipement en danse jazz ressemble à celui de la danse classique, mais en plus libre et un peu plus « sexy ». La plupart du temps, on porte des couleurs vives, et comme pour tout ce qui est jazz, on mélange les genres et on invente son propre style.

Pour danser avec des talons

Beaucoup de chorégraphes jazz utilisent les chaussures à talon, notamment dans la comédie musicale. Pour adopter leur style, il faut t'en acheter une paire bon marché qui corresponde parfaitement à la cambrure de ton pied. Tu dois te sentir comme dans des chaussons. La hauteur du talon ? C'est une question d'équilibre. Commence avec des talons pas trop haut et assez stables.

Le haut : souvent un tee-shirt à fines bretelles. Tu peux ajouter par-dessus une brassière qui dégage les épaules ou une tunique. Certaines danseuses n'hésitent pas à porter juste une petite brassière qui laisse voir le nombril.

Les danseurs de jazz portent souvent un débardeur et un pantalon en jersey, soit évasé dans le bas, soit remonté jusqu'aux cuisses. Ils peuvent aussi mettre des shorts, surtout en été.

Un collant sans pied est parfait mais, dans les cours de jazz, on autorise aussi le pantalon de jersey, moulant sur les hanches, large en bas, ou même un pantacourt ou un short.

Il existe des chaussons spéciaux pour le jazz. Ils ressemblent à des chaussures de ville à petits talons, mais ils ont la particularité d'être aussi souples que des chaussons.

Fais les exercices de base du modern jazz

Le slide

Tu lances le poids de ton corps et tu te laisses glisser dans la position souhaitée. Ici, à genoux. Fais attention à bien calculer ton coup pour ne pas te faire mal et avoir un bon amorti !

Le drop and recover

C'est un mouvement issu de la technique de José Limon. Position debout, bras en 5e jazz. *Drop* : relâche tout ton corps en pliant les genoux et en penchant la tête en avant. *Recover* : tu reviens dans une position choisie rapidement avec un arrêt net. Ici, en *table top*, c'est-à-dire le dos en planche.

Le hinge

C'est un mouvement très utilisé en jazz. On plie sur demi-pointes, le bassin monte vers le haut (fessiers contractés). Le buste est étiré en arrière dans la diagonale et le dos ne cambre pas.

Le drag

Porte le poids du corps sur la jambe d'appui pliée et traîne l'autre jambe au sol en te déhanchant. Tu peux effectuer cela dans toutes les positions, vers l'avant, vers l'arrière.

Danse avec un chapeau

Dans les chorus line, tu as dû remarquer que les danseurs et les danseuses portaient souvent un chapeau. Pour les hommes, pas de problème ! Pour les femmes, le faire tenir est parfois plus compliqué. Pose ton chapeau sur la tête et incline-le suivant la façon dont tu veux le porter, repère où tu dois le fixer.

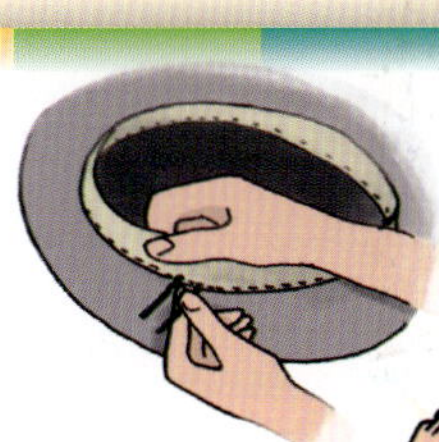

1. Soulève le rabat de la couture intérieure du chapeau et plante une petite épingle à cheveux dans la couture de chaque côté.

2. Au point d'attache, fais une petite tresse très fine et très serrée.

3. Enroule la tresse et fixe-la avec une pince. Fais pareil de l'autre côté.

4. Plante les épingles du chapeau dans les tresses. Le chapeau tiendra, malgré les mouvements.

Au festival « Montpellier danse », on peut voir des chorégraphies contemporaines de qualité ; ici la compagnie Preljocaj, en 2007.

La danse contem

Contemporain signifie de notre temps. La danse contemporaine naît dans les années 1960, mais c'est en 1980 qu'elle explose en France, avec une génération de jeunes chorégraphes qui s'emparent de tous les styles existants, pour créer une danse qui n'appartient qu'à eux.

poraine

La grande évasion

La nouveauté de la danse contemporaine, c'est que chaque chorégraphe invente les pas dont il va se servir pour créer ses danses. Il n'est plus bloqué par une technique particulière. De ce fait, il peut s'inspirer de toutes les formes d'expression à sa disposition.

L'imagination au pouvoir

Au milieu des années 1960, les danseurs s'aperçoivent que la technique classique ne suffit plus pour traduire ce qu'ils veulent exprimer. C'est dans ce contexte que des chorégraphes américains, comme Susan Buirge, Carolyn Carlson, Alwin Nikolaïs ou Viola Farber, qui viennent travailler en France, répondent à l'attente d'une nouvelle génération de danseurs. Grâce à eux, la danse française va acquérir de nouvelles notions : la chorégraphie se fonde sur l'invention d'un langage corporel personnel, et la formation d'un danseur passe désormais par l'improvisation.

Le CNDC, première école de danse contemporaine en France

Beaucoup de Français partent à New York travailler avec Merce Cunningham. Le Centre national de danse contemporaine, première école de danse contemporaine française, dirigé par Alwin Nikolaïs, ouvre ses portes en 1978, à Angers. Et les techniques corporelles orientales qui relient le mental au physique se répandent, grâce à un maître comme Hideyuki Yano qui s'installe en France, en 1972.

Du jamais vu !

C'est la grande évasion. Soudain, les danseurs laissent libre cours à leur fantaisie pour créer des œuvres originales et très personnelles. Ils inventent à la fois leurs thèmes et leur technique gestuelle pour communiquer. Ces jeunes chorégraphes français ont une vingtaine d'années et une imagination débridée.

Alwin Nikolaïs, qui a formé beaucoup de chorégraphes français, libère la danse de ses formes traditionnelles grâce à une fantaisie sans limite, comme pour ces costumes d'*Imago*, créé en 1963 (version 1994).

Et la musique ?

Comme tout ce qui s'invente désormais dans le monde de la danse est neuf, les chorégraphes veulent des musiques créées spécialement pour eux. Ils travaillent la plupart du temps avec des compositeurs contemporains, dont beaucoup appartiennent à la même génération. Pourtant, le rythme musical ne conditionne pas la danse, car la musique sert le plus souvent à donner une ambiance ou une couleur générale à la création.

Le concours de Bagnolet

Créé en 1968 par Jaque Chaurand, le concours, intitulé « Un ballet pour demain », s'installe dans un gymnase prêté par la mairie de Bagnolet, dans la banlieue de Paris. Au départ, ni les candidats ni le jury ne se bousculent pour y participer. Mais, comme il est l'un des seuls lieux à montrer de la danse contemporaine, peu à peu le concours prend de l'importance, jusqu'à devenir le passage obligé de tout chorégraphe contemporain qui veut se faire connaître. La plupart des grands chorégraphes français des années 1980 et 1990 ont été primés au concours de Bagnolet.

En bonne compagnie

Les chorégraphes contemporains n'ont pas de grandes « troupes », comme le ballet classique, mais une compagnie. C'est une petite structure, généralement composée du chorégraphe, d'un administrateur, qui s'occupe de tout ce qui n'est pas artistique (les contrats, la vente des spectacles aux théâtres), de danseurs et de techniciens, la plupart du temps « intermittents » (ils travaillent juste la durée nécessaire à la création et à la tournée d'un spectacle). Les danseurs d'une compagnie contemporaine ne dansent que les œuvres du chorégraphe qui les a engagés.

« CCN » c'est quoi ?

En 1984, le ministère de la Culture crée un nouveau label : le Centre chorégraphique national. Il est décerné à des compagnies, pour la plupart contemporaines, qui s'implantent dans une ville. Celles-ci sont chargées de créer, bien sûr, mais aussi d'amener la danse à proximité de son public, dans une région, à travers des cours, des répétitions publiques ou par l'accueil de jeunes compagnies. Il y a aujourd'hui 19 CCN en France.

Deux danseurs du Ballet de Lorraine interprètent *Rave*, chorégraphié par Karole Armitage, à Nancy, en 2001.

Le bon équipement

Dans les chorégraphies contemporaines, le costume ressemble le plus souvent aux vêtements que tu portes tous les jours : pantalons, tee-shirts, robes, jupes. Mais, pour leur entraînement, les danseurs mettent des tenues qui leur permettent d'être à l'aise dans leurs mouvements.

Utilise l'Élastoplast

Danser et surtout tourner sur du plancher est particulièrement difficile et peut faire mal. Dans ce cas, il faut utiliser de l'Élastoplast, mais pas n'importe comment.

1. Entoure le coussinet d'une première bande d'Élastoplast.

2. Découpe 4 bandes d'1 cm de largeur dans l'Élastoplast.

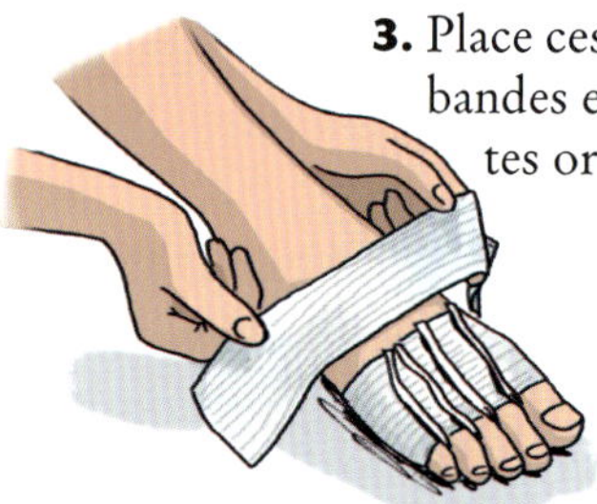

3. Place ces bandes entre tes orteils.

4. Refais un tour dans le sens horizontal avec une bande plus fine que la première.

Non seulement, ton bricolage ne s'effilochera pas et ne « roulera » pas, mais il tiendra pendant 5 ou 6 jours, même dans le bain ou sous la douche !

Un collant sans pied en matière douce (coton Lycra, par exemple) convient parfaitement. Mais tu peux aussi utiliser un jogging pas trop épais, un pantalon de jersey souple, un short ou un bermuda en coton assez large.

Le haut : près du corps ou ample. À toi de choisir ! Tu peux aussi superposer plusieurs tee-shirts : un près du corps avec des manches, plus un autre sans manche par-dessus, et un grand pull fin pour finir, etc.

L'élastique de taille ne s'impose plus. Néanmoins, il reste bien pratique pour faire tenir des pantalons un peu larges ou des collants. En effet, mieux vaut utiliser des collants dont l'élastique ne te serre pas la taille pour être à l'aise. Un élastique de taille que tu fabriques a l'avantage d'être large et de pouvoir se porter sur les hanches.

Trafique tes chaussettes

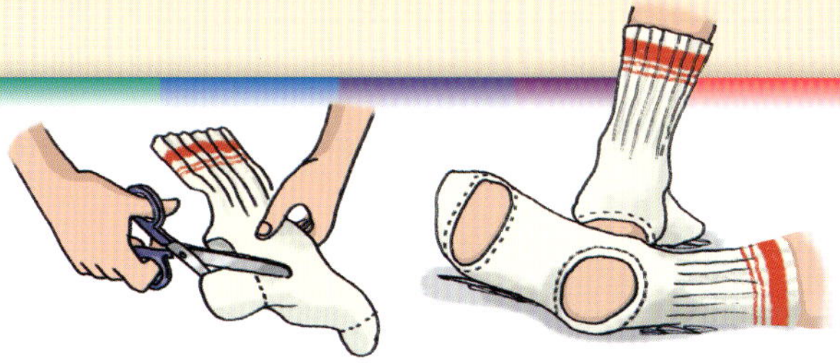

Sur le tapis de sol, ce n'est pas évident de glisser pied nu sans se faire mal. Un truc idéal : la chaussette trafiquée !

1. Prends une chaussette de sport. Découpe le talon ainsi que la partie située sous le coussinet du pied.

2. Coupe 2 morceaux de ruban élastique de couture à la dimension des trous.

3. Couds chaque élastique pour obtenir un rond et coince-le à l'intérieur de la chaussette.

4. Rabats le bord du trou de la chaussette sur l'élastique et couds ce rabat en laissant l'élastique à l'intérieur. Ainsi, le trou ne s'agrandira pas et la chaussette ne plissera pas !

Tu peux maintenant glisser sur le bout de ta chaussette et freiner avec le coussinet de ton pied et ton talon qui restent nus.

Fini les chignons, il suffit de ne pas avoir les cheveux dans la figure pour ne pas être gêné. Une simple queue de cheval suffira.

Les genouillères, en principe, ne sont pas indispensables, puisqu'elles dépendent des mouvements qu'inventera le chorégraphe. Mais, comme dans le contemporain il y a beaucoup de chutes, dont certaines sur les genoux, il est préférable d'en avoir à portée de la main.

Dans le contemporain, il faut apprendre à danser pieds nus. Attention : ne t'amuse pas à danser pieds nus sur une moquette : ça brûle !

Astuces pour danser pieds nus

Losque l'on danse pieds nus, le confort dépend du sol. Le tapis de danse est idéal. Seul problème : la transpiration, qui a tendance à transformer le plastique en patinoire. Le plancher n'a pas cet inconvénient, mais il doit être absolument parfait pour éviter les échardes. Cependant, il a tendance à irriter les pieds. Dans ce cas, des chaussettes de sport, en coton, peuvent être une protection. Il faut un certain entraînement pour danser plusieurs heures par jour sans s'abîmer la plante des pieds. La plupart des danseurs contemporains résolvent le problème en marchant le plus souvent possible pieds nus pour se fabriquer de la « corne », c'est-à-dire un épaississement de la peau qui la rend plus dure.

Ténèbres au pays du Soleil-Levant

La danse contemporaine française a été influencée par un style venu du Japon, le butô. C'est un théâtre du mouvement issu d'un mélange de styles traditionnels japonais très codifiés, comme le nô ou le kabuki, et de danse occidentale, principalement l'expressionnisme allemand.

La danse des ténèbres

Le butô vient du japonais *bu*, « danse », et *tô*, « fouler le sol ». Ce style fait référence aux rituels shintoïstes, religion traditionnelle du Japon destinée à communiquer avec les *kamis* (âmes) des défunts. C'est pourquoi on a aussi qualifié le butô de « danse des ténèbres ». La coutume veut que le spectacle *Kijinki*, (*Couleur ou amours interdites*), de Tatsumi Hijikata, créé en 1959, soit considéré comme son acte de naissance.

Devenir fleur ou vent

Le butô emploie une gestuelle très archaïque. Le visage est parfois grimaçant, les yeux sont révulsés, les jambes et les pieds se tournent vers l'intérieur. L'idée générale qui sous-tend la danse est celle d'une transformation universelle reliant l'homme aux forces naturelles. C'est pourquoi les danseurs de butô semblent parfois incarner le monde végétal ou la naissance de l'Univers. Maîtrisant leur énergie, ils évoluent alors sur un rythme qui laisse une impression lancinante.

Danser après la bombe atomique

Souvent très lent, le butô est tout d'abord créé en réaction à l'occidentalisation du Japon puis s'inscrit dans la tentative de répondre à la question : « Comment peut-on encore danser après l'horreur d'Hiroshima ? » Le butô comprend des emprunts occidentaux, notamment aux techniques de Mary Wigman et de Martha Graham.
En général, cette danse est exécutée par des danseurs et des danseuses quasiment nus, dont le corps est souvent peint en blanc.

La compagnie Sankaï Juku dans *Kagemi*, chorégraphié par Ushio Amagatsu.

Une reconnaissance problématique

Les grands maîtres du butô sont Kazuo Ohno, Ko Murobushi, Tomiko Takai (la première femme dans cette discipline) et Ushio Amagatsu qui crée le célèbre groupe Sankaï Juku. Mais, jusqu'au milieu des années 1970, ceux-ci sont très marginalisés dans leur pays, et n'y sont pas du tout reconnus en tant qu'artistes.

Utsuri, représenté par le groupe Sankaï Juku d'Ushio Amagatsu.

Beauté fatale

De nos jours, le butô est une technique de base au même titre que d'autres branches de la danse moderne. Les spectacles d'une esthétique majestueuse et plutôt solennelle donnent des images d'une beauté fascinante et très symbolique.

Chassés-croisés

C'est en France que le butô rencontre son public. Au début des années 1980, de nombreux chorégraphes français, comme Bernardo Montet et Catherine Diverrès, vont se former au Japon, tandis que des artistes japonais (Carlotta Ikeda, Ko Murobushi, Min Tanaka, Ushio Amagatsu, Masaki Iwana) s'établissent partiellement en France et en Europe.

Maquille-toi pour danser le butô

Pour entrer dans la peau d'un danseur de butô, tu dois te maquiller entièrement en blanc. Si tu ne veux pas acheter de fond de teint blanc, une crème pour le corps assez grasse et du talc feront l'affaire !

1. Étale un peu de pâte de façon uniforme sur toute la ligne du sourcil dans le sens de la pousse du poil et en sens inverse. Lisse à nouveau dans le sens du poil jusqu'à obtenir une pellicule uniforme.

• fond de teint blanc liquide ou du « pan cake », un fond de teint sec que tu mouilles avec une éponge avant de l'appliquer
• pâte cache-sourcils, crème épaisse qui s'étale avec l'ongle du pouce

2. Pose le fond de teint blanc ou la crème puis la poudre de talc sur l'ensemble de ton visage et de ton corps, sans oublier tes sourcils masqués… Pour que le talc tiennent bien, il faut l'appliquer avec une houpette sans l'étaler, mais en tamponnant peu à peu la surface à couvrir, sans jamais frotter.

3. Pour accentuer le côté étrange, tu peux aussi utiliser un crayon à lèvres rouge que tu appliques sur le bord interne de la paupière, au-dessus et en dessous de l'œil, et que tu fais légèrement déborder du coin interne.

4. Pour impressionner tes amis, tu n'as plus qu'à te mouvoir le plus lentement possible, mais sans jamais marquer de temps d'arrêt.

Carolyn Carlson, en 2004.

Deux Américaines à Paris

Au début des années 1970, deux Américaines, Carolyn Carlson et Susan Buirge, débarquent en France. Issues de l'école d'Alwin Nikolaïs, elles arrivent séparément. L'une est très connue du grand public, l'autre moins, mais toutes deux vont former la plupart des chorégraphes français.

Un titre unique !

En 1974, Rolf Liebermann crée pour Carolyn Carlson le titre d'étoile-chorégraphe à l'Opéra de Paris, et lui confie le Groupe de recherches théâtrales. Mais les danseurs de l'Opéra boudent son enseignement. Elle travaille avec d'autres qui formeront une première génération de chorégraphes français. Après avoir dirigé diverses compagnies, elle devient ensuite directrice du Centre chorégraphique national de Roubaix.

Danseuse philosophe

Carolyn Carlson commence la danse à 3 ans. Elle étudie à l'université de l'Utah le théâtre et la philosophie. Là, elle rencontre Alwin Nikolaïs qui lui fait découvrir une nouvelle façon de concevoir la danse. Elle devient la figure emblématique de sa compagnie, à New York, pendant sept ans. En 1968, elle remporte le Prix de la meilleure danseuse du Festival international de danse de Paris. Elle décide alors de rester en France et rejoint, en 1971, la compagnie d'Anne Béranger où elle crée ses premières chorégraphies.

Carolyn Carlson, l'icône contemporaine

La silhouette longiligne et le visage émacié de Carolyn Carlson (née en 1943, en Californie) où s'ouvrent d'immenses yeux bleus incarnent pour longtemps la danse contemporaine en France. Elle impose un style basé sur les sensations intérieures et l'improvisation. Sa danse déploie un univers très poétique et presque surréaliste qui conquiert très vite le public.

Signes, de Carolyn Carlson, 2004.

Le Cycle des saisons, danse de l'été, de Susan Buirge, présenté en 1998 au Festival d'Avignon.

Un enseignement original

Le « truc » de Susan Buirge est d'apprendre à ses élèves une forme de composition chorégraphique rigoureuse qui part de l'improvisation et de la force intuitive du mouvement, mais chaque geste, chaque tracé, doit correspondre à ce que l'on veut dire. Elle travaille sur les notions d'espace, de temps, de flux d'énergie, de forme, de façon quasi mathématique, avec des diagrammes et des tableaux qui indiquent les variations d'un même mouvement en fonction de ces données.

Susan Buirge, la passion de transmettre

Susan Buirge (née en 1940) commence la danse encore enfant, mais découvre vite la danse moderne à l'université du Minnesota. Une bourse lui permet de travailler avec Martha Graham et José Limon à la Juilliard school of music, où elle crée sa première pièce. C'est à ce moment qu'elle rencontre Alwin Nikolaïs et entre dans sa compagnie où elle reste jusqu'en 1967. Remarquable pédagogue, elle enseigne à partir de 1965 au Henry Street Playhouse (l'école créée par Nikolaïs).

Des idées neuves

En 1970, Susan Buirge s'installe en France. Elle y fonde un studio, le Danse théâtre expérience. Très vite, les futurs chorégraphes contemporains français se pressent dans ses ateliers, notamment à Aix-en-Provence où elle est conseillère artistique du festival de danse. Elle leur insuffle les idées qui ont nourri la danse américaine : performance dans des lieux atypiques, remise en cause de l'autorité du chorégraphe, du rapport scénique, de la relation au public.

Le monde de Pina Bausch

Pina Bausch métamorphose l'idée même de la danse et crée un nouveau style, le théâtre dansé. Grâce à elle, la danse ne se contente plus d'être une composition de pas ou un ordonnancement de gestes, elle devient un univers d'expériences qui passent par le corps et même par la parole.

Une solide formation

Philippine, dite Pina, Bausch (1940-2009) naît à Solingen en Allemagne. Elle commence la danse à l'école de Kurt Jooss, l'un des grands maîtres de la danse expressionniste. Lauréate du prix Folkwang en 1959, elle part étudier à la Juilliard School de New York et, en 1962, rentre en Allemagne, où elle prend la direction du Ballet de Wuppertal, à partir de 1973.

Une pluie de fleurs inonde la scène dans *Le Laveur de vitres*, 1988.

L'humour noir de Pina

Les pièces chorégraphiques de Pina Bausch sont empreintes d'un humour plutôt noir et font de l'autodérision une arme redoutable. S'inspirant beaucoup de l'enfance, elle en transpose les gestes dans le monde des adultes pour créer des mouvements très originaux et des situations perturbantes.

Vu chez Pina

- **L'analogie** : une jeune femme prend son bain et lave sa vaisselle en même temps.
- **La répétition** : Angela explique à une amie comment bouger pour être plus séduisante. Peu à peu, elle devient de plus en plus autoritaire et ça devient un entraînement quasi militaire, puis un dressage corporel, jusqu'à ce que l'amie s'écroule de fatigue.
- **Prendre les choses au pied de la lettre** : dans *Il la prend par la main*, une relecture du *Macbeth* de Shakespeare, Pina Bausch transforme le texte : « Tous les parfums d'Arabie ne rendraient pas plus suave cette petite main », en une crise de nettoyage où chacun se frotte énergiquement.

Pina m'a demandé...

Pina Bausch crée toujours ses pièces dans un processus basé sur l'improvisation des danseurs. Elle leur pose des questions sur des thèmes comme leurs souvenirs d'enfance, comment ils voient les rapports entre les hommes et les femmes, quels sont leurs désirs, leurs complexes. De leurs réponses et de leurs propositions qui peuvent être des gestes, des mots, des actions, elle tisse son œuvre comme une toile d'araignée aux nombreuses ramifications.

Pour les enfants d'hier, d'aujourd'hui et de demain,
représenté en 2003 par la compagnie de Pina Bausch.

Inspirée par le cinéma

Pour créer, Pina Bausch utilise des procédés contemporains inspirés du cinéma (gros plan, accéléré, ralenti), du rêve (association d'idées et analogie), ou des artifices divers comme le déplacement, la répétition jusqu'à l'écœurement, ou encore elle prend les choses au pied de la lettre. Ensuite, elle en fait un montage qui donne son sens final à la chorégraphie.

Provocations

Bien que capable d'une très grande virtuosité chorégraphique, Pina Bausch ne la met pourtant jamais en avant. Dotée d'un imaginaire très fort, elle s'en sert pour remettre en question la société avec ses violences quotidiennes, ses folies, ses mensonges.

Amuse-toi au pied de la lettre !

Il s'agit de faire un montage chorégraphique en utilisant les procédés de Pina Bausch pour obtenir une histoire qui ait du sens.

1. Par exemple, tu prends une expression au pied de la lettre, type : « Mettre les pieds dans le plat » ou : « Se mêler de ses oignons », et tu lui donnes une traduction gestuelle.

2. Tu choisis un geste quotidien, ou inspiré d'une publicité ou d'une situation que tu trouves un peu ridicule ou comique, et tu l'exécutes à l'accéléré, comme, par exemple, un mouvement de tête pour rejeter tes cheveux en arrière et un autre pour te brosser les cheveux, que tu reproduis au ralenti.

3. Une fois que tu as ce genre de trame, tu peux t'en servir pour raconter une histoire. Ça pourrait donner : « Je ne suis pas dans mon assiette, alors je me fais belle parce que je le vaux bien ! » Ensuite, tu peux broder, juxtaposer d'autres personnages. Le déroulement de ta chorégraphie dépend de ton imagination et de celle de tes amis.

Un talent qui décoiffe

Philippe Decouflé est un des chorégraphes français qui a rendu la danse contemporaine populaire. C'est une sorte de magicien de l'image qui est à la fois danseur, chorégraphe, metteur en scène, acrobate, dessinateur et surtout, incroyablement talentueux.

Faire le clown

Rêvant de devenir clown, Philippe Decouflé (né en 1961) quitte le lycée pour l'École nationale du cirque. Il n'y reste qu'un an, déçu de ne pas apprendre l'acrobatie. Il intègre ensuite l'école du mime Marceau mais n'en supporte pas la discipline de fer. Cependant, grâce à ces deux écoles, il se découvre l'envie de danser. Il va alors étudier le jazz chez Matt Mattox, à Paris.

Coup de chance

Bien que débutant, Philippe Decouflé se présente à une audition du CNDC, alors dirigé par Alwin Nikolaïs. Ce dernier a l'œil : il l'engage immédiatement dans sa compagnie ! Aux États-Unis, Decouflé suit aussi des cours chez Merce Cunningham et un stage de vidéo. Il danse pour Karole Armitage puis Régine Chopinot, fait un bref passage chez Pina Bausch, pour finir par fonder sa propre compagnie, la DCA, en 1983.

Attention les yeux !

Le goût de Decouflé pour la fantaisie, que l'on peut apprécier dans ses spectacles, fait surgir un monde poétique et cocasse, peuplé de personnages étranges aux corps élastiques, mi-danseurs, mi-acrobates. De Nikolaïs et de Cunningham, il retiendra les jeux de lumières et le sens de la géométrie de l'espace, la maîtrise de la vidéo et des règles de l'optique.

Le Ballet national de Lyon présente le très fantaisiste *Tricodex* à Paris, en 2005.

Crée un costume « découflant »

Tous tes accessoires doivent être de la même couleur (sauf les franges). Pour cela, tu peux peindre tes gants et tes palmes. Tu peux aussi faire des dessins dessus avec de la peinture pour tissu.

- **un maillot académique ou un sous-pull fin uni et un collant fin très opaque**
- **des gants pour la vaisselle**
- **une paire de palmes**
- **un masque de plongée**
- **une cagoule (de préférence en Lycra)**
- **un galon à frange**

1. Fixe le masque de plongée sur le haut de ta tête et enfile la cagoule par-dessus.

2. Trace un trait comme repère sur la cagoule pour le bord du masque, puis couds le galon frangé sur ce trait.

3. Couds aussi du galon au bout des palmes.

4. Mets ton maillot ou ton pull et ton collant, puis le masque et la cagoule par-dessus et, enfin, chausse les palmes. En dernier, enfile les gants de vaisselle teintés. L'effet est saisissant.

5. Pour faire encore plus « découflant », essaie la gestuelle suivante : marche en faisant de grands pas sautés ; mets-toi en première position (à la Charlot) et plie les genoux ; tends tes genoux et fais un tour avec ton bassin. En même temps, tu fais comme si tes bras étaient des algues. Pour les plus agiles, la roue ou le poirier s'imposent !

Abracadabra

Decouflé enchaîne les créations pour la scène et l'image filmée. Il tâte de la publicité, réalise des vidéoclips. Il crée un univers magique, kaléidoscopique, un monde qui se distord, où le haut et le bas se confondent, où la différence entre le réel et le virtuel s'estompe, où les distances se dissolvent.

De la Révolution aux J O

Deux événements majeurs permettent à la renommée de Decouflé d'atteindre une dimension internationale : *Bleu, blanc, Goude*, un défilé parade réalisé pour la commémoration du bicentenaire de la Révolution française, le 14 juillet 1989, et les cérémonies d'ouverture et de clôture des jeux Olympiques d'Albertville, en 1992. Depuis 1995, il s'est installé dans une ancienne usine thermoélectrique, La Chaufferie, en Seine-Saint-Denis, près de Paris.

Philippe Decouflé en plein préparatif des cérémonies des Jeux Olympiques d'Albertville, en 1992.

La danse et... les autres

C'est une explosion, un vrai feu d'artifice, les jeunes chorégraphes des années 1980 observent le monde qui les entoure, s'accaparent tous les arts et toutes les techniques, bref, s'immergent dans la vie. C'est pour cette raison qu'on les a nommés chorégraphes contemporains !

Combat de boxe stylisé ou ballet sur ring ? *KOK*, de Régine Chopinot (1989), avec ses costumes de Jean-Paul Gaultier, tient un peu des deux.

Danse et sport

Il y aura Daniel Larrieu, avec *Waterproof*, une pièce créée dans une piscine. Au-delà du côté rigolo, l'œuvre fera date pour ses qualités esthétiques et sa recherche technique sur les corps en apesanteur. Régine Chopinot préférera s'inspirer de la boxe pour *KOK*, tandis que Laura de Nercy et Bruno Dizien lancent la danse escalade.

Dans *Waterproof* de Daniel Larrieu (ici en juin 2006), les danseurs sont aussi de bons nageurs !

Rencontre organisée

Pendant quelques années, le Centre national des arts du cirque de Châlons-en-Champagne demande à des chorégraphes comme Josef Nadj, Francesca Lattuada ou Héla Fattoumi et Éric Lamoureux de venir créer avec lui son spectacle de fin d'études.

Danse et cirque

Où commence la danse, où s'arrête le cirque ? Au début de la danse contemporaine, certains danseurs viennent de l'École du cirque, car il n'existe pas encore de vraie formation en danse contemporaine, et les chorégraphes s'inspireront assez naturellement de cette technique. Puis, le « nouveau cirque » lui rendra la pareille.

Masques énigmatiques dans *Poussière de soleils*, de Josef Nadj, 2004.

Danse et mime

Formé par Étienne Decroux et Marcel Marceau, Josef Nadj réussit à faire surgir un monde étrange où les objets semblent s'animer et les corps s'enchevêtrer dans le décor. Sa gestuelle très physique se sert du mime pour déployer un univers fantastique et poétique, très marqué par ses racines en Europe de l'Est. Marcel Marceau formera de nombreux chorégraphes, y compris une personnalité issue du hip-hop comme Farid Berki et une star mondiale comme Michael Jackson.

Mélange des genres

Aujourd'hui, il existe des spectacles entre cirque et danse, que l'on ne sait plus trop où classer. Ainsi, des artistes comme Jean-Baptiste André travaillent aussi bien pour le cirque qu'avec des chorégraphes d'avant-garde comme Christian Rizzo.

Danse et BD

Decouflé est l'un des adeptes du mariage de la danse et de la BD, mais il n'est pas le seul. Quand Mathilde Monnier et Jean-François Duroure chorégraphient *Pudique acide et Extasis*, on n'en est pas loin. C'est aussi le cas d'une compagnie comme Castafiore qui puise directement dans cette recette à deux dimensions ses personnages les plus drôles, ou le groupe Lolita et Dominique Boivin qui imaginent *Zoopsie Comédie*, un défilé de mode délirant.

Énigmartiste

Pour beaucoup de chorégraphes contemporains, les corps des danseurs ont autant d'importance que les images qu'ils suscitent grâce à toutes sortes d'artifices. La danse contemporaine s'apparente de plus en plus souvent à un art multimédia.

Produit final

Gilles Jobin dans *A + B = X* fait se mouvoir les corps dans une progression très lente. À la dernière image, on s'aperçoit qu'il a construit un magnifique tableau abstrait.

Danse et littérature

Beaucoup de chorégraphes se passionnent pour la littérature et la trame ou le sens qu'elle peut apporter à la danse. Certains se servent du texte comme prétexte : c'est le cas de François Verret qui s'inspire de grands auteurs. Pour autant, il n'illustre pas l'histoire, mais explore les rouages mentaux du personnage qu'il traduit sur la scène par des machineries extraordinairement complexes et belles. Et Georges Appaix joue sur les mots et s'en sert même de musique !

Danse et vidéo

Nées presque ensemble, il était normal que la danse et la vidéo fassent bon ménage. Merce Cunningham avait ouvert la voie. Il ne restait plus qu'à imaginer tout ce qu'on pouvait en tirer. Très vite, apparaissent des spectacles où danse contemporaine et vidéo se mêlent, pour le meilleur et parfois pour le pire. Certains sont devenus des artistes en la matière, comme Hervé Robbe.

Statuts pas statue

Boris Charmatz imagine une sorte d'exposition chorégraphique : *Statuts* n'est pas un spectacle, mais un parcours exposition à présenter dans une galerie ou un musée. Il y rassemble des œuvres diverses, par affinité, qui tiennent autant de l'art chorégraphique que des arts plastiques. Les spectateurs déambulent comme dans un musée, sans barrière, et décident de leur façon de circuler.

Hervé Robbe,
Des horizons perdus, 2002.

À chaque instant, dans *Je suis sang*, de Jan Fabre (2001), le spectateur doit se croire devant un tableau.

La danse, un art plastique ?

Beaucoup de chorégraphes sont inspirés en partie par les peintres d'avant-garde qui posent, à travers leurs œuvres, des questions sur la peinture elle-même et sur celui qui la regarde. Mais dans ce même courant, il existe aussi des chorégraphes qui travaillent les corps comme des tableaux, ou un artiste comme Jan Fabre qui est à la fois plasticien, peintre, sculpteur, metteur en scène et chorégraphe. C'est moins la gestuelle qui compte que la capacité à produire une image artistique.

Tableau de maître

On peut dire de Christian Rizzo qu'il est un plasticien du mouvement. Ses pièces renvoient à l'univers du rêve, ou sont de véritables œuvres picturales. Il propose des mondes étranges qui se visitent comme si on entrait dans les détails d'une toile.

Le corps comme matériau

Pour d'autres chorégraphes, l'interprète devient une sorte de matière vivante avec laquelle ils créent des enchevêtrements, des encastrements, des systèmes d'équilibre incongrus, alliés à des dispositifs audacieux : un mât à trois étages, une accumulation d'objets ou de meubles, des sculptures.

Une scène très sculpturale de *Soit le puits était très profond, soit ils tombaient très lentement, car ils eurent le temps de regarder tout autour*, de Christian Rizzo, en 2005.

Quand la danse raconte

Danse théâtrale ou mouvement pur ? Entre ces deux pôles, les possiblités sont infinies, comme le prouvent les créations de Maguy Marin, grande représentante de la tendance théâtrale, et de Dominique Bagouet, orfèvre de la gestuelle et géomètre de l'espace poétique.

May B, de Maguy Marin, créé en 1981.

Une valeur sûre

Le chef-d'œuvre de Maguy Marin, *May B* (peut-être, en anglais), 1981, inspiré de l'œuvre de l'écrivain Samuel Beckett, impressionne tant le public qu'il fait le tour du monde et reste dansé pendant plus de vingt ans. Maguy Marin explore des thèmes comme la pauvreté, la société de consommation, le pouvoir, la religion, le terrorisme. Elle relit également les grandes œuvres du répertoire classique, comme *Coppélia* ou *Cendrillon* qui obtiennent, de même que *May B*, un véritable triomphe.

Maguy Marin, la rebelle

Maguy Marin naît à Toulouse, en 1951. Elle a une formation très classique qui lui permet de travailler avec Maurice Béjart. Primée à Bagnolet dès 1977, elle monte l'une des premières compagnies contemporaines françaises. Elle s'impose par un puissant théâtre d'images, jouant du grotesque corporel, du rythme et de la force dramatique pour faire passer ses convictions sociales.

Surprises assurées dans le loufoque *Wolf*, du chorégraphe belge Alain Platel.

Le courant belge

Au cours des années 1990, des chorégraphes belges vont développer aussi une tendance théâtrale avec d'importantes scénographies. Mais ils accordent moins d'importance à leur gestuelle (pourtant très brillante) ou à la beauté des mouvements qu'à ce qu'ils veulent dire. Leurs œuvres ont souvent une dimension sociale ou politique et on a l'impression de voir évoluer des hommes et des femmes ordinaires plutôt que des danseurs professionnels.

Théâtre d'images

Au chapitre des images théâtrales, mais si fortes et si imposantes qu'elles semblent avoir été créées pour un opéra baroque, Karine Saporta domine la scène. Dans son univers, la femme parée, fantasmée, apparaît en princesse lointaine ou en séductrice raffinée, tourmentée ou cruelle. Ses scénographies démesurées sont d'une sophistication extrême et sa gestuelle sait emprunter à tous les genres, tout en restant profondément originale.

Karine Saporta, dans Carmen, à Paris, en 1992.

Dominique Bagouet,

Formé lui aussi en danse classique et passé par Mudra, l'école de Maurice Béjart, Dominique Bagouet (1951-1992) développe d'abord une gestuelle d'un raffinement extrême où chaque petit mouvement compte, notamment au niveau des mains et des poignets. Il décroche un premier prix à Bagnolet en 1976. Les formes de ses chorégraphies sont plutôt abstraites dans leur lignes, souvent évocatrices d'un quotidien déglingué faisant parfois écho au cinéma des années 1950.

Le peuple étrange de Gallotta

Jean-Claude Gallotta conçoit sa compagnie comme une fiction composée d'artistes de tous bords : danseurs, plasticiens, comédiens. Ils se rassemblent sous le nom de groupe Émile Dubois. C'est une sorte de tribu qui invente ses propres récits chorégraphiques comme des histoires où les personnages reviennent (*Les Aventures d'Ivan Vaffan*, *Ulysse*, *L'Enfance de Mammame*). Quand les personnages ne sont plus sur scène, on les retrouve aussi dans des livres, des films ou des photographies réalisés par le chorégraphe.

Le choc des extrêmes

À l'aube de l'an 2000, la danse contemporaine devient une forme très libre. Elle peut se mettre à imaginer des blagues et à en faire au spectateur, ou s'amuser à troubler sa perception du corps humain. À l'opposé, des passionnés du mouvement poussent la danse à ses extrêmes.

Caché, pas caché... Vera Mantero s'amuse à dérouter le spectateur.

Questions d'époque

Certains chorégraphes créent des pièces plutôt drôles, mais qui, toutes, posent la question de ce qu'est la danse. Que devient-elle quand elle n'est plus seulement une succession de beaux mouvements ? Peut-on appeler danse tout ce qui touche au corps et à sa perception ou toute réflexion sur la danse ? Ou cela ne fait-il pas partie d'un grand « fourre-tout » chorégraphique ?

Danse avec les mots

Dans *Shirtologie*, de Jérôme Bel, les danseurs enfilent plusieurs tee-shirts différents où figurent une inscription. Ils doivent alors danser les mots qu'ils portent à même le corps. Essaie avec plusieurs amis et, surtout, laisse-les te faire la surprise des « bons mots » !

Le monde à l'envers

D'autres chorégraphes troublent la vision du spectateur par toutes sortes d'astuces. Costumes qui se déforment et gomment une partie du corps, prothèses qui en amplifient d'autres, mouvements rapides d'un seul membre qui brouillent le regard, éclairages sombres qui n'en révèlent que des portions. Outre l'aspect très pictural de ces œuvres, il s'agit de forcer le spectateur à réfléchir sur les images corporelles qui lui sont imposées tous les jours.

Xavier Leroy, une vision du corps perturbante.

Vigueur musicale

L'une des plus grandes chorégraphes belges est Anne Teresa de Keersmaeker. Sa gestuelle est avant tout d'une précision et d'une musicalité extraordinaires. Virtuose même dans le détail : chez elle, pas un geste ne peut être exécuté « à peu près », ni en dehors du dessin général de la chorégraphie, extrêmement pensé et rigoureux. Elle fonde une école, PARTS, qui forme des danseurs et des chorégraphes venant de tous les pays du monde.

Les Quatre Saisons, d'Angelin Preljocaj, une gestuelle très performante.

N'importe qui !

Jérôme Bel questionne avec beaucoup d'humour et d'esprit ce que signifie « être danseur ». Ses pièces joignent le geste à la parole et il met sur scène des « danseurs » qui pourraient être monsieur et madame Tout-le-Monde. Rien ne les distingue de « gens ordinaires », ni leur performance gestuelle ni l'allure de leur corps. Ou bien il fait parler de grands danseurs qui démystifient leur travail quotidien.

Ballet contemporain

En France, Angelin Preljocaj, qui a baptisé sa compagnie Ballet Preljocaj, revendique l'histoire qui relie le classique au contemporain. C'est pourquoi ses chorégraphies explorent aussi bien les grandes œuvres du répertoire (*Noces*, *Parade*, *Le Sacre du printemps*, *Roméo et Juliette*), que l'héritage de la technique académique, pour créer une danse très personnelle. Il aime créer pour de nombreux danseurs techniquement très brillants.

Va voir chez le voisin

La danse extrême, comme on peut parler de « sports extrêmes », naît surtout chez nos voisins européens : les Belges et les Anglais recourent facilement à ce type de danse. Le développement de la violence, de la vitesse, des nouvelles technologies, soit ce qui constitue notre univers urbain actuel, ne sont pas étrangers à ce nouveau genre.

Jérôme Bel, un grain de sable dans les rouages du quotidien.

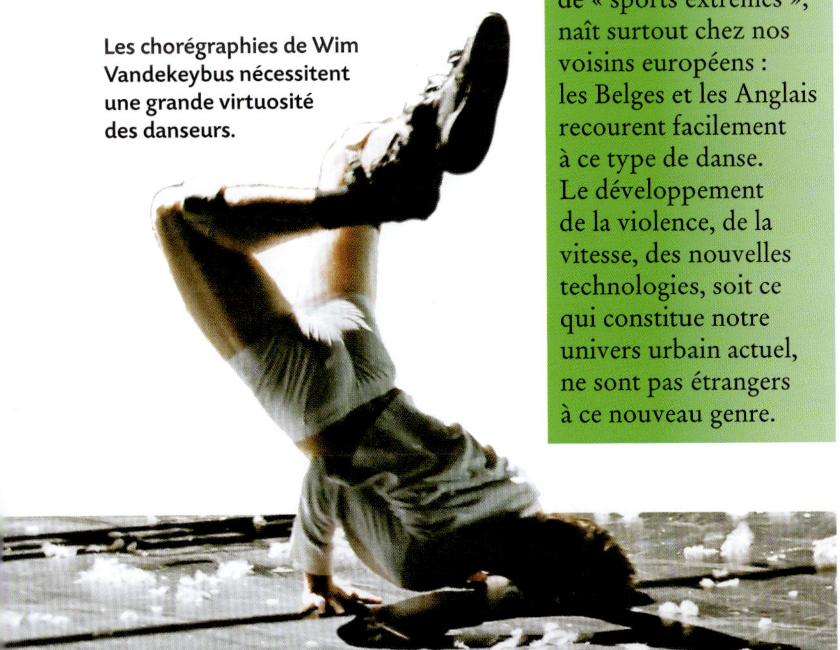

Les chorégraphies de Wim Vandekeybus nécessitent une grande virtuosité des danseurs.

Au cours des battles (compétitions) de hip-hop, chaque danseur essaie d'impressionner ses rivaux avec de nouvelles figures.

Né dans la rue

Né dans les rues de New York, plus particulièrement dans le quartier du Bronx, au début des années 1970, le hip-hop est, plus que tout autre style, une danse pratiquée aujourd'hui dans le monde entier. Depuis les années 1990, en France, il est entré dans les théâtres et il est reconnu comme une forme artistique à part entière.

Hip hip-hop hourra !

C'est dans la rue que les jeunes ont inventé le hip-hop et qu'ils l'enseignent à leurs copains. Il n'y a pas de leçons mais des échanges entre les danseurs qui se défient au cours de free styles : chacun entre à son tour dans le cercle et montre ce qu'il sait faire de mieux !

Démodé à la fin des années 1980, le break dance a connu un nouvel essor dans les années 1990.

Le musicien Afrika Bambaataa utilise platine et disque vinyl pour mixer.

D'où vient ce nom ?

Avant l'affectation du mot « hip-hop » comme symbole de cette culture, MC (le Maître de cérémonie) Lobot Starki rimait au micro en lançant les onomatopées « Hip-hop shoubab doo wap, hip-hop shoubab doo wap ». De là serait né le mot « hip-hop ».

Une danse contestataire

Le hip-hop est issu des mouvements de contestation sociale et politique des années 1950-1960 aux États-Unis. À cette époque, les minorités noires et hispaniques voient leurs conditions de vie se dégrader, leurs quartiers se transformer peu à peu en ghettos livrés aux gangs. La violence règne. Au même moment, la musique noire triomphe pourtant avec des stars comme James Brown ou Stevie Wonder. De nouveaux styles naissent : le funk et la soul.

Un pionnier de 12 ans

En 1967, un jeune jamaïcain de 12 ans arrive dans le Bronx. Il s'appelle Clive Campbell. Passioné de funk, il organise des soirées musicales dans la rue, les *block parties* (*block*, pâté de maison). Son secret : privilégier les passages instrumentaux durant lesquels les danseurs peuvent laisser libre cours à leur créativité. Et comme ces passages sont relativement courts, il utilise deux platines et deux fois le même disque. Une révolution pour l'époque.

La légende d'Hercule

Ces *block parties* gagnent rapidement en popularité et Clive Campbell, qu'on appelle désormais Kool DJ Herc, à cause de son physique impressionnant (en référence au héros mythologique Hercule), invite tour à tour un représentant de chaque quartier à animer la soirée. Les interventions deviennent rimées et rythmées ; une émulation naît et de véritables joutes verbales s'organisent.

L'invention du scratching

En 1975, DJ Grand Wizard Théodore invente le scratch tout à fait par hasard, dans sa chambre. En voulant stopper un disque, il pose sa main dessus et il est surpris par le bruit qu'il entend. Après avoir passé du temps à maîtriser cette nouvelle technique, il en profite pour faire découvrir dans ses soirées son nouveau style, le scratching.

Qu'est-ce que ça veut dire ?

Le terme « hip-hop » exprime le fait d'élever son esprit en utilisant sa créativité, son intelligence et son potentiel physique (voix, yeux, mains, articulations, etc.) pour ouvrir de nouveaux champs artistiques et créer de nouvelles sensations.

Le « parrain » du hip-hop

Aka Kahyan Aasim est le leader du terrifiant gang des Black Spades. DJ à ses heures, il admire Kool Herc et ses free styles. À la mort d'un de ses amis, il fonde la Bronx River Organization, et utilise son influence de chef de gang pour dialoguer avec les jeunes et les sortir de la spirale de la violence. Son idée : transformer leur rage en énergie positive orientée vers la création artistique. En 1974, il se rebaptise Afrika Bambaataa, et nomme son organisation : The Zulu Nation, en référence aux guerriers zoulous d'Afrique du Sud.

La première apparition officielle du break dance en France date de 1982, lors d'une tournée européenne organisée par Europe 1.

Sous influences

Certes, la danse hip-hop est née dans la rue, mais ses premiers pas sont des amplifications de mouvements qui ont été des « musts » dans les shows télévisés que l'on pouvait voir dans les années 1970-1980 aux États-Unis.

Ces danseurs amateurs s'entraînent pour une compétition de hip-hop.

Les filles entrent en jeu

Au départ, seuls les garçons pratiquaient le hip-hop, mais à partir du milieu des années 80, les filles sont de la partie. Un danseur de break dance est appelé breaker, b-boy, ou b-girl s'il s'agit d'une femme.

Popcorn américain

Les danses les plus populaires des années 1970 étaient le good foot et le popcorn, inspirées des chansons *Get on the good foot* et *Popcorn* de James Brown. Ces danses consistaient en un mouvement de jambes rapide, où les danseurs passent d'un pied d'appui à l'autre, qui deviendront les « footworks », ou passe-passe en français. On peut y noter une ressemblance avec certains mouvements de swing, du charleston, du lindy hop ou de claquettes.
Le « locking » (bloquer en contractant le mouvement) et le « popping » (faire des sortes de « pops », syncopes, en dansant) existent déjà. On peut d'ailleurs y voir une évolution qui exagère cetaines positions du jazz.

Le *Popcorn* de James Brown fait encore danser de nombreux hip-hopers.

La danse hip-hop

Elle se divise en deux univers précis : la danse debout (smurf, hype, lock, pop, electric boogie) et la danse au sol (headspin, coupole, footwork, freeze). Ces danses ont des adeptes dans le monde entier et sont pratiquées par de nombreuses grandes stars de la chanson (pop,hip-hop, r'n'b).

Le hip-hop a fait le tour du monde : ici à Berlin, en Allemagne.

Pop pop pop

Officiellement, le popping a été créé aux environs de 1978 par Boogaloo Sam. Cependant, une danse similaire se pratiquait déjà dans les rues de San Francisco et d'Oakland depuis le début des années 1970.

Certaines figures de la break dance représentent de véritables prouesses.

Les disciplines hip-hop

Le hip-hop est international et comprend six disciplines complémentaires : la musique de rap (il existe aussi le break-beat, musique utilisée pour les battles) ; le beatbox ou l'art du bruitage avec la bouche ; le djing, manipulation de deux platines de disque et d'une table de mixage ; le graff ou tag, réalisation de fresques murales avec des bombes de peinture ; le street wear ou façon de se vêtir (tee-shirts amples, pantalons larges ou baggy, casquette, baskets) et la danse.

Le graffiti à la bombe est une des disciplines du hip-hop.

Dans le hip-hop, c'est le disc-jockey qui donne le tempo.

Danse en ville

Le hip-hop arrive en France dans les années 1980 grâce à la radio. En 1982, Europe 1 organise une tournée du groupe Rock Steady Crew. Puis, en 1984, Sidney, animateur de radio 7, conçoit une émission pour TF1 : *H.I.P.H.O.P.* Le message passe : il faut s'éclater en dansant, mais bannir la violence.

L'émission de Sidney

Tous les dimanches, Sidney programme des danseurs tel DJ Solo, le futur DJ du groupe Assassin. Ensuite, des jeunes viennent danser en direct pendant l'émission, ce qui crée une émulation. Résultat, on s'entraîne partout avec de gros radiocassettes : chez soi, dans les rues, dans les cours d'immeubles. Dansé en grande majorité par des jeunes gens de banlieues ou de quartiers difficiles, le break devient un moyen de décrocher des contrats pour passer à la télévision.

Posse-toi !

Peu à peu, le mouvement s'organise. Afin de progresser, les participants se rassemblent en posse ou possie (troupes) pour s'entraîner et échanger des idées et des pas. On danse aux Halles, à Paris, sur la place des Terreaux, à Lyon, sur les cours de Marseille et dans les cités. Et on s'exerce avec acharnement, car le hip-hop, comme la danse classique, possède un vocabulaire très codifié et le succès dépend de la virtuosité de l'exécution.

Démonstration de hip-hop sur l'esplanade de La Défense, en Île-de-France, en 2004.

Les membres de l'équipe française Pokemons, champions du monde 2003, s'entraînent régulièrement dans la galerie devant l'Opéra de Lyon.

Une danse très urbaine

Peu à peu, les premières vraies compagnies apparaissent.
En 1984, l'Aktuel Force, de Gabin Nuissier, et les Black, Blanc, Beur (B3), de Christine Coudun et Jean Djemad, montent leurs premiers spectacles. Les répétitions et les représentations ont souvent lieu dans des endroits inattendus. Ainsi, les B3 donneront leur première pièce dans un parking, à Saint-Quentin-en-Yvelines, en région parisienne.

Champions du monde

En 1990, un championnat de hip-hop s'organise à Bruxelles, en Belgique. Mais, à cause d'affrontements entre bandes rivales, il est annulé. Une version *underground* de ce tournoi naît alors de façon spontanée. Ibrahim et Gabin Nuissier, du groupe Aktuel Force, y participeront, tout comme le danseur allemand Storm et le danseur belge Najim, dit Power. Un an après, le Battle Of The Year (BOTY) est créé en Allemagne. Plusieurs groupes français y sont sacrés champions du monde : Wanted Posse en 2001, les Pokemons, de Lyon, en 2003, et Vagabond Crew en 2006 et en 2011.

Les danseurs au défi

Très vite, le hip-hop se scinde en deux modes de pratique. D'une part, la tendance qui aspire à en faire un art de la scène et dont les danseurs s'organisent en compagnies, de l'autre, le maintien de l'esprit des débuts : rester dans la rue et se défier au cours de free styles qui deviendront des battles. Plus que de batailles, il s'agit d'une sorte de championnat où les « possies » montrent leurs dernières inventions gestuelles, et qui permet aux danseurs les plus accomplis et les plus virtuoses de se faire remarquer.

Souplesse et bonne coordination sont les atouts du breaker.

Scène de *Hip-hop Sampling*, de Franck II Louise, qui s'inspire des nouvelles technologies pour créer ses chorégraphies.

Côté scène

Les compagnies de danse hip-hop sont aujourd'hui très nombreuses. On peut voir leur chorégraphies dans la plupart des théâtres, au point que les apports de cette technique se sont répandus largement dans de nombreux spectacles de danse.

Sans limites

Aujourd'hui, la danse hip-hop est entrée dans les théâtres et dans les Centres chorégraphiques nationaux (CCN) au même titre que n'importe quel autre style de danse. Elle a ses chorégraphes, ses interprètes, ses compagnies. Leurs spectacles sont très diversifiés, chaque chorégraphe a son imaginaire ; le hip-hop se définit plus comme une technique de base pour les créateurs qu'un style bien précis. La danse hip-hop repousse toujours ses limites et ne cesse de gagner en richesse.

Avec sa compagnie Käfig, devenue CCN de Créteil, le chorégraphe Mourad Merzouki monte des œuvres soigneusement scénographiées.

Des plateaux de choix

À partir des années 1990, des festivals sont peu à peu consacrés à cette nouvelle discipline, tandis que des salles de spectacles lui ouvrent leurs portes : Le Théâtre Contemporain de la danse, à Paris, est le premier à rassembler les hip-hopeurs pour des stages et des répétitions. Puis, la Biennale de la danse de Lyon, Montpellier Danse, Suresnes Cité danse, les Rencontres de la Villette, et Châteauvallon, font connaître chaque année de nouveaux chorégraphes hip-hop, témoignant de la vitalité de ce mouvement.

Créateurs tous azimuts

Mourad Merzouki (CCN de Créteil) monte des œuvres très spectaculaires qui font appel aux techniques du cirque. Ses pièces énergiques racontent une histoire, tandis que d'autres restent plus proches d'un hip-hop virtuose comme Pokemon Crew. Certains se servent de l'univers hip-hop proche de la science-fiction ou des mangas, ils reproduisent les mouvements des robots et axent leur recherche sur les nouvelles technologies comme Franck II Louise. D'autres explorent les cultures lointaines (Inde, Maghreb, Extrême-Orient) comme Kader Attou (CCN de La Rochelle) pour métisser leurs danses. Farid Berki (Cie Melting Spot), amateur d'arts martiaux, mais aussi de jazz, de claquettes ou de danse classique, mêle dans ses spectacles toutes sortes de techniques. Hamid Benmahi crée des pièces plutôt intimistes.

Les danseurs de hip-hop s'improvisent aussi, parfois, chanteurs comme ceux du groupe Fantastik Armada.

Mécènes en scène

Les grands mécènes de la danse contemporaine que sont la Fondation BNP-Paribas ou la Caisse des dépots et consignations soutiennent des chorégraphes comme Mourad Merzouki, Abou Lagraa, Kader Attou, Stéphanie Nataf, ou des festivals hip-hop. Ceux-ci ont connu un succès populaire en créant des spectacles qui plaisent grâce à leur énergie, leur joie de vivre, leur virtuosité.

Allers retours

Pendant ce temps, les chorégraphes contemporains s'intéressent au hip-hop. Soit ils créent avec des hip-hopeurs, soit ils leur empruntent des mouvements, des techniques. Au départ, le mélange vient d'une initiative de Suresnes Cité danse, puis la greffe prend et gagne peu à peu du terrain chez Karine Saporta, Karole Armitage, Régis Obadia, Josette Baïz... avant que des chorégraphes se servent indifféremment d'une technique hip-hop ou contemporaine, presque à leur insu, tant cette gestuelle fait partie de la danse d'aujourd'hui.

Hip-hop Sans frontière

On trouve des compagnies et des danseurs de hip-hop absolument partout, dans tous les pays, en Éthiopie comme en Chine, au Nigéria, au Japon, en Russie, en Scandinavie… La raison de ce tour du monde ? La diffusion de la télévision par câble sur toute la surface du globe, et Internet, bien sûr !

Un genre indéfini

Abou Lagraa et Sidi Larbi Cherkaoui, qui ont créé pour les grandes compagnies comme l'Opéra de Paris, les Ballets de Monte-Carlo ou de Genève, utilisent le hip-hop dans leurs chorégraphies. La compagnie Montalvo remporte aussi un grand succès. Tout un courant de la danse belge s'en inspire... Il devient difficile dans une chorégraphie d'aujourd'hui de distinguer ce qui relève de la pure technique contemporaine et ce qui provient d'apports du hip-hop. Et les danseurs professionnels actuels doivent pouvoir en maîtriser au moins les rudiments.

Une danse très métissée

Il existe aujourd'hui de nombreux chorégraphes hip-hop. Ils se servent d'une gestuelle codifiée, riche et évolutive, pour créer des chorégraphies de tendances très différentes. Danses du monde entier ou sports de combat, tout ce qui bouge, tout ce qui approche de la performance est source d'inspiration.

Un grand fourre-tout

À la fin des années 1970, New York est un vivier cosmopolite où chaque couche d'immigration a développé son style de danse. Le terme de « break dance » est le résultat d'un amalgame de toutes ces tendances. En Europe, on établit une distinction entre les figures au sol, désignées par break dance, et les figures debout, appelées « smurf ».

À l'heure de la mondialisation

Le hip-hop s'est développé dans le monde entier. Du coup, sa technique s'est enrichie de tous les styles rencontrés : danse indienne (notamment le khatak qui est une danse de combat très percussive), le butô japonais, la capoeira (danse de défi, héritière des anciennes danses guerrières brésiliennes), la danse orientale, la danse africaine.

Électriques !

Avec les années 1980, une nouvelle génération de danseurs fait son apparition. Dans le domaine de la danse debout, les Electric Boogaloos, sous la houlette de Boogaloo Sam, inventent de nouvelles figures dont le pop qui, plus tard, fera le succès de Michael Jackson (il a été un de leurs élèves). Le lock, l'uncle Sam, le wave, le moon walk, le stromboscope, le robot, etc., sont autant de styles qui ont révolutionné la danse dans le monde.

Skateboard !

Pour certains, le skateboard a influencé le hip-hop, ce qui se remarque dans des freezes très aériens (tels que le « Y »). Pour d'autres, c'est la break dance qui a influencé le skateboard, puisque le « Y » est déjà présent dans la capoeira.

Y (renversé) en capoeira...

et en karaté.

Y (à l'endroit !) en skateboard.

... et autres sources d'inspiration

Dans le domaine de la break dance (danse au sol), le hip-hop est influencé également par la gymnastique sportive, l'acrobatie, les arts martiaux, tandis que le smurf (danse debout), fait écho aux robots, au comportement des gens, aux séries télévisées, aux reportages sur l'espace et les astronautes, aux dessins animés, à la publicité, au mime, au cirque, à la tap dance, au jazz, et même à la danse classique !

Tap dance (à gauche) ou break dance (ci-dessous) : dans les deux cas, les mouvements de jambes sont rapides et efficaces !

À la cosaque !

Les danses traditionnelles cosaques ont également inspiré les breakers. En effet, certaines danses russo-slaves, comme le kazatchok, reposent sur les mêmes principes que le break : un mouvement de jambes rapide suivi de l'exécution de mouvements au sol.

Essaie-toi au smurf !

Le smurf, c'est la danse debout. Il utilise plusieurs techniques différentes comme le popping, le locking, le gliding, le wave ou l'égyptien, qui peuvent s'associer pour des effets spectaculaires. Le smurf demande moins de force physique que le break, c'est pourquoi les filles le pratiquent plus volontiers.

Apprends le Moon walk

Tu dois donner l'impression de flotter en apesanteur ou de marcher sur un tapis roulant. Il faut inverser l'ordre pointe talon : marche en posant le talon du pied arrière et les orteils du pied avant. Tu peux aussi le faire en restant sur place.

1. Quand tu poses ta pointe de pied, balance les bras en opposition avec la jambe qui avance.

2. Fais glisser l'autre pied vers l'arrière.

3. et **4.** Déroule ton pied en reculant au ralenti.

Le « Juste Debout »

Depuis 2002, une nouvelle compétition internationale de hip-hop, fondée par le danseur et chorégraphe franco-camerounais Bruce Soné, dit Ykanji, a vu le jour. Comme son nom l'indique, elle ne regroupe que des styles de hip-hop « debout » : le locking, apparu au début des années 1970 ; le popping ; la house dance, originaire de Chicago ; le hip-hop « freestyle », né à New York ; la catégorie dite « expérimentale », introduite à Juste Debout en 2005 ; le top rock, style plus récent. La manifestation qui a lieu à Paris rassemble près de 20 000 spectateurs et, en 2012, il y avait des représentants de 15 pays.

Amuse-toi avec le Locking-pointing

Le locking consiste à bloquer et contracter une partie du corps, comme si tu avais un énorme hoquet.

1. Choisis et prépare plusieurs mouvements différents.

2. Marque un arrêt entre chaque mouvement et pointe du doigt différentes directions.

3. Contorsionne-toi tout en contractant tes muscles.

4. De nouveau, pointe ton doigt dans une autre direction, et ainsi de suite.

Joue à l'Égyptien

C'est un mouvement qui s'inspire des positions des Égyptiens dans les représentations antiques.

1. La tête est de profil, le corps de face, les bras en opposition cassés à angle droit au niveau des articulations (coude, poignets).

2. Déplie et replie les bras et les jambes suivant ce principe.

3. et **4.** Effectue des mouvements saccadés et stoppés net (comme un cheval qui « pile »).

Pop pop hip-hop

Le popping est un style de danse consistant à contracter ses muscles sur le rythme de la musique. C'est le « robot ». Le popping, tout comme le locking, faisait partie des funk styles. En effet, ces danses ont fait leurs premiers pas sur la musique funk. Le popping est souvent associé au boogaloo qui permet d'effectuer des ondulations du corps, afin de se retrouver dans des positions inhabituelles.

Le mime à l'origine du smurf

Bien que mime et non danseur, Robert Shields a fortement inspiré le popping. Il se produisait dans des spectacles de rue (principalement à San Francisco, dans les années 1970) durant lesquels il perfectionna l'art du robot. Certains attribuent l'origine du moon walk au wind walk du mime français Marcel Marceau, qui consiste à donner l'illusion d'avancer contre un vent fort, mais en restant sur place.

Danse le Wave

Wave, c'est une vague. Toi aussi tu es une vague, et tu ondules

Tu peux l'exécuter juste avec les bras en démarrant l'ondulation par la main droite et en finissant par la main gauche, ou avec tout le corps.

1. L'ondulation part de la tête.

2. Puis tu avances les épaules.

3. Puis le torse, le ventre et le bassin.

4. Ensuite, tu plies les genoux.

5. Tu finis sur la pointe des pieds.

Cassé !

La (ou le) break dance ou break (de ***to break***, casser) fait référence aux « cassures » musicales des passages instrumentaux dans le rap. Elle se caractérise par son aspect acrobatique et ses figures au sol. C'est une danse physique qui demande de la force et de l'entraînement.

Pratique en solo

La break dance se pratique en solo, le danseur prenant généralement place au centre d'un cercle de spectateurs. Les danseurs se succèdent au milieu : ils font des passages.

La coupole

Les jambes doivent tourner autour du corps comme une roue sur son axe.

1. Il faut d'abord descendre vers le sol en prenant appui sur les mains.

2. Puis on tourne les jambes. Elles entraînent le corps dans un mouvement giratoire.

3. On reprend ensuite de l'élan avec les bras et les mains en gardant les jambes bien écartées.

4. On glisse le dos au sol et on recommence.

Le thomas

Ce mouvement a été nommé ainsi en hommage au gymnaste Thomas Flare, l'inventeur du cheval d'arçon. Imagine que le danseur fait du cheval d'arçon au sol.

1. On commence avec un pied et une main sur le sol.

2. On soulève le bassin en faisant attention qu'il ne touche jamais le sol.

3. On fait une rotation du bassin : les jambes suivent le mouvement. La main se lève pour laisser passer les jambes tendues et bien écartées.

4. La main revient au sol. On bascule ensuite vers l'avant et on passe les jambes et le bassin vers l'arrière.

L'art du passage

Le danseur s'avance au centre et effectue des mouvements de jambes rapides qui rappellent ceux du boxeur Muhammad Ali (Cassius Clay). Cela s'appelle foot work ou danse de préparation. Il ne s'agit en effet que du début du passage pendant lequel le danseur s'échauffe et délimite son espace.

Le foot work ou pass pass

Puis, passant aux choses sérieuses, le danseur pose ses mains au sol et fait courir ses jambes autour de son corps. Il effectue ensuite des figures au sol – les phases – qui mettent en évidence sa vitesse d'exécution, sa force physique ou sa créativité pour enchaîner de manière originale plusieurs figures.

Le scorpion

Il faut avoir des bras très musclés.

1. Mains au sol et bras pliés, on appuie le ventre sur les coudes. On soulève les pieds et on maintient le corps horizontal, à quelques centimètres du sol. On bloque les abdos et on serre les fesses pour pouvoir tenir !

2. à 5. On fait des petits sauts en basculant d'une main sur l'autre et en tournant sur soi-même.

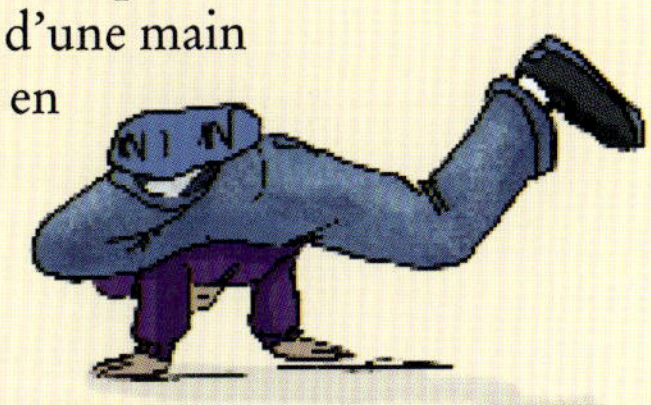

Le headspin

Le danseur tourne sur la tête les jambes écartées.

1. À la base, c'est la position du poirier, les mains en appui, les bras pliés de chaque côté.

2. On donne un élan à partir du bassin pour tourner.

3. Le but est d'arriver à lâcher les mains.

Pour les pros !

Attention, ces mouvements sont très difficiles à exécuter. Ils nécessitent une vraie maîtrise musculaire pour pouvoir tenir sur les mains ou sur les bras.

Aux limites de la danse...

De nombreuses danses rencontrent le succès ou enthousiasment les foules. Pour autant, elles se situent à la limite du sport, des danses dites « sociales », ou de la communication d'aujourd'hui.

Les Yamakasis

Dans la mouvance des cultures urbaines, en 1997, à Évry (Essonne), un groupe de jeunes devient pionnier dans l'art du déplacement ou ADD. Cette discipline consiste à franchir les obstacles de la ville à la manière d'un chat. Ce n'est pas à proprement parler de la danse, mais les sauts aériens et l'agilité qu'ils requièrent peuvent s'y apparenter tant le mouvement est esthétique et raffiné. Ils connaissent le succès avec le film *Yamakasi* de Luc Besson.

La Zumba

La Zumba est un mélange de danse et de fitness où il s'agit de bouger en rythme sur des musiques de salsa cubaine. C'est Beto Perez, un Colombien installé aux États-Unis, qui l'a inventée au milieu des années 1990. Il aurait oublié ses cassettes pour donner son cours de fitness et se serait servi de celles qu'il écoutait dans sa voiture ! Depuis, la Zumba a fait des adeptes dans le monde entier, comme Shakira. Elle débarque en 2010 en France où elle fait fureur et existe même sur consoles de jeux.

Beto Perez est le créateur de la zumba.

La flash mob

Elle signifie « mobilisation éclair » ou « foule éclair » et désigne le rassemblement soudain de personnes dans un lieu public pour y effectuer des actions convenues d'avance sur Internet ou sur les réseaux sociaux, puis se disperser rapidement. La danse y est très présente. En juin 2009, la mort de Michael Jackson donne lieu à des flash mobs dans la plupart des grandes villes du monde pour danser tous en même temps la chorégraphie de *Beat It*.

La synchronisation des danseurs lors d'une flash mob est impressionnante, car la chorégraphie peut être dansée par des centaines de personnes !

Le Harlem Shake

Le Harlem Shake est une danse totalement loufoque, qui s'exécute sur la musique techno du même nom inventée par un DJ compositeur de musique électronique : Baauer. Les participants se contactent par réseaux sociaux et se rassemblent pour se filmer et mettre leur vidéo en ligne. C'est un phénomène mondial, qui sert souvent de danse de contestation jusqu'à devenir un symbole de la lutte pour la liberté d'expression et contre la censure.

L'électro

Abréviation du mot « electrofunk », c'est une branche dérivée du hip-hop attribuée à l'origine au DJ Afrika Bambaataa qui reprend des extraits des morceaux du groupe *Kraftwerk* (une musique « industrielle » allemande des années 1970). La danse électro combine un côté rythmique très saccadé avec des nappes mélodiques « planantes » et se danse avec des mouvements arrêtés (on utilise le locking, par exemple).

Le Harlem Shake consiste à « perturber » un environnement en dansant subitement, et en arborant des costumes insolites.

Le hip-hop a influencé l'électro à la fois dans le son, dans la danse et dans le look.

Le secret du flamenco, au-delà de la technique, est une question de tempérament.

Ici et ailleurs

Entraînement, règle, discipline... la danse est tout cela, mais c'est d'abord un plaisir ! Tous les peuples dansent dans le monde entier, pour s'amuser, se défouler ou se réunir. Quelle que soit la danse que tu choisis, tu découvriras le bonheur de sentir bouger ton corps sur la musique que tu préfères.

Danses d'ici

En France, chaque région a ses danses. Elles sont généralement très anciennes et complexes. Les danses d'Auvergne demandent de la souplesse, celles de Bretagne sont d'une légèreté superbe, les catalanes tout en retenue, les basques acrobatiques.

Une richesse incalculable

Les danses traditionnelles françaises racontent toute l'histoire de la danse : de la ronde primitive à ses formes les plus savantes. Dans les campagnes, elles s'exécutent lors des mariages, des moissons. Elles gardent souvent leurs origines païennes : danses du feu ou animalières, de carnaval, de mai. La richesse de leurs pas et des chorégraphies possibles est incalculable. Elles gagnent la ville ou elles inspirent la danse de cour.

Ces auvergnats en costume traditionnel dansent au son d'une vielle à roue.

Une danse enlevée

Stylisé, le pas de bourrée devient l'un des pas de base les plus utilisés de la danse classique. Mais quand elle reste sous sa forme originale, c'est une danse très vive et très physique qui demande du souffle et pas mal d'entraînement !

La bourrée du temps de Charlemagne

Elle se dansait peut-être dès 879 et elle est encore dansée pour les réunions et les mariages par des groupes de danse traditionnelle. La bourrée était présente aux fêtes données à la cour des comtes d'Auvergne et de Berry mais aussi à celle de Catherine de Médicis, italienne par son père, auvergnate par sa mère. Lancinante et vigoureuse, c'est la danse par excellence du centre de la France.

Danse la bourrée

Voici une version de la bourrée qui s'exécute par demi-tours, en tournant et en se déplaçant. C'est amusant, mais il faut de l'endurance.

1. Avance le pied gauche en prenant l'appel pour faire un saut sur place tandis que le genou droit monte.

2. Tu te retournes en sautant et en levant le genou gauche.

En Provence, danser la farandole pour célébrer les fêtes de la récolte des vers à soie est une vieille coutume.

Quel succès !

Une centaine de sociétés de farandole se créent entre 1890 et 1914. On parle même dans le journal d'Uzès, en 1891, d'un concours de farandole. Sa musique la plus connue est attribuée au bon roi René (1409-1480), duc d'Anjou, comte de Provence et roi de Naples, musicien et protecteur des arts.

La farandole, une leçon militaire

Il fut un temps où soldats et marins de l'armée française étudiaient la danse. Durant leurs années de service, ils gagnaient en agilité et sortaient de cette longue période transformés en danseurs capables de battre l'entrechat et d'exécuter des pas difficiles. Ils pouvaient obtenir un brevet de danse militaire après avoir prouvé leurs capacités devant un jury. Rentrés « au pays », ils répandaient leurs nouvelles connaissances. On retrouve la farandole dans plusieurs régions, mais c'est en Provence que cet apport particulier a été totalement assimilé.

Farandoulo

La farandole populaire existe encore dans le Midi de la France. Elle a un nombre de participants illimités qui se tiennent par la main et se déplacent vers la droite en marchant, courant, gambadant ou sautant en cadence au son du tambourin. Le premier de la file est le meneur, c'est lui qui décide des figures dont il agrémente la danse. Tu peux essayer avec des amis. C'est une danse plutôt amusante.

3. Tu te retournes en sautant et en levant le genou droit.

4. Tu te retournes en sautant et en levant le genou gauche.

5. Tu te retrouves sur ton axe de départ. Là, tu fais 2 pas rapides et tu recommences : appel du pied gauche et monte le genou droit, et ainsi de suite.

Une danse très savante

En 1876, l'un de ces soldats-danseurs invente une farandole plus savante que la farandole populaire née à la fin du XVIIIe siècle. Elle inclut des pas codifiés, comme l'aile de pigeon, l'assemblé, le chassé, le jeté, le brisé, le ballonné agrémenté de contretemps et de battus. Elle se déplace vers la gauche, se découpe en parties alternées (refrain/couplets) et donne une impression de légèreté grâce aux sauts sur demi-pointe.

En ronde et en chaîne

Les danses régionales sont souvent l'occasion de manifester son appartenance à un groupe. Que ce soit en pays catalan ou en Bretagne, les danses réunissent souvent tous les habitants d'un même village, quel que soit leur âge, leur sexe ou leur rang social.

Une belle Catalane

La sardane est la danse nationale de Catalogne, française et espagnole. C'est une ronde et tout le monde peut y participer. D'origine grecque, paraît-il, elle est unique au monde, puisqu'elle possède, de façon originale, une structure mathématique. En effet, les musiciens comme les danseurs, qui se donnent la main, sont tributaires du rythme qui est exactement de 55 points dans une minute. Malgré son ancienneté, elle se danse encore, certains dimanches d'été, sur les côtes pyrénéennes.

La sardane se danse encore de nos jours sur les places des villes et des villages ; celle-ci a lieu dans la rue, à Collioures (France).

Danser la sardane

La sardane est une ronde dans laquelle on peut entrer à n'importe quel moment, sauf pendant les sauts (sur les points longs). On ne doit jamais « couper » un couple. Donc, on entre dans la ronde à gauche d'un homme (jamais à droite car c'est peut-être sa femme à côté !). On se tient par la main. Sur les points courts, les bras sont en bas. Sur les longs, ils sont en l'air. La sardane est une sorte de pas de bourrée pointé qui se danse sur 3 temps pour les pas courts et avec 3 pointés sautés et un pas de bourrée sur les longs.

La ronde du Soleil

La légende dit que la sardane serait l'héritière de la ronde préhistorique et que, comme elle, elle serait liée à un ancien culte du Soleil. Les 8 points courts et les 16 points longs sur lesquels elle est dansée représenteraient les 24 heures, et la rotation de la droite vers la gauche le sens de la course solaire.

Le costume et la musique

Jupe sombre et jupon blanc, châle coloré et coiffe brodée pour les femmes ; baratina (coiffe rouge avec un ourlet noir) et faixa (ceinture de flanelle) pour les hommes : tel est le costume traditionnel. Mais la sardane se danse aussi en vêtements de tous les jours. Par contre, les vigatanes (espadrilles à lacets que l'on noue aux chevilles) sont les bienvenues. En effet, les chaussures en cuir peuvent blesser et les tennis ou baskets sont trop volumineux ou trop lourds. La *cobla* ou l'orchestre (onze musiciens) utilise une douzaine d'instruments : le *tambori* (tambourin), la *vera* (contrebasse), les *tibles* (hautbois au son aigu), le *flabiol* (petite flûte), les *fiscorns* (tubas), des trompettes et un trombone à piston.

La danse bretonne

Toute activité en Bretagne était l'occasion de fête et toute fête prétexte à danser. On ne compte plus les danses bretonnes tant elles sont riches et nombreuses. Il faut dire que les paysans bretons, qui avaient une vie rude, ne résistaient pas au plaisir de se délasser le corps par la danse, une fois les travaux quotidiens achevés : on danse au lavoir ou à la rivière pendant que trempe le linge, on danse à la fin des veillées, on danse pendant les foires, aux pardons et, bien sûr, aux noces, qui pouvaient durer deux ou trois jours et réunir 200 à 300 personnes. Certaines danses comme *ar rost* (avant le rôti) duraient parfois deux heures.

Le sens du collectif

En Bretagne, la danse soude la communauté. On se tient par la main, le bras ou le petit doigt. Si la gavotte est l'une des formes les plus répandues, il en existe une variété incroyable. Elles sont souvent accompagnées par un chant *kan a diskan* – 2 chanteurs qui se relaient – et sont capables de faire danser a capella (sans instruments) plusieurs centaines de personnes.

Vivace !

La tradition des chants et de la danse bretonne est tellement forte qu'elle réunit encore de nos jours des centaines de personnes pour danser lors de fest-noz (fêtes de nuit) organisés principalement en Bretagne mais aussi partout en France.

Danse l'an dro

C'est une danse simple qui s'exécute à plusieurs, en chaîne ou en ronde. On se tient par le petit doigt et on se déplace dans le sens des aiguilles d'une montre. Le rythme peut se compter 1 et 2 et – 3 et 4 et – … ainsi de suite.

1. Le pied gauche se déplace à gauche (le poids du corps est sur le pied gauche) le pied droit se lève, et le pied droit se pose et rejoint le gauche, le gauche se lève.

2. Le gauche se pose, et le pied droit se soulève. Après avoir marqué un temps d'arrêt sur « et », on change d'appui.

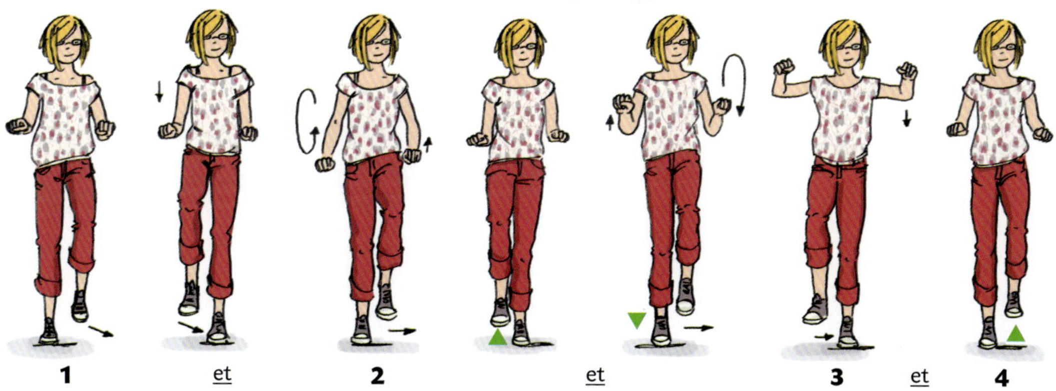

3. Le pied droit se pose et se déplace toujours vers la gauche (mais le poids du corps est sur le pied droit), le gauche se lève, et le pied gauche se pose, le droit est levé.

4. Le pied droit se déplace à gauche pour rejoindre le pied gauche et se pose, et le pied gauche se soulève. Après avoir marqué un temps d'arrêt sur « et », on change d'appui.

Pendant 1 et 2, les bras font un moulinet vers le haut et vers l'extérieur. À « et » on marque un léger temps d'arrêt. Pendant 3 et 4 les bras font un moulinet vers le bas et vers le corps (soit à l'inverse du premier mouvement).

Volants et castagnettes

La danse flamenca est un des symboles de l'Espagne. C'est une danse traditionnelle qui dépasse largement le folklore et dont les origines se perdent dans la nuit des temps.

Boléro et jondo

Ce que l'on appelle aujourd'hui flamenco est le plus souvent un mélange entre une danse savante espagnole, l'école Boléra, qui s'appuie sur une école classique de ballet du XVIIIe siècle et utilise les castagnettes, et une forme théâtralisée du flamenco gitan d'Andalousie. Le vrai danseur de flamenco « jondo », ne se sert que de la frappe de ses pieds et du claquement de ses doigts ou de sa langue pour s'accompagner.

Cousinage troublant

Les crotales, deux cliquettes en bois que l'on frappait en dansant lors du culte de Cybèle dans la Grèce antique, viennent du mot *krotalon*. Mais sais-tu qu'en Inde, les *kartales* sont de longues castagnettes de bois utilisées au Rajasthan ?

La coiffure flamenco est le chignon bas. Les cheveux sont très tirés et agrémentés d'un peigne, d'un foulard ou de fleurs en tissu.

Les danseuses peuvent avoir des castagnettes... ou pas, traditionnellement faites en ébène pour faire entendre un son mat et plein.

La plupart des danseuses flamenca ornent leurs oreilles de grosses boucles à la gitane.

Il ne faut porter ni bague ni bracelet car cela gêne le mouvement des mains et nuit à sa lisibilité.

La jupe, le plus souvent à volants, fait partie de la danse. Son tissu ne doit pas être trop souple ni trop fin : le coton est idéal. Il faut pouvoir danser avec ou la faire bouger.

Les chaussures à bride sont souvent ordinaires, avec un petit talon. Elles doivent être confortables et bien tenir aux pieds sans les serrer.

De beaux bras

Pour bien travailler le style flamenco avec tes bras, essaie les astuces suivantes : fais semblant de cueillir une pomme, de la manger et de la jetter, ou bien de décrocher un drap en hauteur et de le lâcher brusquement.

Tournez volants !

La robe traditionnelle de flamenco est ample, avec des volants. Ceux-ci servent autant à enjoliver qu'à donner du poids, ce qui permet tous les mouvements où, d'un coup de genou, la danseuse fait remonter sa robe. Ces volants sont généralement tenus par un crin qui « plombe » la robe en lui donnant une tenue incomparable.

Dans le flamenco, danseurs et musiciens sont étroitement liés.

Du fond des âges

L'origine du flamenco est tzigane. On suppose que ce peuple vient des hauts plateaux de l'Inde comme en témoigne sa langue, le caló qui est un dialecte de la famille du sanskrit, un des plus anciens langages de l'humanité. Certains spécialistes pensent d'ailleurs que le flamenco et la danse indienne, notamment le kathak, ont des racines communes. Dans la Rome antique, les célèbres danseuses de Gadès (l'actuelle Cádiz) dansent avec leurs crotales aux doigts et font l'admiration de tous.

Une danse… flamande !

Le mot « flamenco » signifie flamand. En pleine période de répression contre les gitans, le roi d'Espagne Charles III (1716-1788) accorde, en 1783, quelques privilèges à certaines familles andalouses pour service rendu pendant la guerre des Flandres. Ces familles prennent alors le nom de Flamencos. C'est dans ces familles gitanes que va naître une nouvelle culture appelée le flamenco.

Une belle façon de se plaindre

Huit siècles de civilisation arabe en Espagne laissent leur empreinte sur cette danse. La musique est alors arabo-andalouse. Le répertoire des danses gitanes s'élargit au XVIIIe siècle avec le fandango et d'autres danses andalouses. Mais au moment de la Reconquête, les arabes, les juifs et les gitans sont persécutés et mis dans des ghettos. Les paysans andalous deviennent les esclaves de maîtres castillans, et ils sont utilisés par les nobles pour animer leur fêtes privées. C'est de toute cette histoire qu'est né le flamenco.

Danse la sévillane

Elle se danse en 2 fois 3 temps. Sa particularité est de créer des interruptions sur le 6e temps où tu laisses libre cours à l'expression de tes sentiments.

1. Pour commencer, frappe dans tes mains en accentuant le premier des temps sur 3 : 1-2-3 – **4**-5-6. Puis, pour bien te rendre compte de l'effet produit, tu frappes 1-2-3 – **4**-5 et le 6 est muet.

2. Commence à placer tes bras : ils doivent onduler sur le côté. Tes mains repoussent l'air comme si celui-ci était du sable. Le buste est très tenu, le dos très droit, voire légèrement en arrière au niveau des omoplates qui se resserrent. Ensuite, fais marcher tes pieds. C'est une sorte de pas de valse.

3. Tu poses le pied droit devant. Le pied gauche se place derrière la cheville droite.

4. Tu repousses en montant sur la demi-pointe du pied gauche, le pied droit se lève devant la cheville gauche.

5. Tu redescends en posant le talon droit. Tu recommences de l'autre côté (sur 4-5-6).

Latino latinas

L'Amérique du Sud est une terre de danse. Samba, salsa, rumba, cha-cha-cha, non seulement chaque pays invente sa danse, mais surtout elles sont si populaires qu'elles en deviennent un symbole. Leurs rythmes ont vite conquis le monde et, aujourd'hui, on danse « latino » partout.

La danse du nombril

Quand on pense au Brésil, la samba et les cortèges de son carnaval dansent devant les yeux. La samba a une double origine, noire et créole, mais son berceau est l'Afrique. D'ailleurs, son nom vient de l'africain *semba* qui, pour les Africains du Zambèze, signifie « danser ». Certains spécialistes affirment qu'elle était originellement baptisée *umbigada* (coup de nombril) et que le mot dérive du bantou *semba* qui, cette fois, veut dire « nombril ».

Fais connaissance avec la samba

La samba se danse en 2 temps, avec un accent sur le 2e temps de chaque mesure. Elle consiste en pas croisés très rapides avec des rebondissements précédés de flexions des genoux. Son rythme est discontinu et syncopé : on fait 3 pas sur 2 temps. Le 1er pas est lent, le 2e rapide sur le 1er temps, le 3e lent sur le 2e temps.

1. Avance le pied droit bien croisé devant et la pointe tendue tandis que ton bassin est déhanché, c'est-à-dire plus haut à droite.

2. Avance le pied gauche de la même façon.

3. Puis les deux pieds serrés avec une jambe un peu plus pliée que l'autre. Le bout du pied est sur demi-pointe et le bassin déhanché plus haut du côté de la jambe dont le pied n'est pas totalement posé à terre.

4. On adopte la même position mais sur l'autre jambe et ainsi de suite.

Le candomblé

C'est un rituel entre religion catholique et croyances africaines. Comme le vaudou, le candomblé a été transplanté d'Afrique au Brésil par les esclaves. Le candomblé repose sur la danse et le chant, les battements de tambour, les cantiques, la transe et la samba, qui était au départ une sorte de prière dansée.

Histoire de la samba

La samba naît à Bahia, au nord-est du Brésil, et fait partie des rites du candomblé. Des écoles de samba sont créées, dirigées par des groupes afro-brésiliens qui la transforment en spectacle. Elle est ensuite introduite à Salvador, Sao Paulo et Rio, où on l'appelle carioca. Aujourd'hui, pour le carnaval, toutes les écoles de samba descendent des favelas, les quartiers pauvres de Rio, et défilent au sambodrome. Un jury désigne la meilleure d'entre elles, qui remporte alors le titre convoité de championne de l'année.

La parade du carnaval

La parade s'organise autour d'un thème, l'enredo. Chaque école définit son thème (par exemple l'abolition de l'esclavage ou l'histoire du football). L'originalité de celui-ci est l'un des critères pour choisir l'école gagnante. Les costumes, les paroles de la samba-enredo, les chars, tout est réalisé en fonction du thème. Le défilé est une apothéose. Près de cinq mille personnes, de 8 à 80 ans, dansent et chantent dans l'avenue principale, guidées par trois cents percussionnistes. Le carnaval de Rio est un spectacle à couper le souffle qui réunit des millions de danseurs.

Ces danseuses de samba participent au carnaval de Rio (Brésil).

La salsa

C'est d'abord un terme employé à la fin des années 1960 à New York et à Porto Rico pour désigner la musique cubaine. En fait, c'est un mélange, une « sauce » (salsa) qui mixe le són, la guaracha et le boléro. Finalement, elle devient une danse de couple qui emprunte ses pas au mambo. À la base, il s'agit d'une suite de pas latéraux avec déhanchement, ou d'avant en arrière avec un pas croisé devant et pointé sur le quatrième temps. Ensuite, on peut ajouter des tours, des suspens, etc.

Danse la salsa

La salsa se danse sur une mesure à 4/4. Le pas de base se fait sur 8 temps (2 mesures), correspondant à 6 mouvements : 1, 2, 3, (4), 5, 6, 7, (8). Il y a un petit arrêt dans les mouvements sur les comptes 4 et 8. On peut donc compter : 1, 2, 3, stop, 5, 6, 7, stop.

En salsa cubaine, les danseurs se font face et leurs pas sont réalisés en miroir l'un par rapport à l'autre pour le pas de base. La position la plus classique dans les danses latines est celle où le danseur met sa main droite dans le dos de sa partenaire. Les pas de la danseuse et ceux du danseur sont inversés : le danseur avance, quand la danseuse recule.

1. Pied droit en arrière. Poids du corps à droite. Léger déhanché à droite.

2. Replacer le poids du corps à gauche sans déplacer les pieds.

3. Revenir dans la position de départ, pieds côte à côte.

4. Stop. Pas de mouvement.

5. Pied gauche en avant. Poids du corps à gauche.

6. Replacer le poids du corps à droite sans déplacer les pieds.

7. Revenir dans la position de départ, pieds côte à côte.

8. Stop. Pas de mouvement.

Question de déhanchements

Danseurs de tango à Buenos Aires, en Argentine.

À l'origine, les danses d'Amérique latine ont été importées par les immigrants, notamment d'Espagne ou d'Afrique. Leurs déhanchements et leurs expressions, qui prennent pour référence les rapports amoureux, semblent alors « indécents » pour les classes sociales huppées qui accordent, au contraire, une grande importance à la tenue guindée, héritée de la noblesse espagnole.

Le tango

Pour les uns, il est d'origine bantoue, pour les autres, il est maure (Maghreb) et transite par l'Espagne au début du XVe siècle. Mais, banni par les Castillans pour inconvenance, les gitans en auraient gardé la tradition et l'auraient importé à Cuba, où il prend le nom de habanera (de la Havane). Arrivé en Argentine à la fin du XIXe siècle, il se danse entre hommes dans le quartier populaire de La Boca, mais reste « indécent ». Vers 1920, après avoir conquis Londres et Paris où il se codifie, il devient la danse de société par excellence.

Apprends le tango argentin

Le « carré » est le pas de base qui te permet de te déplacer avec ton partenaire, ensuite tu peux exécuter des variations à partir de ce pas. Dans tous les cas : tu mets la main gauche sur l'épaule de ton partenaire et tu tiens sa main droite. Ton corps est légèrement incliné vers lui mais très droit, très tenu. Tu peux finir avec un grand cambré en arrière pendant que ton partenaire te tient la taille.

1. Tu avances ta jambe gauche.

2. Tu déplaces ta jambe droite sur le côté droit.

3. Tu recules ta jambe gauche.

4. Tu ramènes ta jambe droite à côté de ton pied gauche.

5. Tu repars de l'autre côté. Ton ou ta partenaire exécute exactement les mêmes mouvements à l'inverse (elle recule la jambe droite, déplace la jambe gauche à gauche, avance la jambe droite, ramène le pied droit).

International

Au cours des années 1920, il s'imprègne du style des pays qu'il traverse. Expressionniste en Allemagne, élégant à Paris, il est standardisé dans les années 1960 en Angleterre où il n'est plus classé dans les danses latines. Mais c'est grâce au musicien Carlos Gardel et son succès immense qu'il s'impose en Argentine vers 1920. Il se danse dès lors enlacé et comporte de nombreuses figures.

La rumba

La rumba est une danse très ancienne. En 1501, Diego Suarez aborde l'île de Cuba mais, en cinquante ans d'occupation espagnole, la population locale est décimée. Suarez fait alors venir, pour servir de main-d'œuvre, des esclaves d'Afrique qui pratiquent le vaudou. Or, parmi les danses du rite, figure celle du coq. Elle devient la danse emblématique de l'intérieur de l'île.

Danse la rumba

Danser la rumba est une question de déhanchement. Tu démarres pieds serrés, jambes tendues. Tu te déhanches en déplaçant le poids du corps sur un seul côté et en pliant une seule jambe. Fais la même chose de l'autre côté. Ensuite, exécute ce mouvement en avançant, en reculant, sur le côté en suivant le rythme. La rumba est constituée de 3 temps sur 3 pas avec un arrêt entre chaque séquence de 3 temps : 2 rapides, 1 lent, arrêt. Les pas de la danseuse et ceux du danseur sont inversés : le danseur avance, quand la danseuse recule.

1. Pied droit en arrière. Poids du corps à droite. Déhanché à droite.

2. Replacer le poids du corps à gauche sans déplacer les pieds.

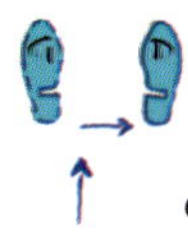

3. Déplacer le pied droit en angle sur la droite et y placer le poids du corps.

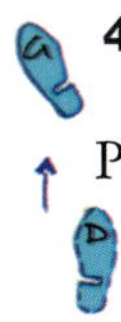

4. Pied gauche en avant. Poids du corps et déhanché à gauche.

5. Replacer le poids du corps à droite sans déplacer les pieds.

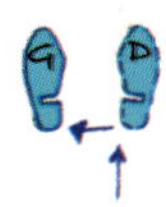

6. Déplacer pied gauche en angle et y placer le poids du corps.

Incroyable

Même si elle se dansait depuis 1570 à l'intérieur des terres, ce n'est que vers 1917 que la rumba commence à se pratiquer à La Havane. Jugée indécente à cause de ses déhanchements suggestifs, elle est interdite dans les dancings chics jusqu'à ce qu'elle revienne, auréolée du succès remporté à l'étranger.

Le costume des danseurs de rumba garde la trace de son origine : la longue traîne de la robe symbolise la queue de la poule.

Un bon caractère

La danse « de caractère » est à l'origine une façon de styliser des pas empruntés au folklore ou aux danses nationales. Au XVIIIe siècle, on l'employait pour caractériser des métiers, des terroirs ou des personnages pittoresques, avant qu'elle ne désigne surtout la danse « russe » ou slave.

Groupe folklorique de Biélorussie.

Espagnolades et exotisme

La danse de caractère est connue au départ pour ses espagnolades, très en vogue au XIXe siècle et au début du XXe. D'ailleurs, les grandes danseuses classiques du XIXe siècle se doivent d'avoir leur spécialité « exotique », c'est-à-dire empruntée au folklore russe, polonais, italien ou d'Europe centrale. La danse de caractère devient un élément important des ballets de répertoire. Ainsi, dans *Le Lac des cygnes*, assiste-t-on à une danse russe, à une polonaise, à une mazurka, à un capriccio italien et à un capriccio espagnol.

Le salut

1. Tu te tiens les pieds serrés, main gauche à la taille, main droite le long du corps.

2. Tu fais un pas du pied droit vers la droite. La jambe gauche reste tendue sur le côté. Le bras droit s'ouvre sur le côté.

3. Ramène la jambe gauche contre la jambe droite. Amène la main droite à l'épaule gauche.

4. Penche-toi vers l'avant, dos droit. La main droite descend le long du corps vers la jambe droite.

Une vision très folklorique

Peu à peu, la danse de caractère devient une technique à part entière enseignée dans les cours. Les exemples les plus brillants en sont les grands ballets nationaux qui se sont développés dans les pays de l'ex-Union soviétique. Ce style réunit deux traditions : les danses traditionnelles populaires et les grands ballets classiques, auxquels s'ajoute une recherche du spectaculaire exprimée dans la chorégraphie et dans les costumes. On y privilégie la qualité, quitte à perdre en authenticité.

Du panache !

Dans les années 1960, ces spectacles, comme ceux des ballets Moïsseïev, connaissent un grand succès en Europe. On découvre avec plaisir l'exotisme de ces danses venues de l'Est où le public croit voir des représentations authentiques des cultures traditionnelles. Depuis, les danses slaves, avec leur côté très spectaculaire associé à une grande virtuosité technique sont appelées danses de caractère. Le panache et la fougue de ce folklore ont sans doute contribué à en populariser le style.

À la slave !

Voici quelques positions de base qui te permettront de donner un air slave à ta façon de danser.

1. 2de en dehors. Paumes légèrement ouvertes vers le haut.
2. 3e en dehors. Les pieds se croisent à hauteur des talons. Les poings sont fermés.
3. 4e en dehors. Main droite posée sur la nuque, poing gauche à la hanche.
4. 1re parallèle. Pieds et genoux joints.
5. 2de parallèle. Pieds écartés, mains aux hanches.
6. 4e parallèle. Pieds séparés d'un demi-pied environ.
7. 5e parallèle. Bras croisés sur la poitrine, position dite « des matelots russes ».
8. 2de en dedans. Bras croisés et tête regardant loin au-dessus de l'épaule.

Danseuses arméniennes.

Le charme slave

Les danses slaves sont très à la mode dans nos bals du XIXe siècle. Originaires des villages d'Europe centrale, elles sont vite récupérées dans le ballet classique pour agrémenter les actes de divertissement et leur donner un caractère exotique et surtout entraînant.

La polonaise, un nom bien français

La polonaise est une danse très ancienne. C'est une marche dansée en couple sur une musique lente et majestueuse. À l'origine, c'est une danse de noce populaire, dansée dans les villages, qui s'appelle chodzony (danse marchée). Elle est adoptée dès le XVIe siècle par la petite noblesse et la bourgeoisie des villes. Au départ, elle était juste chantée, connue comme piezsy (piétonne) ou chmielowy (danse du saut). C'est en arrivant dans les salons au milieu du XVIIe siècle qu'elle prend son nom de polonez (tiré du mot français) et que les musiciens font leur apparition.

Au XIXe siècle, dans les bals populaires, la mazurka est à l'honneur.

Suivez la polonaise !

Elle se danse en couple. On se tient par la main mais on ne se fait pas face. Le buste est très tenu. La polonaise est une marche en 3 temps dont le 1er est accentué. C'est le couple de tête qui décide du parcours : tout autour de la salle, en diagonale, en S ou en Z, comme pour le menuet.

1. Tu plies le genou et tu tends cette jambe à hauteur de hanche devant. Tu enchaînes avec 2 pas majestueux.
2. Quand tu plies devant tu tournes la tête vers l'extérieur. Et tu ramènes la tête droite pendant les 2 pas suivants.
3. Toutes les 2 mesures, tu te retournes vers ton (ta) partenaire et tu fais une révérence très solennelle.

Il est également possible que le premier couple s'arrête et se mette face à face les bras levés, formant un petit pont. Les autres couples passent alors dessous et viennent se placer à la suite du premier couple, partenaires face à face. Quand le dernier couple est passé, le premier passe sous tous les bras levés et reprend la marche.

Noble

À la cour de Pologne, la polonaise acquiert ses lettres de noblesse. Elle est une danse de parade, exécutée en procession solennelle, et représente l'esprit même de la fierté nationale. En Europe, elle finit par être l'emblème de la Pologne.

La polka, une bataille rangée

Les origines de la polka sèment la zizanie entre Tchèques et Polonais. Pour les premiers, elle vient du mot tchèque *pulka* : demi-pas. Pour les seconds, c'est un emprunt à la danse traditionnelle « polonaise » (polska), transformée en danse de bal. En Tchékoslovaquie, on raconte que c'est un professeur de danse, qui, voyant une jeune paysanne exécuter un pas très personnel, le nota. On la voit apparaître à Prague en 1837, avant de se répandre dans les salons viennois puis à Paris en 1840. Là, un professeur de danse praguois, Johann Rabb, exécute une polka au théâtre de l'Odéon, où elle remporte un succès immédiat !

À plumes et à poils

Le costume porté pour danser la polonaise restitue celui de la noblesse du XVIIe siècle. Pour les femmes, longues manches et col montant pour le buste, jupe à paniers ample et très longue. Les hommes portent de larges ceintures ornementées, en satin et en soie, avec des gilets sans manches, des bonnets de fourrure ornés de plumes et de bijoux, de larges pantalons bouffants. Femmes et hommes sont chaussés de bottes.

Facile la polka !

Elle se décompose en 2 chassés légèrement en diagonale vers l'avant sur 1 temps (chaque chassé fait 1/2 temps) du pied droit, puis du pied gauche. On la danse en diagonale, en rond, en faisant le tour de la salle. On peut la danser en couple en se tenant par la main et en se faisant légèrement face. La polka piquée inclut le pas bohémien : talon pointe, chassé, chassé.

Mazurie, mazurek, mazurka

Danse traditionnelle polonaise à trois temps, de tempo vif, originaire de la province de Mazurie, la mazurka est passée dans le répertoire du bal musette et de la danse folklorique à la fin du XIXe siècle. On la retrouve même dans les folklores breton et antillais. Une des particularités de la mazurka se trouve dans sa rythmique aux accents parfois surprenants ou imprévisibles. Elle se danse avec des chassés latéraux qui finissent par un dégagé sur le côté et, surtout, le fameux « temps de botte » où il s'agit de frapper latéralement les deux talons.

Polkamania

Dans la seconde moitié du XIXe siècle, la « polkamania » gagne l'Europe entière en très peu de temps, notamment grâce aux nombreux manuels, articles et publications que les maîtres de danse font circuler. Elle touche rapidement toutes les couches de la population, des milieux bourgeois aux milieux populaires. On qualifia de « polka » de nombreux objets : tabatières, éventails, tissus, etc. D'ailleurs, les Anglais ont gardé l'appellation *polka dots* (littéralement « pois polka ») pour désigner un tissu à gros pois.

Sur les pas des apsaras

Le bharata-natyam est une danse sacrée indienne. Les danseuses étaient considérées dès l'enfance comme les épouses de Brahmâ, le dieu créateur, et l'incarnation sur Terre des danseuses célestes, les apsaras. Aujourd'hui, il est pratiqué uniquement par des danseuses professionnelles.

Grandes prêtresses

Pendant longtemps, les danseuses, ou *devadasis*, étaient attachées comme prêtresses à chaque temple. Le grand temple de Tanjore, par exemple, en entretenait plus de quatre cents. Danser était considéré comme l'acte de dévotion suprême. Les princesses et les femmes du palais étaient des danseuses expertes. Au XIIe siècle, la reine Shantala était réputée dans son royaume pour être la plus grande danseuse.

Shiva dansant

La plupart des dieux hindouistes sont danseurs et le plus grand de tous est Shiva, le danseur cosmique. Il est le roi des danseurs.

Une histoire de sage

Selon la légende, c'est Brahmâ lui-même qui enseigne le bharata-natyam au sage Bharata. Celui-ci le codifia dans un traité, *Le Natya shastra*, il y a environ 2 000 ans. Le sage Bharata est sans doute un mythe. On suppose que son nom est composé des trois premières syllabes des mots *bhava* (émotion), *raga* (mélodie) et *tala* (rythme). Ce qui est sûr, c'est que cet ouvrage traite de danses existant depuis 3 000 ans.

Des statues qui dansent

Tu as sûrement déjà vu des statues de danseuses indiennes. Essaye de les imiter pour danser : la position initiale est en demi-plié, les mouvements sont amples et toujours symétriques, dessinant des volumes dans l'espace.

Danseuses de bharata-natyam devant un temple, en Inde.

Les mudras sont les positions des mains ayant chacune une signification différente. On compte vingt-huit gestes à une main et vingt-quatre gestes à deux mains.

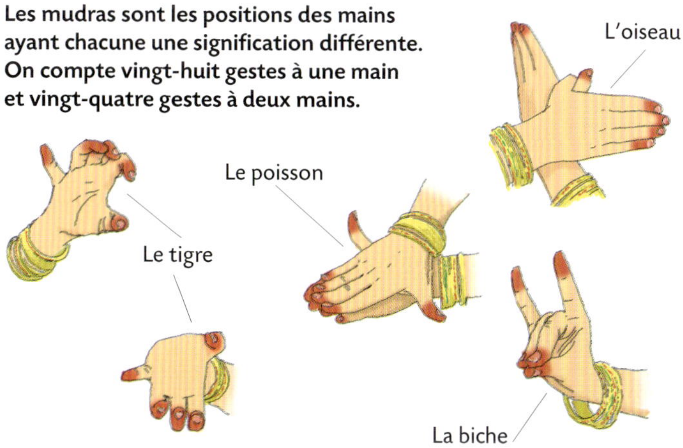

Un sculpteur dansant

Pour devenir un bon sculpteur ou un bon peintre, le saint Narada conseille d'étudier la danse. Certains temples (Tanjore, Chidambaram, Kumbakonam) sont de vrais traités de danse sculptés à même la pierre. Les danseuses et les divinités y sont représentées dans les cent huit *karanas*, ou pas, qui constituent le vocabulaire et les positions du bharata-natyam.

Utilise une astuce indienne

Les danseuses indiennes utilisent tout leur corps, leur cou, leurs mains et même leurs yeux, qui se déplacent au rythme de la musique. Pour les imiter, place-toi devant un miroir. Essaye de déplacer ta tête de côté sans plier ni tourner le cou. Le truc pour y arriver ? Mets tes mains à côté de tes oreilles (pas trop loin) et fais comme si tu voulais toucher ta main avec ton oreille d'un côté, puis de l'autre.

Des histoires divines

Le bharata-natyam est une danse narrative. Il raconte à travers des poèmes, ou *padams*, les histoires des divinités, principalement celles de Shiva et de Krishna. Les *mudras* – gestes des mains – et les positions permettent de suivre le récit. Par ailleurs, la technique pure de la danse est appréciée en tant que telle dans le spectacle.

La bayadère

Les *devadasis* sont aussi appelées bayadères (*bailadaira*, en portugais « danseuse »). Depuis la colonisation de l'Inde par le Portugal, au XVIIe siècle, ce mot désigne sans distinction toute danseuse indienne, sacrée ou profane. Cette confusion n'est guère appréciée par les Indiens. *La Bayadère* est aussi le titre d'un célèbre ballet de Petipa, recréé par Noureev pour l'Opéra de Paris, qui raconte une histoire d'amour sur fond d'exotisme indien.

On peut voir ce même genre de mouvement, propre à l'odissi, sur les façades de temples indiens.

Maharis au pays des maharadjahs

Le bharata natyam est la danse indienne la plus connue, mais il existe de nombreux autres styles tout aussi savants et intéressants : Odissi, chlau, kuchipudi, kathakali, mohini attam, ainsi que le kalaripayyat, intermédiaire entre danse et art martial.

L'odissi

L'odissi est une danse classique originaire de l'Orissa. On en trouve trace dès le IIe siècle avant J.-C. À partir du VIIe siècle, d'innombrables sculptures témoignent de la richesse et du raffinement de ce style. Les danseuses sacrées s'appellent *maharis*. Le culte célèbre l'amour de Krishna et sa bien-aimée Radha. Les souverains moghols qui envahissent l'Orissa au XVe siècle, font danser les maharis dans leur palais pour leur divertissement. Mais la réputation des jeunes filles en souffre et elles sont remplacées, pour éviter tout débordement, par des jeunes garçons habillés en femmes, les *gotipuas*.

Androgynes

Les *gotipuas* recevaient un entraînement rigoureux dans les *akhadas* (gymnases), entre 7 et 18 ans, âge auquel leur apparence devenait trop virile. Ils exécutaient les karanas les plus difficiles, les bandha-nritya, très acrobatiques. En vogue au XVIIe siècle, leur danse se pratique encore de nos jours.

Les jeunes gotipuas sont capables de faire des figures incroyables.

Le chlau

Autre tradition de l'Orissa, le chlau vient du mot sanskrit *chlaya* qui signifie ombre et, par extension, masque. C'est une danse masquée que l'on suppose aussi rattachée à un art martial. On le danse avec un bouclier et une épée. Cette danse honore Kali, l'aspect féminin (ou *shakti*) de Shiva. Les danses chlau sont de petits tableaux de quelques minutes où l'expression du corps est poussée à l'extrême. Le chlau met en scène les grands récits mythologiques indiens mais aussi la nature, les éléments, les astres.

Le kuchipudi

Le kuchipudi désigne des drames dansés qui peuvent durer trois nuits entières. Ce style, entre l'odissi et le bharata-natyam, inclut des danses d'une difficulté extrême comme le vinayaka-tala (un cycle rythmique de 72 temps où les pieds du danseur tracent sur le sol la figure du dieu-éléphant Ganesh) ou le simanhanada-tala, (un cycle de 108 temps pour dessiner un lion).

Shantala Shivalingappa danse le kuchipudi, à Paris, en 2000...

... et en 2004, avec beaucoup de succès.

Sacré Charlemagne !

Au XVIIe siècle, à Mattancherry, les chrétiens de Malabar créèrent un drame imité du kathakali, influencé par le théâtre portugais et racontant le *chavittu natakam*, soit... la légende de Roland et de Charlemagne ! Il est encore représenté de nos jours.

Kathakali et mohini-attam

Très spectaculaire, né dans le Kerala, le kathakali est un rituel datant de plus de 1 500 ans. Il met en scène des dieux et des démons. Il comprend des exercices très rigoureux et des massages quotidiens. Il comprend un répertoire de 112 pièces. Les visages sont entièrement peints. À chaque couleur, correspond un sentiment précis. Le mohini-attam est le pendant féminin du kathakali (réservé aux hommes). Il raconte la création du monde lors du barattement de la mer de lait d'où surgirent la déesse Lakshmi et la vache magique Kamadhanu. Comme dans le kathakali, ses mouvements principaux sont le profond plié en 2e position et de larges rotations du buste, auxquels s'ajoute la fluidité des bras des danses féminines.

Danseurs de kathakali costumés en personnages effrayants.

Coup de foudre pour Bollywood

Les films bollywoodiens ont donné lieu à un nouveau style de danse indienne qui, tout en s'appuyant sur les genres traditionnels indiens, mêle toutes sortes de danses. Le bollywood a un tel succès aujourd'hui qu'il est enseigné dans des cours, un peu partout dans le monde.

Comédies fleur bleue

Les films bollywood sont des comédies musicales qui durent en moyenne trois heures, avec, le plus souvent, une histoire d'amour qui confronte la tradition et la modernité. C'est moins le scénario qui fait leur succès que les scènes de chant et de danse réunissant des centaines de danseurs et des acteurs-chanteurs-danseurs qui sont de véritables stars. La chorégraphie est créée spécialement pour être filmée, en fonction de la caméra.

Une richesse sans pareille

Outre les huit styles dits classiques, et d'autres moins connus, l'Inde explose de danses régionales de toute nature : rituelles, ethniques, communautaires, populaires, difficiles à classer par le nombre : on en a répertorié plus de 170 ! Autant de spécimens chorégraphiques à explorer dans lesquels les danses bollywood puisent sans arrêt.

À Bombay, les fims bollywoodiens ont, depuis longtemps, un énorme succès.

Des origines sacrées

Le manipuri est dansé par des femmes qui prétendent descendre des musiciens célestes. C'est un art très ancien. Il en est fait mention dès le VIIe siècle. Ensuite, les hommes purent le danser aussi, mais dans un style masculin très différent. Le kathak, originaire du Rahasthan, remonte à l'époque médievale.

À Bollywood, les danseuses sont parfois nombreuses sur les plateaux de cinéma.

Un sacré mélange

Mais le bollywood ne se contente pas de puiser dans les danses indiennes, il emprunte à tous les genres, tous les pays, toutes les techniques sans restriction. Il les utilise en leur adjoignant une « sauce » à l'indienne qui en fait un style inimitable et apprécié aujourd'hui dans le monde entier. Dans *La Famille indienne*, une seule chanson donne lieu à de la danse moderne, du jazz très music-hall, de la danse sikh, une danse populaire du Punjab et une valse. *Devdas* oppose principalement bharata-natyam et kathak, tandis que *New York massala* exploite hip-hop, break dance, danses punjabis, disco, salsa et manipuri.

Bon ou mauvais qualificatif ?

Bollywood vient de la contraction de Bombay, ville de l'industrie cinématographique indienne où l'on produit ces films et Hollywood, la ville du cinéma américain. C'est au départ un terme péjoratif qui veut se moquer de ce type de comédie musicale « à l'indienne ». En Inde, les films Bollywood s'appellent « massala » qui signifie « mélange d'épices ». La danse « bollywood » s'appelle en Inde danse « filmi » : danse de film.

Le kathak

Dans le kathak, l'importance est donnée aux frappes des pieds et aux pirouettes exécutées à une vitesse vertigineuse. La frappe des pieds qui claquent sur le sol avec des variations très complexes est appelée *tatkar.* Le son est amplifié par les 300 clochettes nouées aux chevilles.

Les bases indiennes du bollywood

Les danses traditionnelles principalement utilisées par Bollywood sont le manipuri et le kathak. Le manipuri est une sorte d'opéra-ballet avec une danse debout, les genoux joints avec des oscillations de la tête et du buste. Les déplacements se font en cercle et en spirales. Le kathak met l'accent sur la virtuosité technique. Il se danse debout, les genoux serrés avec des marches souples, glissées, des arrêts précis, des accents de la tête.

Démons et merveilles

La plupart des danses d'Asie du Sud-Est sont d'origine indienne. Elles racontent souvent *Le Mahabbharata* ou *Le Ramayana*, les deux grands récits fondateurs de la culture indienne. Qu'elles évoquent les divinités ou cherchent à conjurer le mauvais sort, elles sont très codifiées.

Des costumes d'idole

Les costumes des danses extrême-orientales sont très riches. Ce sont souvent des *sarongs* (des tissus que l'on s'enroule autour de la taille ou que l'on noue en pantalon), abondamment brodés et tissés de fils d'or, des bustiers ou des vestes décorées et des tiares ou des couronnes en or, sans oublier colliers, boucles d'oreilles et larges bracelets qui font ressortir les mains. Les ongles, très longs, sont également ornés d'or.

Danseur indonésien incarnant le prince Rama, héros du *Ramayana*, condamné à une longue errance dans la jungle.

Le théâtre, en Thaïlande, mêle indissociablement le récit d'une histoire et la danse.

La danse thaïlandaise

À la cour du roi de Siam, l'actuelle Thaïlande, on danse le ramakien, un dérivé du *Ramayana* indien. Il dure cinq heures. Comme dans la plupart des danses d'Asie du Sud-Est, on accorde beaucoup d'importance aux mouvements du buste et des bras. Dès leur plus jeune âge, les enfants pratiquent avec leur mère des exercices d'assouplissement qui leur permettent de maîtriser leur corps. Ils peuvent ainsi replier sans effort leurs doigts jusqu'au poignet !

La Corée possède un grand répertoire de danses populaires et villageoises.

La danse coréenne

La danse bouddhique sungmu est devenue aujourd'hui la plus populaire des danses anciennes de Corée. Elle tire ses origines des rites bouddhiques et des *gut*, cérémonies pratiquées par les chamans depuis des temps immémoriaux. Reposant sur l'expression corporelle par laquelle les danseurs tentent de traduire leurs sentiments, plus que sur les mouvements qu'ils exécutent, la danse ne raconte pas une histoire, mais transpose un état d'âme. Ces figures exigent des années d'apprentissage et un entraînement rigoureux.

Silence, on glisse !

Dans la danse coréenne, toute attitude non contrôlée est interdite, un danseur ne change jamais de position mais glisse de l'une à l'autre. Même s'il semble s'arrêter un moment, il n'est jamais immobile, son corps entier vibre d'un léger mouvement ondulatoire.

Danse à l'indonésienne

Au son du gamelan, tu peux danser juste avec le haut du corps. La partie basse est en pose : un genou à terre, l'autre plié, pied à plat. Tu exécutes des mouvements sinueux avec tes bras qui se tendent et se plient alternativement. Tu peux prendre à la main un éventail ou un foulard de soie.

La danse indonésienne

D'origine hindoue, la danse indonésienne a trouvé ses propres moyens d'expression. Les danses de Bali et de Java, que nous connaissons aujourd'hui, sont exécutées au son du gamelan avec un orchestre composé uniquement de percussions. Elles existent depuis des siècles. La danse de Bali est étroitement liée à la religion. Son âge d'or se situe autour du XVIe siècle, pendant l'ère des grands royaumes hindous. La danse javanaise était à l'origine une danse de cour, exécutée pendant les cérémonies.

Danse de Bali (Indonésie), tout en couleurs et en ondulations.

Du visible à l'invisible

De la préhistoire en passant par l'Égypte antique jusqu'à nos jours, on a toujours dansé en Afrique. Mais il ne faut pas croire pour autant à la légende d'une danse innée, celle-ci demande de grandes connaissances techniques.

Cérémonies rituelles

Le danseur traditionnel africain ne fuit pas la pesanteur, au contraire, il compose avec elle pour y puiser sa force. De même, les figures qu'il exécute ne sont pas seulement jolies, elles doivent être l'expression visible d'un monde invisible, relier le danseur à la mémoire cosmique et spirituelle, aux forces de la nature, aux esprits des ancêtres.

L'art de poser le pied

La façon de poser le pied au sol est caractéristique de la danse africaine. La dynamique des appuis au sol varie : légère, lourde, rapide, lente ou traînante. On peut poser le pied à plat, ou attaquer le sol par le talon. C'est de cette attaque au sol que dépend le déhanchement. Le danseur commence à danser en attaquant le sol avec ses 2 pieds. Les épaules, le cou, le dos, le bassin sont décontractés.
On peut attaquer le sol par la tranche du pied interne ou externe. Enfin, on peut frapper le sol par le dessous des orteils.

Fausse légende

Il n'est pas vrai que les africains sont plus doués pour la danse que d'autres peuples. Par contre, contrairement à nous, ils apprennent « par imprégnation ». C'est-à-dire en regardant leurs aînés dès leur plus jeune âge et en essayant de faire aussi bien qu'eux... mais sans prendre de cours.

Apprends la base de la danse africaine

Le Dooplé

C'est la position initiale. Il se compose du mot *doo*, mortier, et de *plé*, impératif de courir qui signifie par extension danser. C'est le symole de l'être humain debout, « les pieds sur terre ». Le danseur est debout, genoux fléchis, cuisses un peu écartées, pieds parallèles. Le torse est légèrement en avant. Les bras pendent le long du corps les mains ouvertes.

Le Soumplé

Soum, c'est le pilon. C'est la même position que le dooplé, sauf que les pieds, les genoux et les cuisses sont serrés.

Danse de guerre traditionnelle présentée par des danseurs zoulous.

Les 10 positions de base

On considère qu'il existe 10 positions de base reconnaissables dans toutes les régions et chez tous les peuples africains. Celles-ci peuvent se démultiplier à l'infini car il ne s'agit pas de pas rigides mais de possibilités permises par certaines postures naturelles du corps. Ces mouvements de base prennent toute leur ampleur quand ils sont combinés avec les positions des pieds et la façon d'attaquer le sol, les positions du cou et des bras, le rythme.

Cette danseuse, vêtue d'habits traditionnels, appartient à une tribu sud-africaine.

Être détendu

Si tu veux essayer de danser « africain », inspire-toi de ces positions, mets une belle musique percussive africaine, et surtout laisse ton dos onduler en souplesse et en rythme… Sinon, tu auras l'air « coincé » !

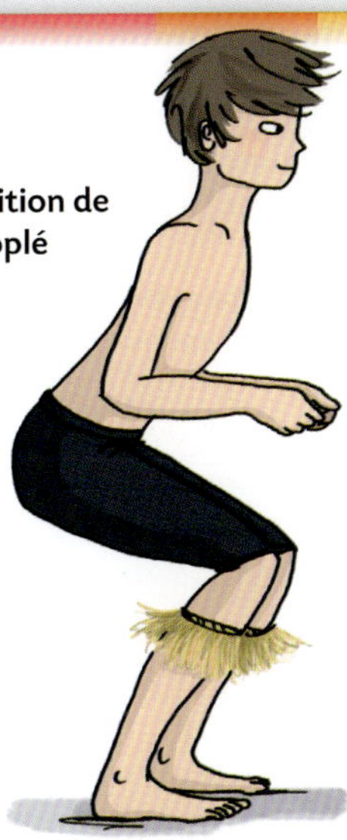

Position de dooplé

Le Kagnioulé

Le nom vient, selon la tradition des Masques, de Kagni, premier homme dieu, envoyé par la Mère des Masques (les dieux) pour enseigner la danse aux hommes. *Oulé*, vient du mot naître. Les genoux sont fléchis mais le poids du corps porte sur une seule jambe. Les pieds sont parallèles mais l'un est en avant d'environ 1 pied. Les jambes sont jointes et les cuisses serrées. Un des pieds est sur une demi-pointe au sol, au niveau de la voûte plantaire de l'autre pied.

Le Tchinkoui

Tchin (trancher), *koui* (corps). C'est la position de dooplé mais tout le poids du corps pèse sur la seule jambe droite, qui repose uniquement sur la tranche externe du pied. La tranche interne du pied gauche, elle, repose doucement sur le sol, la hanche droite est sortie.

Une affaire de femmes

La danse orientale ou raqs sharki est une danse réservée aux femmes. Elle se pratique en solo et pieds nus. En Occident, on la connaît généralement sous le nom de « danse du ventre », ce qui est une erreur, car cette appellation n'existe pas en langue arabe.

Les danseuses orientales ont toujours fasciné, jusque dans l'imaginaire des artistes.

Une danse sacrée

Si, comme son nom l'indique, la danse orientale est née au Moyen-Orient, c'est en Égypte qu'elle s'est surtout développée. Elle date de l'Antiquité, époque à laquelle elle revêtait un caractère sacré : elle célébrait la fertilité. À leur arrivée au Moyen-Orient, les Européens, fascinés par la volupté et la grâce émanant de cette danse, en ont fait un divertissement, lui ôtant toute identité religieuse.

Ondulations et tremblements

La danse orientale se caractérise par des mouvements rapides de va-et-vient du bassin. Cela va si vite qu'on atteint même parfois le tremblement. C'est pourquoi les danseuses portent autour des hanches des pièces qui tintent au rythme de leurs mouvements.

La danse orientale est très ancienne. Cette gravure a été réalisée en 1713.

Une féminité exacerbée

Voilà une danse où les rondeurs sont autorisées, voire recommandées ! En prime, elle développe les abdominaux et sculpte la taille !

Le corps désolidarisé

La danse orientale sollicite avant tout le haut du corps : ventre, bassin, bras et buste qui ondulent avec sensualité. Les mouvements sont désolidarisés : si le buste bouge, les hanches restent immobiles et vice versa. Il faut aussi travailler toutes les parties du corps séparément : épaules, sternum, ventre, poignets.

Un succès mondial !

La danse orientale connaît un succès phénoménal de nos jours. Mais c'est en Chine que l'on trouve les femmes les plus « mordues ». La danse du ventre s'appelle en chinois *dupiwu*. Les meilleures profs sont parties se former en Égypte. Donner des cours de danse orientale est devenu une activité des plus rentables, car, en plus des cours, il existe tout un commerce de tenues orientales indispensables aux élèves.

Sois orientale

Avant d'apprendre à onduler du ventre et du buste, essaie déjà de mouvoir tes bras à l'orientale.

1. Ouvre tes bras sur le côté, mais ne tends pas tes coudes. Place tes mains, paumes ouvertes (mais sans écarter les doigts) vers l'extérieur.

2. À partir des épaules, fais onduler tes bras comme si tu voulais pousser l'air devant toi avec tes mains.

3. Une fois que tu maîtrises bien ce mouvement, tu peux changer tes bras de hauteur, en les montant petit à petit.

Le succès de la danse orientale s'étend jusqu'en Chine.

Organise un grand bal autour du monde

C'est le moment d'inviter tous tes amis et de faire les fous dansants. Déguisez-vous, amusez-vous, et surtout, dansez ! Dansez de toutes les façons possibles, mélangez tous les styles, Copiez vos techniques et vos trucs.

Lance tes invitations

Envoie à tes amis une invitation leur signalant qu'il faudra savoir une danse et avoir le costume qui correspond.

À eux de choisir, mais ils doivent te renvoyer une carte-réponse du pays ou de la danse en question. S'ils n'en trouvent pas, ils peuvent la fabriquer à l'aide de photos, de dessins, de collages.

Le jour du bal, tu accroches toutes les cartes dans l'entrée, en les scotchant sur un rideau de plastique transparent par exemple.

Imagine une décoration autour du monde

1. Après avoir poussé les meubles, passe à la déco. L'entrée est décorée avec les cartes postales. Tu peux continuer dans l'esprit tour du monde : éventails, fleurs en crépon, chapeaux chinois ou vietnamiens, châles accrochés aux murs, ombrelles en papier.

2. Recouvre la table de nappes en papier de différentes couleurs.

3. Peins des affiches sur les danses que vous accrocherez aux murs.

Prépare un buffet pour tous les goûts

C'est chouette, vu la diversité des pays, tu as le choix entre salé, sucré, ou salé-sucré, comme dans les pays d'Extrême-Orient et en Amérique latine où l'on n'hésite pas à mettre une sauce au cacao épicé sur des avocats comme sur du poulet grillé !

Si tu as peur des drôles de mélanges, les recettes exotiques faciles ne manquent pas : guacamole pour le Mexique, tapas pour l'Espagne, nems pour l'Asie, mangues pour tous, ananas et bananes pour l'Afrique (que tu peux acheter séchés hors saison), crêpes pour la Bretagne, cantal et jambon fumé pour l'Auvergne.

Fais représenter toutes les danses du monde

Toutes les danses peuvent être représentées, non seulement les danses d'ici et les danses d'ailleurs, mais aussi le classique, le moderne, le jazz, le hip-hop ou les claquettes.

Tu peux même imaginer un duo claquettes-flamenco, ou samba-jazz, ou bourrée et pas de bourrée classique !

Pour que ton bal ne se transforme pas (trop) en chahut, tu peux déterminer l'ordre des danses : individuelles, en couple ou collectives. Pour celles-ci, tu dois les apprendre à ceux qui ne les connaissent pas.

N'oublie pas d'alterner les unes et les autres. Tu peux aussi choisir à l'avance un certain nombre de musiques.

La danse est une discipline très riche, un art qui fait appel à tous les sens, et le plus souvent, une vraie passion.

Tours et

Ça y est, tu es convaincu(e), tu veux faire partie de la grande famille des danseurs. Alors, lis ces informations qui t'aideront aussi bien dans le choix d'une danse que dans sa pratique régulière.

détours

Le langage codé de la danse

Depuis l'aube du XVe siècle, on essaie de consigner la danse par écrit afin de conserver des traces des ballets ou de transmettre des pas. La notation de cet art éphémère a pris une ampleur particulière au XXe siècle.

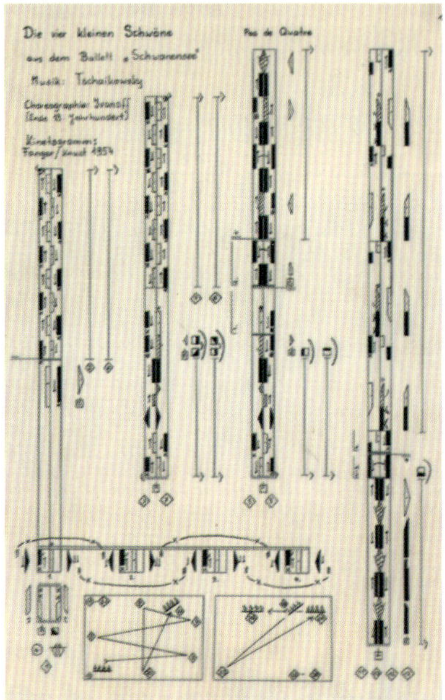

Cette partition codifie la chorégraphie des quatre petits cygnes dans le ballet *Le Lac des cygnes*.

Casse-tête

Retranscrire la danse est très compliqué. En effet, il faut trouver un système qui permette de rendre compte du pas ou du geste, de sa direction dans l'espace à trois dimensions, du temps qu'il met à être exécuté, de son intensité et, enfin, de son déplacement. Une chorégraphie peut faire appel à plusieurs groupes qui dansent des choses différentes en même temps et tout cela doit être consigné précisément pour être ensuite reproduit. Ce système doit être suffisamment simple et clair pour être... lisible !

Coups d'essais

Selon certains historiens, les Égyptiens auraient noté les danses par des hiéroglyphes et les Romains auraient inventé une façon de consigner toutes les manières de saluer. Les plus anciens documents connus datent du XVe siècle, comme celui de Michel Toulouze (1495) dont la notation des « basses danses » ressemble beaucoup à une partition musicale.

La bonne note

Il existe, grosso modo, 6 manières différentes de noter la danse, mais elles peuvent être conjuguées ensemble.

1. L'abréviation : il faut que les danseurs connaissent les pas abrégés. Par exemple, dans *L'Orchésographie* de Thoinot Arbeau (1588), il note R pour révérence, b pour bransle, s pour pas simple ou ss pour pas double, etc.
2. Les indications de trajectoires proches de la mise en scène de déplacements.
3. Des croquis représentant les danseurs ou des pictogrammes.
4. Des signes portés sur une partition.
5. Des signes mathématiques.
6. Des symboles abstraits.

Dans la pratique, seuls les 3 derniers systèmes sont capables de suivre les évolutions de pas de plus en plus compliqués. On peut supposer que l'informatique et l'infographie permettront bientôt d'inventer des systèmes encore plus performants.

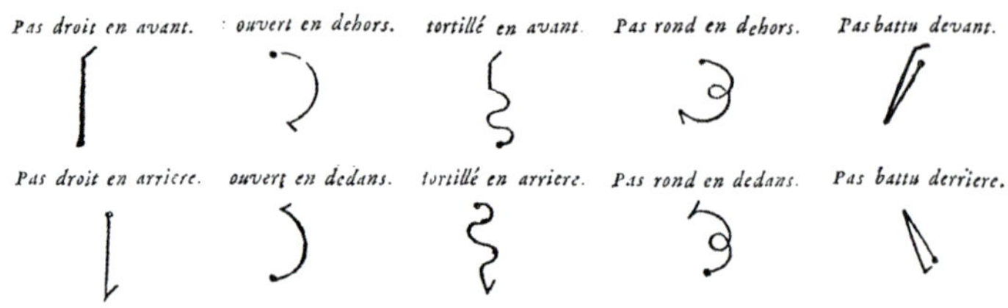

En 1674, Beauchamp est chargé par le roi d'établir un système de notation de la danse. Il combine signes figuratifs et abstraits en se fondant sur l'analyse des pas. Ainsi, on peut repérer sur une partition le trajet, le pas utilisé et ses traits distinctifs (sauté, plié, élevé, tourné).

Coup de maître

Plus le ballet devient professionnel, plus les pas sont codifiés. Beauchamp est le premier à mettre en forme un système très performant de notation. André Lorin, Jean Favier et surtout Raoul Auger Feuillet publient vers 1700 des ouvrages destinés à enseigner les principes de la danse « académique ». Les pas sont notés par signes sur un chemin représentant le parcours. Des barres perpendiculaires signifient la mesure (donc le temps), tandis que la musique est écrite sur une portée en haut. Ce système aura un retentissement international. Au XIXe siècle, naîtront d'autres écritures de la danse.

Partition chorégraphique de Feuillet reconstituée par Béatrice Massin pour *Parade baroque* et dansée par la compagnie Fêtes galantes.

Perfectionnements

Au XXe siècle, on va s'attacher au décryptage du mouvement. Quatre notations à l'ambition universelle voient le jour. Elles sont constituées de signes combinables plus ou moins abstraits, capables de représenter toute action humaine mais nécessitant un processus d'apprentissage pour les lire correctement. Celles de Rudolf von Laban (1920) et de R. Benesh (1955) sont enseignées aujourd'hui et permettent de consigner la plupart des ballets par écrit. Néanmoins, beaucoup de chorégraphes utilisent leur propre système.

Vive la liberté !

Les partitions de danse donnent une grande liberté. Elles permettent à un danseur d'apprendre une œuvre sans enregistrer pour autant la façon de l'interpréter de celui qui la lui montre. C'est une vraie liberté d'interprétation pour qui sait lire la notation. C'est d'ailleurs grâce à ces partitions retrouvées que la technique de la danse baroque a connu une renaissance au XXe siècle, et peut être utilisée, sans pour autant copier les danses du XVIe ou XVIIe siècles.

Chorégraphie

Au départ, ce mot composé des mots grecs *choréa* (danse) et *graphein* (écrire) désigne exclusivement les systèmes de notation. Est chorégraphe celui qui invente ou se sert d'un système semblable à une notation pour transcrire le mouvement dansé. Chaque époque a développé les siennes. Cette préoccupation s'est ensuite élargie à la fin du XIXe siècle à des tentatives chargées de transcrire tout mouvement du corps humain.

Danseurs et musiciens de rue provenant d'une mosaïque romaine antique.

Face-à-face avec la musique

À l'origine, on n'imaginait pas la danse sans la musique. Les frappes de pieds et de mains des premiers danseurs sont d'ailleurs des rythmes devenus musique. Pourtant, peu à peu, la danse n'a cessé de s'affirmer comme art à part entière.

Boum boum bling bling

Dès que la danse apparaît, elle est accompagnée de musique. Au départ, il s'agit surtout de percussions qui rythment les pas. À partir de l'Antiquité, on ajoute des instruments à vent, la lyre et toutes sortes de harpes. Au Moyen Âge, la danse continue sa route sur des airs populaires récupérés dès la Renaissance dans des « suites de danse » qui reprennent les danses les plus en vogue : pavane, allemande, gigue...

Les prémices

Dans les premiers ballets, la danse n'est qu'un des éléments avec la poésie, le chant, la musique, permettant de créer la magie du spectacle. Mais, très vite, la musique de bal se distingue de celle du ballet. Avec l'arrivée de Louis XIV et de Lully, la musique de danse est confiée aux 24 violons du roi. À partir du XVIIIe siècle, malgré une tentative de Mozart, et plus tard de Beethoven, les grands compositeurs s'intéressent peu au ballet. Au XIXe siècle, la plupart des ballets sont des divertissements créés au sein d'opéras très sérieux. Adolphe Adam, avec *Giselle*, et Léo Delibes, avec *Coppélia* et *Sylvia*, seront les premiers à composer des ballets entiers de qualité.

La musique à tiroirs

Traditionnellement, les partitions des compositeurs de ballets étaient rangées dans un meuble à tiroirs où les morceaux étaient classés par genre : « adage », « pas de deux », « ensembles », etc. Quand le maître de ballet décidait de monter un nouveau ballet, on assemblait ces partitions en piochant dans les tiroirs les morceaux nécessaires à la chorégraphie. Ainsi, des œuvres comme *Le Corsaire* ou *Paquita* font alterner des morceaux de 4 ou 5 compositeurs différents.

Danseuses et musiciens dans la campagne italienne du XVIIIe siècle.

Jusqu'au milieu du XXᵉ siècle, on n'imagine pas de ballet sans orchestre !

Orchestre ou bande sonore ?

Dès les années 1950, la musique enregistrée fait son apparition dans les représentations de danse. C'est d'abord le fait de la musique « électronique » qui ne peut se diffuser que sur bande magnétique. Les danseurs et les chorégraphes voient vite les avantages de la musique « en boîte ». Plus facile et moins coûteuse à emmener en tournée qu'un orchestre, c'est aussi son inconvénient : cela demande aux danseurs de respecter le tempo alors qu'un chef d'orchestre suit les danseurs et s'adapte à chaque représentation.

Indissociables

Il faut attendre la collaboration entre Tchaïkovski et Petipa pour que, dans un ballet, la musique et la danse soient aussi essentielles l'une que l'autre. Cet échange entre compositeur et chorégraphe se systématise avec les Ballets russes de Diaghilev. Une autre tendance du début du XXᵉ siècle est d'utiliser la musique de grands compositeurs pour créer de nouveaux ballets. Ainsi, *Les Sylphides* ont emprunté leur musique à Chopin.

Béjart et l'art du collage

L'un des apports de Maurice Béjart est d'avoir pratiqué dans ses ballets le « collage » musical ; c'est-à-dire de choisir des musiques de styles tout à fait différents (classique, contemporain, folklorique, ethnique, populaire), mais concourant à donner le ton et le caractère final du ballet. À sa suite, nombre de créateurs ont utilisé ce procédé, notamment une chorégraphe comme Pina Bausch.

Dans les pièces de Merce Cunningham (ici, *CRWDSPCR*), la danse est volontairement indépendante de la musique.

Chacune mène sa vie !

À partir de la seconde moitié du XXᵉ siècle, sous l'impulsion de Merce Cunningham et du compositeur John Cage, musique et danse continuent à faire partie de la même représentation mais sont totalement indépendantes l'une de l'autre. C'est-à-dire que la musique intervient pour apporter une atmosphère, ajouter une couleur, mais les danseurs ne la suivent plus pour danser. La plupart des chorégraphies contemporaines sont créées suivant ce modèle où la musique devient une sorte de « décor sonore ».

L'heure du choix

La danse est un terme générique qui réunit des styles très différents. Il y a forcément un cours qui te correspond, selon tes goûts et tes capacités. Un conseil : n'hésite pas à en essayer plusieurs avant de faire ton choix !

Tu aimes la rigueur et la performance

Alors, la danse classique, moderne ou le hip-hop sont faits pour toi. L'entraînement est très strict, les pas sont tous définis précisément et l'un des buts de l'enseignement est clairement d'arriver à un maximum de virtuosité. Mais n'oublie pas que si tu choisis l'une de ces techniques, tu n'arriveras à un bon résultat qu'avec une bonne dose de persévérance et d'assiduité au cours. Et qui dit rigueur dit souvent discipline de fer et... courbatures en tout genre.

Ces jeunes Cambodgiennes suivent une discipline rigoureuse.

Tu veux te défouler

Pourquoi ne pas tenter la danse africaine ou le bollywood. Ce sont des danses extrêmement énergiques, très physiques, sur des musiques très rythmées et très entraînantes. Par contre, il te faudra de la résistance, de l'endurance et surtout un très bon sens musical, car ce sont des danses qui nécessitent une bonne écoute de la pulsation pour effectuer correctement les mouvements, tout en te laissant suffisamment aller pour ne pas avoir l'air coincé !

En bas, à gauche, ce jeune Zoulou participe à une cérémonie traditionnelle, alors que sur la photo ci-dessous, ces enfants Sud-Africains improvisent une danse de rue.

Tu préfères inventer tes propres danses

Tu as peut-être une vocation de chorégraphe ? Si tu n'aimes pas les ordres en tout genre et que tu as une imagination débordante, essaie donc la danse contemporaine. Bien sûr, tu devras suivre un entraînement physique qui te permettra de vaincre les difficultés techniques et améliorera tes possibilités corporelles, mais tu pourras ensuite utiliser ce que tu as appris dans des improvisations de ton cru. Là, tu pourras briller en faisant valoir tes qualités inventives et ta fantaisie.

Un physique idéal ?

Contrairement aux idées reçues, il n'existe pas de physique idéal pour pratiquer tel ou tel type de danse. C'est la danse que l'on choisit qui développe telle morphologie ou telle qualité et qui va modeler ton corps. Autrement dit, pas besoin d'être particulièrement souple pour faire de la danse classique ou avoir de bons biceps pour pratiquer le hip-hop, ça viendra en l'apprenant.

Tu adores bouger en rythme

Le jazz ou les claquettes sont tes danses idéales : à condition d'aimer la musique qui « swingue ». Si la danse jazz est tout aussi rigoureuse que la danse classique, il n'empêche qu'elle offre une plus grande liberté d'interprétation dans l'exécution du mouvement. Bien sûr, tu devras être capable de lever tout autant les jambes ou de faire des tours à toute vitesse, mais tu devras avant tout privilégier ce que la musique t'inspire et te fait ressentir. Quant aux claquettes, elles font la musique ! Tu dois, pour bien les pratiquer avoir un sens rythmique très développé.

Le jeune acteur Liam Mower interprète un pas classique dans le film *Billy Elliot*.

Les garçons aussi

Aucune danse n'est plus adaptée aux filles qu'aux garçons, sauf peut-être la danse orientale... Dans tous les styles de danse, en revanche, les garçons, dès qu'ils arrivent à un niveau suffisant, ne font plus tout à fait les mêmes pas que les filles. Dans le classique, ils font de grands sauts très acrobatiques pendant que les filles font des pointes. Dans le hip-hop, ce sont les spécialistes des coupoles et des head spins.

Tu as des goûts exotiques

Tu aimes te déguiser, voyager ou apprendre plein de choses sur d'autres cultures. À toi la danse de caractère, le flamenco, la danse indienne ou orientale : dépaysement assuré. Ne crois pas pour autant qu'apprendre un de ces types de danse est plus facile. Elles nécessitent l'apprentissage d'une technique au même titre que la danse classique, et parfois même des années d'étude pour les maîtriser. Mais elles peuvent aussi être pratiquées comme un bon complément aux danses occidentales car elles apportent toutes d'autres qualités : une plus grande flexibilité des bras, un meilleur jeu de jambes ou une bonne dissociation des mouvements.

Cette jeune danseuse de flamenco rivalise avec ses amies, lors d'un festival, en Espagne.

Danser, c'est la santé !

La danse est bonne pour la santé. Comme un sport, elle développe la force et l'endurance. En plus, elle améliore ta souplesse et t'aide à mieux orienter ton corps dans l'espace... À condition de ne pas la pratiquer n'importe comment.

Il n'y a aucune contre-indication à pratiquer la danse.

Que la force soit avec toi

Les médecins conseillent souvent la danse pour améliorer la constitution des enfants un peu faibles. En effet, elle a les avantages du sport : elle fait travailler les muscles, le souffle et le cœur, la souplesse des articulations... en douceur. L'entraînement n'est jamais violent mais progressif et cela à double titre : pendant un cours, tu commences par les exercices qui demandent le moins d'efforts et tu finis par les plus éprouvants physiquement.

Au cours, pas dans la cour !

La danse est donc un atout santé formidable à condition de ne pas la pratiquer n'importe comment. Il faut toujours respecter les échauffements, avoir le bon équipement et ne pas vouloir brûler les étapes ni épater la galerie en dehors du cours. Les salles de danse ont des sols qui évitent de se blesser, n'essaie donc pas de faire n'importe où ce que tu apprends en cours.

Un goûter de danseur

Tu brûles de nombreuses calories pendant un cours de danse. Tu as donc besoin, avant l'effort, d'un goûter pour ne pas ressentir trop de fatigue. Pour un danseur, le meilleur des goûters reste le pain. Il cale l'appétit et ne fait pas grossir, il apporte les sucres lents dont tu as besoin pour soutenir l'effort sans t'alourdir puisqu'il ne contient pas de graisses, à condition, bien sûr de ne pas le tartiner de beurre, de confiture ou de nutella !

Ne force jamais, sans la présence d'un professeur, sur tes pieds, tes hanches ou tes genoux pour améliorer ta performance, tu risquerais de te faire mal !

Améliore ta proprioception

Il existe des exercices très simples pour améliorer ta proprioception, c'est-à-dire la sensation que tu as de toutes les parties de ton corps.

1. Mets-toi sur un pied pour te brosser les dents et sois attentif aux muscles que tu contractes pour garder ton équilibre. Fais la même chose en fermant les yeux ! Ouvre les yeux et regarde si tu as conservé la même position qu'avant de fermer les yeux. Ainsi, ton cerveau enregistre les muscles que tu mets en jeu pour garder ton équilibre.

2. Tiens-toi debout les pieds et les jambes bien parallèles. Plie les genoux, puis tends-les.

3. Recommence les yeux fermés. Ouvre les yeux : tes pieds sont-ils toujours parallèles ?

4. Si tu as les pieds tournés vers l'intérieur ou vers l'extérieur, recommence l'exercice jusqu'à ce que ta sensation corresponde avec la forme que tu constates, les yeux ouverts. Ne t'inquiète pas, ça ne vient pas tout de suite. Ça peut même prendre plusieurs semaines.

La forme sans les formes

Pour bien danser, il faut manger équilibré : pas de sucreries (bonbons, sodas, friandises industrielles, viennoiseries...), ni de graisses (hamburgers, frites, chips, cacahuètes...). Mais, il faut donner à ton corps ce dont il a besoin pour être en forme : des vitamines grâce aux légumes et aux fruits ; des protéines pour les muscles grâce à la viande, au poisson, aux œufs ; des combustibles avec les sucres lents : pâtes, riz, pain, céréales ; du calcium pour tes os et ta croissance avec les produits laitiers... Il faut que tes repas soient les plus variés possible.

Quand tu danses, tu transpires beaucoup. C'est excellent et indispensable pour l'organisme.

Ça me fait suer !

La transpiration te permet d'éliminer les déchets que tes muscles fabriquent et ça refroidit ton corps pendant l'effort pour qu'il ne soit pas en « surchauffe ». Mais du coup, tu dois absolument boire plus que les autres, sinon, gare à la déshydratation et aux « coups de pompe » assurés. Tu dois boire avant, pendant, et après le cours. Emmène ta bouteille d'eau, mais ne la bois jamais glacée !

Un sport vraiment complet

Dans la danse, tous les muscles travaillent, ceux du haut du corps comme ceux du bas : les jambes, les bras, les abdominaux, les dorsaux et même ceux des pieds, des mains, et du cou. À droite autant qu'à gauche. C'est pour cela que la danse aide à avoir un corps harmonieux.

Attention aux blessures !

Comme tout exercice physique, la danse peut occasionner des blessures ou des douleurs, la plupart du temps sans aucune gravité. Cela n'empêche pas qu'il faut savoir les prévenir et les soigner.

Pour éviter la majorité des blessures, le secret est un bon échauffement.

Un bon échauffement

Pour mettre en route les muscles, tendons et articulations tout en douceur, en général, on commence par les extrémités avec des mouvements d'amplitude réduite. Puis, on essaie progressivement d'accroître l'intensité et l'ampleur des gestes. Dans ton échauffement, tu dois te sentir bien. Tu ne dois pas forcer ou ressentir la moindre douleur. Si tu sens que ça « coince » dans une zone, il faut restreindre ton mouvement et le recommencer calmement jusqu'à te sentir plus à l'aise. Et surtout... n'oublie pas de respirer à fond !

Ça te fera les pieds !

Un des classiques du mal de pied, c'est l'ampoule ! Il existe aujourd'hui des pansements tout à fait adaptés à ce désagrément. Ils sont composés d'une substance hydrocolloïde qui protège la peau. Pour les ampoules des doigts de pied (attention les pointes !), on trouve d'autres pansements « digitube » qui, eux, sont à base d'épithélium et sont aussi performants qu'autrefois, les… escalopes ! Demande conseil à ton pharmacien.

Un bon alignement

Le deuxième secret anti-bobo est un alignement correct des articulations. Quand tu plies ton genou, celui-ci doit toujours être à l'aplomb de ton pied, peu importe que tu sois en-dehors ou parallèle. De même, tu ne dois pas « casser » ton dos. Si tu dois cambrer, commence par étirer ta colonne vertébrale avant de l'incurver. Tes bras ne doivent jamais être trop tendus, ni trop en arrière, sauf mouvement très particulier répété spécialement pour un usage précis et ponctuel.

En cas de douleur, il ne faut jamais insister !

Les courbatures

C'est la douleur la plus fréquente chez l'apprenti danseur. Les courbatures proviennent d'une contraction musculaire à laquelle tu n'es pas habitué. On peut difficilement les éviter. Mais si on boit beaucoup d'eau, on en a moins. Si tu as très mal, prends un bon bain chaud. Il faut savoir qu'une courbature dure trois jours si tu t'entraînes régulièrement. Le deuxième jour est le pire. Après, ça passe. Il est conseillé de ne surtout pas arrêter l'entraînement si tu veux que ça disparaisse dans les trois jours.

La tendinite

On peut avoir une tendinite au coude, au poignet, au cou ; les plus fréquentes chez les danseurs sont celles du tendon d'achille ou des « trapèzes » (ces muscles qui relient le cou aux épaules). La tendinite provient d'un mouvement répété mal effectué, mais aussi d'un chausson mal adapté (trop petit ou trop grand), d'un frottement (qui peut aussi venir de tes chaussures de ville), d'un sol trop dur... La seule chose qui la soigne, c'est le repos et une bonne hydratation. Boire de l'eau est efficace, de même que manger des « légumes à eau » : courgettes, endives, concombres...

En cas d'entorse

L'entorse survient quand tu fais un faux mouvement et que tu te tords la cheville ou le poignet (surtout les hip-hopeurs), ou quand tu fais un mouvement dans un mauvais alignement. Les ligaments qui maintiennent l'articulation s'étirent et s'inflamment. Il faut poser tout de suite de la glace. Puis, se reposer une semaine à dix jours, passer de la crème et parfois bander. Tu peux aussi te faire des cataplasmes d'argile, ça aide à réduire une entorse.

Il faut faire les mouvements difficiles le plus progressivement possible. Si tu as une tendinite qui provient d'un mauvais mouvement, il te faut modifier ton geste.

Fais un cataplasme à l'argile

- **de l'argile verte concassée (en pharmacie, parapharmacie ou magasin diététique)**
- **du sopalin**
- **une bande Velpeau**
- **une vieille chaussette (pour la cheville)**
- **un vieux bandeau ou un vieux gant (pour le poignet)**

1. Mets l'argile concassée dans un bol.

2. Verse de l'eau tiède par-dessus. L'eau doit recouvrir l'argile.

3. Laisse reposer 10 à 20 minutes et surtout ne remue pas.

4. Quand l'argile forme une pâte épaisse, étale celle-ci sur une feuille de sopalin que tu auras préalablement pliée en deux dans le sens de la longueur (il faut calculer plus petit pour le poignet).

5. Enroule ce cataplasme autour de ta cheville ou de ton poignet.

6. Entoure le tout avec la bande et enfile la chaussette (le bandeau ou le gant dont tu auras découpé les doigts) par-dessus pour éviter les taches.

7. Dors avec. Au matin, ton entorse aura bien dégonflé. S'il reste des bouts d'argile accrochés, rince-les à l'eau, ils s'en vont tout seuls !

Attention aux claquages ! le mieux est de toujours bien s'échauffer.

Élongation et claquage

C'est la même chose : ce sont les fibres musculaires qui se distendent ou se cassent sous l'effet d'un effort trop brusque. C'est comme un élastique qui claque quand tu le tires trop, et ça fait mal. Ça vient toujours d'un échauffement insuffisant. L'élongation est bénigne. Un peu de glace, un peu de repos, et hop, c'est fini ! Le claquage est plus grave. Il déclenche un hématome (un gros bleu qui gonfle). Il faut s'arrêter immédiatement. Seul remède : glace, repos absolu pendant trois semaines, massage avec une crème adaptée (demande à ton médecin).

COPAIN DE LA DANSE

CAHIER PRATIQUE

Les métiers

Danseur (euse)

Des travailleurs de force

Être danseur demande de la force physique et de l'endurance. Cela consiste à interpréter les œuvres des autres : soit du répertoire, soit d'un chorégraphe. Ce n'est pas un métier pour les paresseux, car, quel que soit son niveau, et même si on ne danse pas sur scène le soir, il faut s'entraîner tous les jours pour ne pas perdre sa condition physique et ses possibilités artistiques. Suivant le type de compagnies où le danseur travaille, il peut être « permanent », c'est-à-dire engagé toute l'année par un grand ballet, par exemple, ou « intermittent », c'est-à-dire qu'il est payé juste pour la période de répétition et de représentation du spectacle en cours.

Des études difficiles

Pour devenir professionnel, il faut, en général, choisir une filière qui propose des classes à horaires aménagés danse, où la journée est partagée entre temps scolaire et cours de danse. Les danseurs – surtout classiques – commencent la danse très jeunes (à partir de 7, 8 ans. Les cursus durent de 6 à 8 ans. Seules trois écoles sont gratuites : l'école de danse de l'Opéra de Paris et les Conservatoires nationaux supérieurs de Paris ou de Lyon, qui forment en classique et en contemporain. On y entre sur concours. Il existe aussi de nombreuses écoles privées, mais il vaut toujours mieux passer par une école agréée par l'Etat, plus sérieuse et moins onéreuse.

Chorégraphe

Des super auteurs

Le chorégraphe est celui qui crée des ballets ou des œuvres chorégraphiques. Son travail consiste à inventer des mouvements et des enchaînements, à les mettre en scène de façon cohérente, tant du point de vue de la dramaturgie (en fonction d'un thème ou de la progression logique de l'œuvre), que de la mise en espace (il règle les entrées et les sorties, le nombre nécessaire de personnes sur scène en fonction de l'effet qu'il veut produire, l'harmonie des groupes entre eux). Mais il doit aussi être le maître d'œuvre qui choisit et dirige tous les éléments nécessaires à la production d'une représentation chorégraphique : la musique, les costumes, les éclairages, les décors.

De la culture et de l'inspiration

Il n'y a pas à proprement parler de formation de chorégraphe. Mais, généralement, ils ont tous une solide formation de danseur : il faut bien connaître les possibilités du corps humain pour inventer des mouvements. Pour être chorégraphe, il faut surtout être curieux et avoir une bonne culture générale. Non seulement, il faut connaître un maximum de techniques de danse différentes, et s'intéresser à son histoire, mais aussi se cultiver dans d'autres arts (visuels : arts plastiques, cinéma, mais aussi théâtre, littérature, musique...) qui seront pour lui des sources d'inspiration. Les chorégraphes sont le plus souvent intermittents, même s'ils sont directeurs de compagnie.

Professeur de danse

Une vraie vocation

Le professeur doit transmettre son art tout en respectant la physiologie de l'enfant et son développement futur, mais il doit aussi être bon pédagogue afin que les élèves ne se détournent pas de cette discipline difficile. Il est toujours préférable d'avoir eu une carrière de danseur auparavant, afin de ne pas se borner à transmettre des pas ou une technique, mais plutôt de faire passer une sensibilité artistique et, surtout, le plaisir de danser.

Une formation stricte

Pour enseigner la danse, il faut d'abord obtenir l'examen d'aptitude technique (EAT), organisé par le ministère de la Culture, qui vérifie que le candidat (à partir de 16 ans) possède les compétences techniques et artistitiques requises. Il correspond au niveau des élèves de fin de 3e cycle de CRR ou CDR (Conservatoire à rayonnement régional ou départemental). Ensuite, il faut passer, à partir de 18 ans, le diplôme d'état (DE). La formation est de 600 heures minimum et comprend des unités de valeur en musique, histoire de la danse, anatomie, physiologie, et pédagogie. Il existe des Centres de formation publics (CEFEDEM, CESMD) ou privés qui doivent obligatoirement être homologués par l'État. Il existe 33 centres de formation et la liste peut être obtenue dans la DRAC de ta région.

Pianiste accompagnateur

Une double connaissance

Le pianiste accompagnant un cours de danse doit connaître presque aussi bien la musique que la danse. C'est le métier idéal pour ceux qui ont pratiqué ces deux disciplines mais ont finalement choisi la pratique de l'instrument comme profession. Il faut avoir un grand sens de l'écoute et de l'imagination, les professeurs de danse ne donnant que quelques indications à leur pianiste pour un exercice. C'est également très gratifiant : c'est souvent le pianiste qui transmet l'énergie et le dynamisme ou la poésie nécessaire à une bonne pratique de la danse !

Une spécialité recherchée

Les pianistes accompagnateurs (appelés chefs de chant à l'Opéra) sont très demandés, car peu de musiciens se spécialisent dans cette branche. Pour exercer, il faut obtenir un EAT puis un DE d'accompagnement, option danse. Les centres de formation sont l'IFEDEM Musique de Rueil-Malmaison (92), le CEFEDEM de Lorraine (Metz), certains CNR, notamment celui de Boulogne (92) et les Conservatoires supérieurs de musique et de danse de Paris ou Lyon. Il faut s'adresser à la DRAC pour connaître les centres d'enseignement qui forment au DE d'accompagnement option danse dans sa région, les modalités d'inscription et les dates de concours. Attention, ceux-ci ont lieu tous les 3 à 5 ans ! Le pianiste peut également travailler dans des cours privés qui demandent moins de diplômes.

Les métiers
À savoir
Adresses
Glossaire
Index
Crédits

Costumier (ière)

Tout connaître sur les tissus

Le costumier conçoit et réalise les costumes pour la danse. Il doit bien connaître les matériaux, leur solidité, l'effet qu'ils font sous un éclairage intensif et à une certaine distance. Il lui faut aussi avoir une bonne appréciation des mouvements qui sont requis par la danse, pour que ses costumes tiennent sur scène sans se déchirer ou gêner les artistes. Dans les grands ballets, le créateur du costume et le réalisateur sont deux personnes différentes.
Le premier invente un costume, à partir des idées du chorégraphe, et lui propose une maquette que le deuxième réalisera à partir de ses indications.

Des doigts de fées

Le préalable est de savoir très bien coudre. Les formations techniques pour ce métier dans le cadre de l'Éducation nationale durent en moyenne 2 à 3 ans : le bac pro artisanat et métiers d'art, option vêtements et accessoires, le BTS design de mode, textile. Il existe aussi un diplôme des métiers d'art (DMA) de costumier-réalisateur, et un diplôme de technicien des métiers du spectacle (DTMS), option techniques de l'habillage aux lycées J.-Verne à Sartrouville (78) et la Source à Nogent-sur-Marne(94). Signalons également les formations techniques du théâtre dispensées à l'ÉNSATT de Lyon et à l'ÉSAD de Strasbourg. Il faut savoir qu'un diplôme des Beaux-Arts ou des Arts déco est aussi une bonne ouverture pour devenir costumier-concepteur. Par le biais de certains GRETA, possibilité de préparer des cycles de formation qualifiants. Le Centre de formation professionnelle aux techniques du spectacle (CFPTS) de Bagnolet propose des modules de formation pour les costumiers. Des centres privés proposent des formations spécialisées dans le domaine du costume.

Habilleur (euse)

Superviser et entretenir

L'habilleur prépare les costumes nécessaires au spectacle, aide les danseurs, et surtout les danseuses, à s'habiller quand ils ne peuvent le faire seuls (agrafes ou laçages dans le dos, complexité de certains costumes, changements très rapides).
Dans les loges ou en coulisses, son efficacité et son sens des relations humaines assurent le bon déroulement du spectacle.

Une organisation d'enfer

Il assure la répartition des costumes dans chaque loge avant la représentation et prépare les costumes pour chaque changement. Pendant le spectacle, il habille et déshabille les artistes et veille à ce que tout soit bien mis. À la fin, il range les costumes, envoie au nettoyage ce qui doit être propre, note ce qui doit être racommodé et repassé pour le lendemain.
Il doit être calme, organisé et savoir anticiper.

Option couture

La formation est la même que pour les costumiers, mais l'on peut se contenter d'un BEP ou d'un CAP couture... sauf que les débouchés sont de plus en plus rares, les structures ayant recours aux habilleurs sont de moins en moins nombreuses. Il n'y a guère que les grands ballets et les revues qui en emploient.

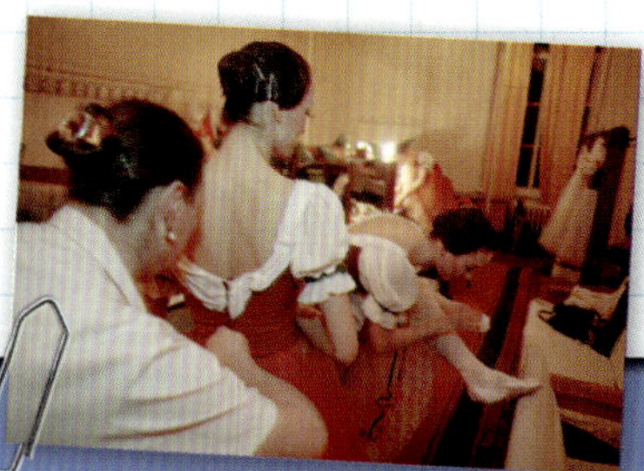

Maquilleur (euse)

Avoir le sens du tact

Être maquilleur demande un grand sens psychologique et des relations humaines, car transformer le visage d'une personne est toujours délicat. Un maquillage sera d'autant plus réussi que l'artiste aura confiance. Il doit aussi avoir le sens du dessin, de la couleur et... un bon coup de pinceau. Le maquilleur qui conçoit et réalise les maquillages pour la danse doit s'inspirer du style de la chorégraphie, des costumes, mais aussi de l'âge et du physique de la personne à maquiller. La distance de la scène au spectateur est également importante car elle joue un rôle déterminant sur la perception des traits du visage, et il peut être nécessaire d'exagérer certains traits pour les rendre plus visibles.

Une profession difficile

Il n'existe que des écoles privées de maquillage artistique. Celles-ci sont très chères et n'offrent aucune garantie de l'emploi : elles ne délivrent ni diplôme homologué ni formation reconnue incontestablement. La seule formation publique envisageable est le bac pro ou le CAP esthétisque. Par ailleurs, les compagnies, les ballets et l'audiovisuel emploient de moins en moins de maquilleurs. C'est un métier où l'on a souvent un statut de free-lance avec des contrats ponctuels.

Scénographe-décorateur (trice)

Définir une esthétique

Le scénographe-décorateur crée le cadre esthétique du spectacle, en fonction des désirs du chorégraphe ou du livret du ballet quand il s'agit d'une œuvre du répertoire classique. Dans ce cas, il doit s'entretenir avec le directeur du ballet. Il doit concevoir son décor en respectant l'espace nécessaire à la danse. Son rôle est capital car c'est lui qui invente le visuel qui donnera l'impact émotionnel du spectacle. Aujourd'hui, le scénographe a souvent recours aux nouvelles technologies (images virtuelles, vidéos, effets spéciaux) comme autant d'éléments de décor nouveaux. Il travaille en relation constante avec le reste de l'équipe du spectacle, particulièrement avec l'éclairagiste, les accessoiristes, les machinistes.

Un enseignement très complet

La formation, très complète, dure en moyenne 3 ans, après le bac et est accessible sur concours. Les grandes écoles délivrent des diplômes sérieux et reconnus comme tels. Les formations les plus recherchées sont celles de : l'ÉNSATT (École nationale supérieure des arts et techniques du spectacle) de Lyon et l'ÉSAD (École supérieure d'art dramatique) de Strasbourg, ainsi que celle de l'ÉNSAD (École nationale supérieur des Arts décoratifs) qui dure 5 ans. Attention, il y a une limite d'âge fixée à 24/25 ans suivant les écoles.

Notateur (trice)

Des écrivains très spéciaux

Le notateur retranscrit sur une sorte de partition les pas, les figures et mouvements d'une chorégraphie, à l'aide de signes et de symboles. Il doit avoir une bonne connaissance de la danse et l'avoir pratiquée. Le notateur peut intervenir différemment au sein d'une compagnie : de la notation de la création en cours à la transmission d'une pièce oubliée du répertoire dont il existe encore la partition. Il peut aussi servir d'assistant au chorégraphe qu'il aide alors durant les répétitions, les reprises de rôles et le réglage des pièces de son répertoire pendant les tournées, pour se préserver des déformations dues à l'habitude. Les systèmes d'écriture les plus enseignés sont ceux de Benesh et Laban (voir page 225).

Un métier d'avenir

En France, on se sert encore rarement de notateurs, mais cette pratique est appelée à se généraliser. Pour l'instant, seul le CNSMD de Paris offre une formation de notateur en système Laban et Benesh. L'enseignement est gratuit. En Europe et aux États-Unis, c'est une pratique courante et il existe plusieurs centres de formation. Les plus sérieux sont le Benesh Institute et le Laban Centre for Movement and Dance à Londres, le Dance Notation Bureau extension (DNB) (système Laban) à New York.

Journaliste spécialisé

Un créneau très spécialisé

Il n'existe évidemment pas de formation spécialisée de journaliste en danse, il faut d'abord être journaliste, puis se spécialiser dans cette discipline. Un journaliste doit être précis, rigoureux quant au traitement de l'information, curieux de nature, tout en gardant ses distances avec ce que l'on peut lui raconter. Il doit se cultiver constamment pour être au courant de l'actualité mais aussi de tout ce qui peut évoluer dans son domaine. Un journaliste de danse peut écrire des critiques de spectacle, mener des enquêtes sur différents aspects de la profession, ou réaliser des portraits ou des interviews de personnalités du monde de la danse. En général, il doit être capable de faire tout cela.

Une bonne plume

Il existe de nombreuses formations de journaliste reconnues, dans de nombreuses villes françaises, en école privée ou en structure universitaire, qui délivrent des diplômes comme le DUT journalisme, le Master professionnel de journalisme, ou d'information. On y entre sur concours après avoir obtenu un DEUG, à moins de 21 ans. Mais pour être journaliste de danse, l'atout principal sera d'avoir vu beaucoup de spectacles de danse et même d'avoir pratiqué cet art. Enfin, il faut savoir qu'un journaliste de danse est rarement employé à plein temps mais plutôt comme pigiste – c'est-à-dire qu'on ne lui paye que les articles qui sont publiés, « au feuillet » – et qu'il est donc difficile d'en vivre exclusivement.

Administrateur(trice) de compagnie

L'homme (ou la femme) orchestre

Théoriquement, un administrateur de compagnie est responsable de la gestion administrative et financière de la compagnie qui l'emploie. Dans la pratique, c'est bien autre chose. Il n'y a guère que dans les grosses compagnies que ce poste est ainsi défini. Dans les petites compagnies, l'administrateur s'occupe de tout ce qui entoure le spectacle : la vente des spectacles et l'établissement des contrats avec des théâtres, les contrats d'embauche des danseurs, les discussions avec les différents partenaires locaux ou nationaux, les demandes de subvention..., quand il ne cumule pas également le rôle d'attaché de presse et de représentant officiel de la compagnie. Son rôle est très extensible, il doit donc travailler étroitement avec le chorégraphe-directeur.

De nombreuses formations

Les formations universitaires spécialisées se sont considérablement développées ces dernières années. Le 1er cycle s'établit au niveau de la licence, après 3 années d'études. Le 2e cycle universitaire s'effectue aujourd'hui en deux années d'études et aboutit à un master professionnel.
La sélection se fait souvent sur dossier et lettre de motivation. Il existe même deux masters professionnels de politiques et gestion de la culture en Europe.

Attaché(e) de presse

Communiquer l'enthousiasme

Généralement, l'attaché de presse se charge de toute la communication d'une compagnie ou d'un ballet. Il assure la promotion des spectacles auprès des journalistes qu'il relance par téléphone ou par mail. Il définit avec le chorégraphe une stratégie de communication sur chacune de ses œuvres. Il rédige et conçoit tous les documents et les dossiers de presse, en les rendant les plus attrayants possibles. Il peut aussi être chargé de la rédaction des rapports d'activité. Il faut donc avoir un très bon niveau littéraire, avoir du goût et de l'originalité dans le domaine visuel, ne surtout pas être timide, aimer les relations publiques, et être très organisé pour ne pas perdre de temps.

Un travail valorisant

De nombreuses formations existent, intégrées généralement à des cursus de communication. Les lycées professionnels proposent des BTS, les IUT des DUT en communication. Des masters et MBA peuvent être préparés à l'INSEEC (Paris, Lyon, Bordeaux, Londres) ou à l'Université Paris 8.
Il y a aussi des écoles privées, reconnues comme l'École française d'attachés de presse et des métiers de la communication (ÉFAP), à Paris.

À savoir

Il existe plusieurs types d'écoles de danse :

Le public

Les écoles dites « publiques » sont nationales, à vocation professionnelle, subventionnées par l'État et/ou les collectivités territoriales. Outre les grandes écoles, les conservatoires nationaux, de région ou municipaux, les écoles nationales de musique et de danse sont de cet ordre. Les écoles qui dépendent d'associations liées aux collectivités territoriales également.

Le privé

Là encore, il existe plusieurs types d'écoles. Celles qui sont constituées sur le modèle associatif, notamment la plupart des associations de danse traditionnelle, les cours de danse dans les MJC, les associations municipales dépendant du ministère de la Jeunesse et des Sports. Celles qui sont sous contrat avec l'État, dispensant des diplômes agréés par l'État ou se dirigeant vers une voie de professionnalisation, notamment les Centres de formation des apprentis. Enfin, les écoles strictement privées dont le directeur est seul maître à bord.

Quelle est la différence ?

Ce qui diffère, le plus souvent, c'est le prix ! Les écoles publiques ou de forme associative sont nettement moins chères que les écoles privées. Au niveau de la qualité de l'enseignement, il est toujours préférable de choisir une école homologuée par l'État, qu'elle soit privée ou publique, car cette homologation garantit les conditions d'exercice de la profession, notamment la sûreté des équipements (planchers, aération, locaux aux normes de sécurité).

Trouver le bon professeur

Il n'y a, malheureusement, pas de critère infaillible ! On trouve de bons et de mauvais professeurs dans le public comme dans le privé. Normalement, tous les professeurs ont un D. E (Diplôme d'enseignement), obligatoire depuis la loi de 1989 pour enseigner la danse.

Il vaut mieux cependant s'en assurer, notamment pour les jeunes enfants, afin d'avoir la garantie que leur professeur a suivi une formation en pédagogie et en anatomie, indispensable quand il s'agit de « petits ».

Quelques conseils

La plupart des écoles consacrent leurs premiers cours de l'année à des journées portes ouvertes : n'hésitez pas à vous y rendre, c'est le meilleur moyen de se faire une opinion.

Combien y a-t-il d'élèves ?

De dix à douze, c'est l'idéal. À partir de seize, partez en courant, c'est trop !

Comment est le lieu ?

Vaste, aéré, lumineux, avec un plancher pour la danse et un tapis de danse, c'est idéal. Sans le tapis, ça va, même s'il faut faire attention en dansant pieds nus.

Un gymnase ? Oui, s'il y a une salle de danse prévue comme telle.
À fuir : le studio sans plancher de danse (il peut provoquer des accidents et des traumatismes osseux avec séquelles) et les planchers abîmés (avec des lattes disjointes, des trous ou des esquilles de bois).

Comment le professeur s'adresse-t-il aux élèves ?

Un bon professeur ne crie pas, ne tape pas, ne demande pas la même chose à tout le monde. Il ne fait pas de comparaisons malencontreuses entre les élèves, il s'adresse à chacun.
Il doit être capable de donner des indications globales mais aussi personnelles pour rectifier un exercice.
Il peut montrer les pas dans leur dynamique, les nommer et les expliquer en les décomposant.
Il doit savoir se mettre sur le côté quand les élèves exécutent le mouvement.

Adresses utiles

• ÉCOLES NATIONALES SUPÉRIEURES

École du ballet de l'Opéra de Paris
Admission par le biais d'un stage à l'issue duquel le stagiaire passe un examen d'entrée, après avoir été retenu via une audition et sur des critères morphologiques et médicaux. Les élèves de 8 à 10 ans (filles) ou 11 ans (garçons) suivent un stage de 6 mois.
Au-delà et jusqu'à 11 ans 1/2 pour les filles et 13 ans pour les garçons, le stage est d'un an. Une fois admis, l'enseignement (gratuit) dure six ans. L'enseignement général scolaire est assuré au sein du bâtiment, de la primaire jusqu'au bac.

Service inscription : 20, allée de la Danse
92000 NANTERRE
www.operadeparis.fr

École nationale supérieure de danse de Marseille
Admission sur audition. L'école est composée de trois cycles de formation sur trois ans qui comprennent des classes à horaires aménagés, de la primaire à la terminale, dans des écoles et des lycées à l'extérieur du bâtiment. Le cursus est plutôt classique mais propose également une ouverture sur d'autres disciplines.

20, boulevard de Gabès
13417 MARSEILLE Cedex 08
Tél. : 04 91 32 72 72
www.ecole-danse-marseille.com

Conservatoire national supérieur de musique et de danse de Paris
Admission sur concours. Inscription en janvier. Formation de danseur classique, contemporain, et jazz (depuis 2006-2007).
Âge : de 13 à 18 ans. Cursus de cinq ans. Classes à horaires aménagés, de la 4e à la terminale, dans des établissements scolaires à proximité.

209, avenue Jean-Jaurès - 75019 PARIS
Tél. : 01 40 40 45 45
www.conservatoiredeparis.fr

Conservatoire national supérieur de musique et de danse de Lyon
Admission sur concours après deux jours de stage. Le concours a lieu le troisième jour. Formation classique et contemporaine.
Âge : de 15 à 18 ans pour le classique, de 16 à 20 ans pour le contemporain.
Cursus scolaire par télé-enseignement avec cours de soutien sur place par des professeurs de l'Éducation nationale.

3, quai Chauveau CP 120 - 69266 LYON Cedex 09
Tél. : 04 72 19 26 26
www.cnsmd-lyon.fr

École supérieure de danse de Cannes - Rosella Hightower
Admission sur audition. Classes danse-étude et cycle préprofessionnel. Formation de danseur classique et contemporain.
Classe danse-étude de 11 à 18 ans sur trois cycles de formation. Cycle préprofessionnel/jeune ballet de 16 à 23 ans. Classes à horaires aménagés dans des écoles et lycées proches.

21, chemin de Faissole - 06250 MOUGINS
Tél. : 04 93 94 79 80
www.cannesdance.com

Nos équipes ont vérifié le contenu des sites Internet mentionnés dans cet ouvrage au moment de sa réalisation et ne pourront être tenues pour responsables des changements de contenu intervenant après la parution du livre.

Centre national de danse contemporaine d'Angers
Formation d'artiste chorégraphique en danse contemporaine. Admission sur audition. Cursus de deux ans.
Âge : de 18 à 24 ans.

Théâtre Le Quai
17, rue de la Tannerie
BP 50107 - 49101 Angers Cedex 02
Tél. : 02 44 01 22 66
www.cndc.fr

• ÉCOLE PRIVÉE PLURIDISCIPLINAIRE

Académie internationale de la danse
Centre de formation des apprentis, homologué par le ministère de la Culture.

74, rue Lauriston - 75116 PARIS
Tél. : 01 45 01 92 06

• RELAIS D'INFORMATION ET DE DOCUMENTATION

***Danser*, revue spécialisée**
diffuse un grand nombre d'informations sur les cours et les stages chaque mois. En kiosque et sur abonnement.

Les associations départementales
(ADDMC, ADDM, ADIAM, ADDIM) et régionales (ARDMC, ARDIM, ARIAM, ASSERCAM ARCADE, etc.). Conventionnées avec l'État et le département ou la région, ces associations implantées dans une soixantaine de départements et dans la plupart des régions de France sont des relais d'information remarquables sur la vie musicale et chorégraphique. Elles diffusent les listes d'adresses des cours et des professeurs répertoriés, et publient des bulletins et des guides annuaires.

Si vous ne trouvez pas d'adresse dans votre département ou votre région, contactez :

- **le conseiller musique et danse de la DRAC** (direction régionale des Affaires culturelles, il en existe une par région) ;
- **la direction des Affaires culturelles** du conseil général ou du conseil régional le plus proche de votre domicile.

Les conservatoires de région (CNR) sont répertoriés auprès des associations mentionnées ci-dessus et à la DRAC, de même que les ENMD.

Les conservatoires municipaux sont répertoriés dans les associations départementales ou régionales, mais aussi dans votre mairie.

Le Centre national de la danse
Le CND ne dispense aucun cours de danse, mais c'est un des meilleurs relais d'information pour se diriger vers les meilleures formations.

1, rue Victor-Hugo - 93507 PANTIN Cedex
Tél. : 01 41 83 27 27
www.cnd.fr

Les fédérations
Il existe plusieurs fédérations qui répertorient et regroupent la majorité des écoles de danse privées et concernent toutes les disciplines : classique, contemporain, jazz, hip-hop, danse baroque, danses du monde, etc.

Fédération française de danse
20, rue Saint-Lazare - 75009 Paris
Tél. : 01 40 16 53 38
www.ffdanse.com

Fédération nationale interprofessionnelle de danse
37, rue Saint-Lazare - 75009 Paris
Tél. : 01 53 20 04 66

Fédération Léo Lagrange (FLL)
150, rue des Poissonniers
75883 Paris Cedex 18
Tél. : 01 53 09 00 00
www.leolagrange.org

Glossaire

Adage : désigne à la fois les mouvements lents de la danse classique mais aussi tous les mouvements exécutés en couple, notamment les portés. La classe d'adage est un cours où l'on apprend les figures à deux.

Ailes : côtés des chaussons de pointes.

Au pied levé : remplacer au pied levé signifie sans avoir prévu de remplacer un danseur ni répété son rôle.

Ballet blanc : en général, 2e acte des ballets romantiques où toutes les danseuses apparaissent en tutu blanc et symbolisent des êtres immatériels.

Ballon : expression de danse classique, « avoir du ballon » qui signifie bien sauter, en référence au danseur Claude Ballon.

Bandeau : chignon de l'époque romantique appelé ainsi parce que les cheveux couvrent les oreilles comme un bandeau.

Barre : barre ronde en bois accrochée au mur qui aide à faire les exercices de la danse classique. Par extension, la barre désigne les exercices que l'on y pratique.

Basse-danse : danse de cour et danse de bal exécutée en couple du début du XVe siècle au milieu du XVIe siècle.

Belle danse : nommée ainsi par Saint-Hubert en 1640, c'est la danse savante française à l'origine de la danse classique.

Boîte : le pourtour dur du chausson de pointe.

Capoeira : forme de danse brésilienne proche d'un art martial, qui mime un combat. À l'origine, il s'agissait sans doute d'une danse guerrière.

Carole : vient du mot grec *choréa* (dansé). Ronde du Moyen Âge, dansée à l'origine dans les églises.

Casser : casser ses chaussons consiste à assouplir ses pointes pour les rendre plus douces à porter.

Cerclette : cerceau métallique destiné à maintenir en forme le jupon. Utilisée dans la fabrication du tutu de 1950 à 1970, la cerclette est gaînée de plastique blanc pour ne pas rouiller.

Chacone ou chaconne : danse sur une mesure à trois temps, originaire d'Amérique latine, importée en Espagne au XVIe siècle.

Chorée : danse de Saint-Guy – en fait, une maladie nerveuse.

Choros : mot grec signifiant « danse ».

Corps de ballet : c'est l'ensemble des danseurs et danseuses qui composent un ballet et ne sont pas solistes.

Costière : vide pratiqué dans le plancher d'un théâtre pour le passage et la disposition des décors.

Couronne : les bras « en couronne » sont les bras en 5e position, arrondis au-dessus de la tête.

Danse académique : c'est la danse classique du XIXe et du XXe siècle. Par comparaison avec la danse « classique » située avant la danse « romantique » des XVIIIe et XIXe siècles. Souvent, les termes classiques et académiques sont interchangeables.

Danse baroque : expression désignant depuis les années 1960 la danse de cour du XVIIe et du XVIIIe siècle, et plus particulièrement la belle danse.

Danse macabre : le mot macabre vient de l'arabe *makhbar* : cimetière. Elle est dansée dans les cimetières.

Demi-pointe : position du pied qui repose sur les orteils et nom du chausson qui permet de prendre cette position.

Dessous : étages à plancher mobile qui se trouvent sous la scène d'un théâtre et qui servent à « faire monter » des décors ou des personnages sur scène, souvent comme des apparitions.

Élévation : danse classique. Tout ce qui a trait à l'extension du corps à la verticale, et tout particulièrement le saut.

DRAC : direction régionale des Affaires culturelles. Une DRAC est l'intermédiaire de l'action de l'État (ministère de la Culture) au niveau régional. La DRAC est une instance nationale implantée en région

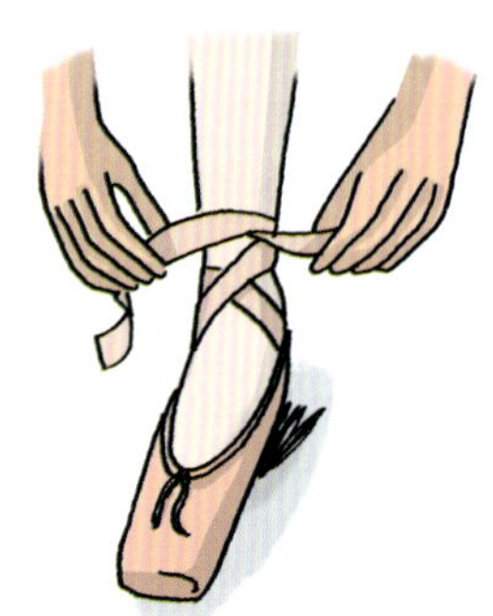

Empeigne : partie avant d'un chausson de pointe un peu dure.

En descendant : aller vers l'avant en exécutant un exercice. Mot qui date du temps où les planchers de théâtre étaient inclinés en pente du fond vers l'avant-scène.

En remontant : aller vers l'arrière en exécutant un exercice (*voir* : en descendant).

Enchaînement : c'est une suite de pas que l'on « enchaîne » les uns à la suite des autres. On emploie ce terme dans tous les styles de danse.

En-dedans : en danse classique, c'est le contraire de l'en-dehors. En réalité, c'est la position naturelle des jambes. On l'employait autrefois pour signifier les pointes de pieds tournant vers l'intérieur.

En-dehors : principe fondamental de la danse classique qui consiste à tourner les jambes, à partir des hanches, vers l'extérieur.

Épaulements : position du corps dans l'espace selon les lois du théâtre à l'italienne et les normes de la danse classique. On les appelle ainsi parce qu'il faut avancer ou effacer une épaule dans les diagonales.

Espagnolade : danse inspirée par une vision très folklorique et assez caricaturale de l'Espagne, qui en reprend les gestes les plus significatifs et les plus démonstratifs (notamment la façon de tenir les bras et le corps dans le flamenco et la tauromachie), sans pour autant que celles-ci présentent la moindre rigueur par rapport à une vraie technique de danse espagnole. On en trouve dans le ballet *Don Quichotte*, mais aussi dans *Le Lac des cygnes* (danse espagnole) et dans nombre d'autres ballets du XIXe siècle, époque où l'Espagne était à la mode. Aujourd'hui, le terme est un peu péjoratif.

Fleuret : figure de danse baroque, ancêtre du pas de bourrée classique.

Freeze : figure du smurf qui consiste à figer un mouvement.

Funk : *voir* : soul.

Hype : style de danse hip-hop exécutée debout reprenant les figures du smurf en les dénuant de théâtralité.

Intrecciata : origine du mot français entrechat, il signifie en italien : entrelacer, entremêler.

Kinesphère : sphère imaginaire, inventée par Laban, formée par tous les points de l'espace que peuvent atteindre les extrémités du corps.

Laban(von) Rudolf : (1879-1958) danseur, chorégraphe, et théoricien du mouvement austro-hongrois et allemand. Il rencontre des élèves de Delsarte et s'intéresse aux méthodes de « culture du corps ». Ses théories se proposent d'aider l'individu à retrouver ses racines ancestrales. Il crée des « danses chorales » qui peuvent réunir des milliers de participants. Ses recherches se concrétisent par l'invention d'une notation du mouvement, à partir d'une figure de référence, la kinesphère. Il collabore avec le régime nazi avant de fuir en angleterre où il met au point un saut pour les parachutistes de l'armée britannique.

Mauresque ou morisque : danse de cour et de folklore très répandue en Europe depuis le Moyen Âge jusqu'à la Renaissance. Elle relate les luttes entre Maures et chrétiens en Espagne.

Milieu : désigne le milieu de la salle de cours de danse classique où l'on s'entraîne. Par extension, le terme désigne les exercices eux-mêmes.

Oklasma : danse antique pratiquée dans tout le bassin méditerranéen, qui utilise des mouvements angulaires et des renversés du buste.

Pantomime ou mimique : c'est une gestuelle codifiée qui aide à comprendre l'histoire racontée dans le ballet.

Pas de deux : moment, dans un ballet, où les deux étoiles principales, homme et femme, font leur variation. Un pas de deux traditionnel est découpé ainsi : entrée, adage (les deux dansent ensemble), variation du garçon, variation de la fille, coda (les deux se rejoignent et dansent ensemble, c'est là que l'on voit les portés acrobatiques).

Passacaille : marche du XVIe siècle originaire d'Espagne. Des mots *passa-cale* (passer la rue) elle prend le nom de *passacaglia* en Italie, avant de devenir passacaille en France, au XVIIe siècle.

Pavane : danse de cour du XVIe siècle. Majestueuse et lente, elle est exécutée sur deux temps, en couple.

Plate-forme : bout du chausson de pointe, dur et renforcé.

Pointes : chaussons utilisés en danse classique, qui permettent aux danseuses de reposer sur l'extrême pointe du pied, soit sur le bout des orteils.

Poisson : pose d'adage de la danse classique. La danseuse a les bras tendus en avant, corps cambré, jambes tendues croisées aux chevilles. Elle est en oblique vers le bas, le ventre appuyé sur la hanche de son partenaire qui est en « fondu », une jambe pliée, une jambe tendue.

Porté : mouvement combiné d'un ou plusieurs danseurs dans lequel l'un est soulevé par l'autre ou les autres. Au départ, il s'agit d'un homme portant une femme. Depuis, cette figure a évolué.

Pyrrhique : danse guerrière exécutée en armes.

Ronde : forme la plus spontanée de la danse sociale (qui réunit un groupe de personnes).

Sarong : jupon de tissu étroit porté comme un paréo dans les anciennes régions khmères (Thaïlande, Laos, Cambodge, Malaisie et, par extension, Indonésie.)

Soul : le terme « soul » apparaît pour la première fois dans les titres de deux albums de Ray Charles en 1961. Le développement de la soul music a été stimulé par deux tendances principales : l'urbanisation du rythm and blues et la sécularisation du gospel. La soul explose véritablement dans les années 1960. James Brown introduit des rythmes plus syncopés. C'est la création du funk. Plus tard, le rap, en s'appropriant allègrement les standards des années 1960 et 1970, contribuera à une nouvelle popularité de la soul music.

Sylphide : créature des bois.

Tripudium : danse du Moyen Âge à trois temps.

Volte : danse de bal et de cour du XVIe siècle exécutée en couple, très virevoltante. On danse encore la « volte provençale » qu'affectionnait déjà Elisabeth Ire d'Angleterre.

Wilis : fantômes de jeunes filles mortes par amour avant leurs noces dans *Giselle*.

Index

A

B

C

D

E

F

G

H

I

J

K

L

M

Crédit des illustrations et des photographies

Corbis

p. 5 (Robbie Jack) ; p. 11 (bd) Studio Patellani ; p. 12 (bg) Studio Patellani ; p. 12 (hd) Gianni Dagli Orti ; p. 13 (h) Araldo de Luca ; p. 13 (bd) Christie's Images ; p. 16 (bg) Fine Art Photographic Library ; p. 34 (b) Robbie Jack ; p. 37 (h) Robbie Jack ; p. 45 (hg) Cheque / zefa ; p. 48 (bd) Hulton-Deutsch Collection ; p. 49 (bd) David Turnley ; p. 69 (fond) Randy Faris ; p. 72 (bg) E.O. Hoppé ; p. 74 (hg) Bettmann ; p. 75 (hd) Gianni Dagli Orti ; p. 75 (mg) Robbie Jack ; p. 77 (bg) Stapleton Collection ; p. 80 (hg) Robbie Jack ; p. 80 (md) Bettmann ; p. 82 (hg) Hulton-Deutsch Collection ; p. 83 (m) Hulton-Deutsch Collection ; p. 84 (hg) Julie Lemberger ; p. 84 (bg) Bettmann ; p. 85 (hd) Bettmann ; p. 86 (bg) Richard Melloul/Sygma ; p. 90 (hg) Hulton-Deutsch Collection ; p. 90 (bd) Selwyn Tait /Sygma ; p. 91 (hg) Hulton-Deutsch Collection ; p. 91 (bd) Richard Melloul/Sygma ; p. 93 (m) Hulton-Deutsch Collection ; p. 94 (bd) Thierry Orban / Sygma ; p. 102 (bg) Bettmann ; p. 108 (hd) Bettmann ; p. 110 (hg) E. O. Hoppé ; p. 110 (bd) E. O. Hoppé ; p. 111 (bd) E. O. Hoppé ; p. 112 (hg) Hulton-Deutsch Collection ; p. 112 (bg) Bettmann ; p. 113 (mg) Jerry Cooke ; p. 113 (hd) Julie Lemberger ; p. 115 (hd) Bettmann ; p. 118 (hd) Charles E. Rotkin ; p. 122 (hd) ; p. 122 (bg) ; p. 124 (bg) Hulton-Deutsch Collection ; p. 125 (hm) Gallo Images ; p. 125 (hd) Hans Strand ; p. 132-133 Julie Lemberger ; p. 134 (hg) Bob Sacha ; p. 134 (bd) Bettmann ; p. 136 (hd) John Springer Collection ; p. 136 (bg) ; p. 137 (h) Robbie Jack ; p. 138 (md) Ciniglio Lorenzo/Sygma ; p. 138 (bg) Bettmann ; p. 139 (hd) Bettmann ; p. 139 (bg) Ciniglio Lorenzo/Sygma ; p. 140 (b) : John Springer Collection ; p. 141 (hd) John Springer Collection ; p. 141 (b) John Springer Collection ; p. 142 (hg) Bettmann ; p. 142 (bd) Hulton-Deutsch Collection ; p. 143 (hd) Bettmann ; p. 143(mg) Ted Streshinsky ; p. 143 (bd) Bettmann ; p. 144 (hd) Bettmann ; p. 144 (bg) Bettmann ; p. 145 (hd) Sunset Boulevard /Sygma ; p. 145 (bg) Sunset Boulevard/Sygma ; p. 146 (bg) Bettmann ; p. 146-147 (m) Bettmann ; p. 148 (mg) Bettmann ; p. 149 (h) Ramin Talaie ; p. 149 (bg) Julie Lemberger ; p. 150 Julie Lemberger ; p. 154-155 (m) Julie Lemberger ; p. 156-157 (m) Phil Schermeister ; p. 160 (hg) Thierry Orban/ Sygma ; p. 162 (mg) Gaudenti Sergio/Kipa ; p. 165 (bd) Perrine Le Maignan/Sygma ; p. 174-175 Nicolas Six / Danser ; p. 176 (bg) S.I.N ; p. 177 (b) Atsuko Tanaka ; p. 178 (mg) Nicolas Six / Danser ; p. 178-179 (hm) Julia Grossi/zefa ; p. 179 (md) Julia Grossi/zefa ; p. 179 (md) Henri Diltz ; p. 180 (b) Nicolas Six / Danser ; p. 181 (hg) Nicolas Six / Danser ; p. 181 (md) Patrik Giardino ; p. 183 (mg) Nicolas Six / Danser ; p. 184 (hg) Atsuko Tanaka ; p. 185 (hg) Michel Setboun ; p. 185 (hm) Iris Coppola/zefa ; p. 185 (hd) Chris Van Lennep/ Gallo Images ; p. 185 (bg) Robbie Jack ; p. 185 (bm) Jolanda Cats et Hans Withoos/zefa ; p. 185 (md) Ricki Rosen/Saba ; p. 190 (h) Emely/zefa ; p. 191 (bg) Marcin Bielecki/epa ; p. 195 (hd) Nik Wheeler ; p. 200 (hd) Inge Yspeert ; p. 201 (hd) Stephanie Maze ; p. 202 (hg) Dennis Degnan; p. 203 (bg) Barry Lewis; p. 204-205 (m) Ted Spiegel ; p. 205 (bd) Dean Conger ; p. 208-209 (m) Barnabas Bosshart ; p. 210 (hg) Lindsay Hebberd ; p. 210 (bd) Frédéric Soltan/Sygma ; p. 211 (bd) Jeremy Horner ; p. 212 (md) Catherine Karnow ; p. 212 (bg) Baldev ; p. 213 (h) Jeffrey L. Rotman ; p. 214 (hg) Al Rod ; p. 214 (bg) Jack Fields ; p. 215 (h) Free Agents Limited ; p. 215 (bd) Wolfgang Kaehler ; p. 216 (mg) Nic Bothma/epa ; p. 216-217 (mh) Hervé Collart/Sygma ; p. 217 (md) David Turnley ; p. 218 (bg) Historical Picture Archive ; p. 218 (bd) Swim Ink 2, LLC ; p. 219 (hd) Adrian Bradshaw/epa ; p. 222-223 Jim Richardson ; p. 226 (hg) Araldo de Luca ; p. 226 (hg) The Art Archive ; p. 227 (hg) Martin Schutt/dpa ; p. 228 (hd) Bruno Morandi/Robert Harding World Imagery ; p. 228 (m) Charles O'Rear ; p. 228 (bg) Lindsay Hebberd ; p. 229 (m) Robbie Jack ; p. 229 (bd) Ted Streshinsky ; p. 230 (hg) Moodboard ; p. 230 (bd) Cheque/Zefa ; p. 231 (mg) Ingo Wagner/epa ; p. 232 (hg) Nicolas Six / Danser ; p. 233 (b) JLP/Sylvia Torres ; p. 234 (g) Emely/zefa ; p. 236 Julia Grossi/zefa ; p. 237 Tom Stewart ; p. 238 Steve Raymer ; p. 239 Jean Pierre Amet / Sygma ; p. 240 Gabe Palmer ; p. 241 Newmann/Zefa.

Agathe Poupeney

p. 225 (hd).

AKG

p. 10 (bg) Werner Forman ; p. 16-17 AKG-images ; p. 28 (md) Carolco/ Canal / RCS Video/ Jam ; p. 36 (hg) Erich Lessing ; p. 36 (bg) ; p. 46 (hg) : Erich Lessing ; p. 47 (hm) ; p. 52 (hd) ; p. 56 (hd) ; Erich Lessing ; p. 73 (bg), p. 106 (bd), p. 109 (hd), p. 114 (hd), p. 115 (bd) AKG-images ; p. 206 Sotheby's.

Bridgeman Giraudon.

p. 42 (mg) : Bridgeman Art Library/ Bibliothèque de l'Opéra de Paris/ Archives Charmet.

Crédits

CND
Les quatre petits cygnes, extrait du Lac des cygnes, notation : Albrecht Knust - Collection Knust de cinétogrammes, Fonds A. Knust, Médiathèque du Centre national de la danse.

Pierre Fabris
p. 28 (hg) ; p. 29 (mb) ; p. 31 (b) ; p. 32 (h) ; p. 34 (hd) ; p. 38 (hg) ; p. 42 (bd) ; p. 44 (h) ; p. 44 (mb) ; p. 49 (bg) ; p. 166-167 (m).

Leemage
p. 8/9 Photo Josse ; p. 14 (hg) Photo Josse ; p. 15 (hg) Aisa ; p. 15 (b) Selva ; p. 18 (mg) Photo Josse ; p. 22-23 Musée d'Orsay/Photo Josse ; p. 24 (hg) AISA ; p. 25 (hd) Photo Josse ; p. 26 (bg) Costa ; p. 27 (h) « 18th Century Institutions, Usages And Costumes, France 1700-1789 » by Paul Lacroix, (Paris, 1885) / Heritage images ; p. 72 (hd) Costa ; p. 73 (hd) Selva ; p. 74 (bd) Costa ; p. 76 (bg) Costa ; p. 78 (hd) Selva ; p. 79 (bg) Selva ; p. 106 (hg) Selva ; p. 108 (bg) Selva ; p. 109 (bg) Selva ; p. 147 (bd) Selva ; p. 194 (hd) Gusman ; p. 207(md) Selva.

Jacques Moatti
p. 30 (mg) ; p. 30 (bd) ; p. 38 (hd) ; p. 39 (bd) ; p. 46 (bd) ; p. 47 (bd) ; p. 56 (bg) ; p. 62 (hd) ; p. 62 (bg) ; p. 63 (md) ; p. 68 (bd) ; p. 69 (hg) ; p. 69 (mh) ; p. 69 (mb) ; p. 69 (md) ; p. 69 (bd) ; p. 69 (bd) ; p. 79 (hd) ; p. 80 (bg) ; p. 82 (bd).

Laurent Philippe
p. 20 (hd) ; p. 29 (hd) ; p. 33 (hm) ; p. 40-41 ; p. 43 (hg) ; p. 47 (md) ; p. 50 (hd) ; p. 51 (hd) ; p. 53 (bg) ; p. 54-55 ; p. 56 (m) ; p. 57 (m) ; p. 58 (m) ; p. 59 (hd) ; p. 59 (bg) ; p. 59 (bd) ; p. 70-71; p. 76-77 (h) ; p. 78 (mg) ; p. 86 (hd) ; p. 87 (hd) ; p. 87 (b) ; p. 88 (bd) ; p. 92 (hd) ; p. 93 (hd) ; p. 93 (bg) ; p. 94 (hg) ; p. 95 (hg) ; p. 95 (bd) ; p. 98 (m) ; p. 100-101; p. 116 (mg) ; p. 117 (hd) ; p. 118 (b) ; p. 119 (hd) ; p. 120-121; p. 126 (hd) ; p. 126 (b) ; p. 127 (hd) ; p.128 (d) ; p. 129 (md) ; p. 152-153 ; p. 155 (bd) ; p. 158 (b) ; p. 159 (hd) ; p. 160 (bd) ; p. 161 (h) ; p. 163 (hg) ; p. 164 ; p. 166 (hg) ; p. 167 (hg) ; p. 168 (bg) ; p. 169 (hg) ; p. 169 (b) ; p. 170 (hg) ; p. 171 (bg) ; p. 171 (hd) ; p. 172 (hd) ; p. 172 (bg) ; p. 173 (hd) ; p. 173 (m); p. 173 (b) ; p. 182 (h) ; p. 182 (b) ; p. 192-193 ; p. 198 (b) ; p. 199 (b); p. 211 (hg) ; p. 211 (md); p. 227 (md).

Repetto
p. 35 (bg) ; p. 35 (bm) ; p. 35 (bd) ; p. 45 (md) ; p. 45 (bd) ; p. 45 (bd).

ADAGP
p. 72 (hd) Valentine Hugo, Schéhérazade, aquarelle pour les ballets russes, 1910 ; p. 73 (hd) Natalia Gontcharova, décor du Coq d'or, 1913 ; p. 74 (bd) Valentine Hugo, Le Spectre de la rose, dessin, 1911 ; p. 79 (bg) Roger Chastel, croquis pour Trois danses, de Jean Börlin, en couverture du magazine « La danse », 1920.

Succession Picasso 2006
p. 82 (mg) Décor de Pablo Picasso pour Le Tricorne de Léonide Massine, 1919 ; p. 82 (bd) Costume du Magicien chinois, dessiné par Pablo Picasso pour Parade, de Léonide Massine, 1917.

Ballet Nacional de Cuba p. 89 (hg)
DR p. 190 (bd) ; 224 (b).

Getty
p. 191 (hd) Neil Mockford ; p. 191 (bd) Bloomberg.

Toutes les illustrations sont de **Sophie Lebot** sauf :
- p. 68-69 et p 104 (hg) : **Jérôme Brasseur**
- p. 140 (hg), p 195 (hd), p. 204, p. 205, p. 208 et p. 209 (hd) : **Claude Cachin**.

Couverture
Illustrations et photographies sont numérotées de haut en bas : illustrations de Sophie Lebot sauf : 4g.1 Claude Cachin.
Les photographies sont de Laurent Philippe sauf : 1.3, 4g.7 Jacques Moatti ; 1.4 AKG ; 1.5 Corbis/ Robbie Jack ; 4g.3 AKG/Werner Forman ; 4g.5 Leemage/ Costa ; 4d.3 Corbis/Nicolas Six/Danser.